アメリカ・マーケティング研究史15講

対象と方法の変遷

The History
of Marketing
Thought
in America

Hiroshi Horikoshi

堀越比呂志

慶應義塾大学出版会

はじめに

　巷間言われるように、A. W. Shaw をマーケティング研究の開祖とすれば、マーケティング研究は1世紀近くの研究の蓄積があることになる。この間、その研究対象はさまざまな広がりを見せ、特に P. Kotler によりマーケティング概念の拡張が主張された1970年代以降は、その拡大傾向が増加したといえる。また、そのさまざまな対象へのアプローチも次第に明確化され、科学化への意識の高まりとともに、多様な方法が提唱されてきた。特に、1960年代のマーケティング・サイエンス論争の問題を引き継ぎ、1980年代以降に高まったマーケティング方法論論争以後は、オーソドックスな科学観のゆらぎとともに、方法の多様化が進展した。確かに、こうした対象および方法における多様化状況は、ある意味で研究の隆盛を示しているといえるし、研究が中断されずに研究量が増大してきたという点からするなら進歩といえるかもしれない。しかし、本当の意味での進歩が、そこにあるのだろうか。

　Baker〔1995〕は、「増加的付加価値ということにおいて、いたるところで衰退が目立っている。研究者のトピックに関連するごく最近の著作のみを引用すべきだという感覚が、この状況を最高度に助長した。結果として、初期の開拓的で洞察に富んだ貢献は見過ごされ、無視される傾向にあり、原初的著作を無視した多くのものは、30年あるいは40年前に公刊された独創的な貢献の下手な焼き直しである」（pp.629-630）と、マーケティング研究の現状を痛烈に批判しており、Hunt〔1995〕もこれに同調している（p.638）。このような状況は、研究の連続性ということを忘却し、日々のトピックのみを追いかける研究姿勢から生じているのであり、このような姿勢から脱却し、膨大な研究蓄積の中に意味ある進歩を見つけ出すべく、意識的にこれまでの研究の流れを関連づける作業こそが、今一番必要であるように思う。

　もちろん、このような作業は、解こうとする問題を明確に定式化してから、同じような問題を取り扱った研究を丹念にサーベイする姿勢から生まれるのであり、それゆえ、問題がマーケティングの特定領域と関連している場合のほうが容易である。しかし、その特定領域での問題が、他の領域における問題と同型であったり、密接な関連を持っていたりするのはよくあることであり、こうした場合のほうが、知的に実り多いといえる。したがって、このような探索を促進するための手がかりとして、これまでのマーケティング研究全体の展開における、その対象と方法に関する大きな潮流を把握しておくことは、それなりの意義があるといえよう。

　本書は、2005 年 4 月から 2007 年 8 月まで、『日経広告研究所報』の通巻220 号から 234 号にかけて連載された内容を下敷きに、その章構成を半期 15回の授業に対応するように修正したうえで 4 部構成に変更し、さらに加筆修正を加えたものである。マーケティング研究の展開をただ羅列するだけでなく、その対象と方法の変遷という視点からまとめ直した内容になっており、関連諸学科や科学哲学といった分野にまで広く言及している。それゆえ、本書では、マーケティング論の入門コースというよりは、マーケティング研究者を含む、マーケティングの知識を再整理したいと思っている人々を対象とした、中・上級者コースを想定している。マーケティング論を体系的に学び直し、卒業論文や修士論文の執筆に真剣に臨もうとする学生諸君のために、流れをつかむための重要な文献を、参考文献一覧にできるだけ明示するように心がけた。論文制作などのために、関心を持ったテーマに関する基本的文献を再吟味する場合は、文献目録としてそれを利用してほしい。また、索引もできるだけ詳細に作成し、学習するうえでの便宜を図った。

　出版に際して新たに追加したのは、次の 2 点である。第 1 に、各部の時代における、アメリカの経済状況とそれに伴うマーケティング実践の様子を簡潔に示し、各部の導入として追加した。第 2 に、本書の内容を離れて、各部の時代に対応した日本の経済やマーケティングの状況を簡潔に示しておいた。これらは、ささやかながら、研究と実践の架橋を願っての追加である。

　本書では 80 年代までのマーケティング研究の潮流を中心にその概観が整理されるが、これまでの研究史とは異なり、戦後、特に変化の大きかった 70 年代と 80 年代の展開に重点を置いた。その概観は、その後の展開を吟味するうえでの基本的枠組みを提供するのであり、その基本的枠組みは、日々新たに出現する研究をその潮流の原点に立ち返って吟味し直すという、基本的な研究態度を促すことになると思う。それゆえ最終講では、情報革命という大きなインパクトが起きた 90 年代以降の混乱の時代の動向について加筆し、本書で示されたマーケティング研究の全体像が、新たな道を探るうえでの温故知新的な羅針盤になるという点を示したつもりである。そういう意味では、これまでの研究の蓄積を基に実践的突破口を探している実務家の皆さんにも役立つに違いない。本書をそうした形で大いに活用していただけることを祈る。

　末筆ながら、慶應義塾大学出版会の木内鉄也氏には、本書の意義を認め快く出版を引き受けていただき、また正確な内容理解のうえで適切な校正と助言をいただいた。心から御礼を申し上げたい。

2022 年 8 月

堀越　比呂志

〈参考文献〉

Baker, M. J.〔1995〕"A Comment on: The Commodification of marketing Knowledge", *Journal of Marketing Manarement*, 11, pp.629-634.

Hunt, S. D. and Edison, S.〔1995〕"On the marketing of Marketing Knowledge", *Journal of Marketing Management*, 11, pp.635-639.

目　次

はじめに　　iii

第Ⅰ部　マーケティング研究の登場と第２次世界大戦前の展開

＜第Ⅰ部の時代とマーケティング行為＞

第１講　マーケティング研究の対象と
　　　　マーケティング研究登場の知的背景 ································ 5

1. マーケティング行為の発生と行為の次元　　5
2. 「marketing」という用語の発生と当時の社会・経済的問題状況　　6
3. マーケティング研究の対象としてのミクロとマクロ　　7
4. 古典派経済学的状況の崩壊　　8
5. 新たな知的潮流の出現　　10

第２講　初期マーケティング研究の状況と
　　　　第２次世界大戦前のマーケティング研究の展開 ··········17

1. マーケティング研究者の連合的活動と学科としての成立　　17
2. マーケティング研究のパイオニアとしての Shaw と Weld　　19
3. 第２次世界大戦前の主流としてのマクロ的マーケティング研究　　22
4. 第２次世界大戦前のミクロ的マーケティング研究　　25

【コラム】第Ⅰ部の時代の日本　　33

第Ⅱ部　第2次世界大戦後の企業環境の変化とマーケティング研究

＜第Ⅱ部の時代とマーケティング行為＞

第3講　戦後のアメリカ経済と
　　　　マネジリアル・マーケティング ……………………………39
1. 戦後のアメリカ経済の基本構造　39
2. 戦後アメリカ経済と技術革新競争　42
3. 技術革新競争とマーケティング　47
4. マネジリアル・マーケティングの特徴　48

第4講　戦前のマーケティング研究の反省
　　　　――マーケティング・サイエンス論争 ……………………51
1. 論争の発端　51
2. Alderson and Cox〔1948〕vs. Vaile〔1948〕の論争　53
3. Cox and Alderson（eds.）〔1950〕、
　 Bartels〔1951〕vs. Hutchinson〔1952〕の論争　56
4. 論争の終結と学界の研究動向　59
5. Alderson の「組織された行動システム（O. B. S.）」と
　 マネジリアル・マーケティング　60
6. 戦後マーケティング研究の基本的特徴
　 ――行動科学的研究プログラム　64

第5講　ミクロ的研究の主流化とその新領域 ……………………69
1. 企業家的接近の定着と数量化の進展　69
2. 新概念の輩出と新しい研究領域　71
3. 消費者行動研究　72
4. 国際マーケティング論　76

第6講　1960年代のマクロ的研究における新しい動向と
　　　　伝統的各論分野の動向 ……………………………………81

　1. マーケティング・システムの研究　81

　2. 比較マーケティングとロジスティクス　83

　3. コンシューマリズムの登場と
　　 マーケティングにおける社会的問題　85

　4. 販売員管理　87

　5. 小売業および卸売業研究　88

　6. 市場調査論　89

　7. 広告研究　90

　【コラム】第Ⅱ部の時代の日本　96

第Ⅲ部　1970年代におけるマーケティング研究の動向

＜第Ⅲ部の時代とマーケティング行為＞

第7講　マーケティング研究の対象に関するメタ論争
　　　　──マーケティング概念拡張論争 ………………………… 101

　1. マーケティングの意味に関する論争　102

　2. Kotler によるマーケティング概念の拡張の主張　103

　3. Lazer のソーシャル・マーケティング　106

　4. 論争の展開とその帰結　107

第8講　1970年代のミクロ的研究における新しい動向 ………… 113

　1. 新製品開発研究と戦略的管理　114

　2. 経営戦略論とマーケティング研究　115

　3. 消費者行動研究における新しい展開　119

　4. 国際マーケティング論における新しい展開　122

第9講　1970年代のマクロ的研究における新しい動向 ………… 127

1. マクロ的研究の本格的展開　127
2. 企業のマーケティング行為と社会　132
3. Kotler流のソーシャル・マーケティングと
   非営利組織のマーケティング　134

第10講　4P論的各論における新動向 ……………………… 139

1. Price——製品研究に伴う新たな展開　140
2. Place——チャネル研究の新しい展開　141
3. Promotion——広告研究と販売員研究の位置づけの変化とその動向　145

【コラム】第Ⅲ部の時代の日本　152

第Ⅳ部　1980年代以降におけるマーケティング研究の動向
＜第Ⅳ部の時代とマーケティング行為＞

第11講　マーケティング研究の方法に関するメタ論争
——マーケティング方法論論争 ……………………… 159

1. 第1次マーケティング方法論論争　160
2. 第2次マーケティング方法論論争　162
3. 3つの論争群の思想的背景　164

第12講　マーケティングの研究の対象における焦点の変化
——関係性マーケティング ……………………… 173

1. マーケティングの特殊研究分野における関係性の認識　173
2. チャネル研究における関係性と
   関係性マーケティング研究の確立　177
3. 関係性概念のパラダイム化とマーケティングの定義の変更　179

第 13 講　対象の構造化と方法における
　　　　　4 つの研究プログラム ……………………………………… 185
　　1.　マーケティング研究の対象における新たな構造化　186
　　2.　個別的事象への歴史的関心と 2 つの新たな研究プログラム　190
　　3.　タイプ的事象への理論的関心と伝統的な 2 つの研究プログラム　195

第 14 講　4P 論的各論における新動向 …………………………… 201
　　1.　Product　202
　　2.　Price と消費者行動研究　206
　　3.　Place と経営戦略論　211
　　4.　Promotion　213

第 15 講　マーケティング研究の基本動向と課題 ……………… 219
　　1.　隣接諸科学からの影響下での
　　　　マーケティング研究の理論化の進展　221
　　2.　関係性マーケティング研究とミクロ-マクロ・リンク　222
　　3.　個別的事象に関する研究の進展とその貢献　223
　　4.　ICT とマーケティング研究　224
　　5.　サービス・ドミナント・ロジックの展開　229
　　6.　マーケティング＝マーケティング・コミュニケーション　233

　　【コラム】第Ⅳ部の時代の日本　238

事項索引　241
欧文・略語索引　248
人名索引　249

図表一覧

第1講
図表1-1　マーケティング研究の知的系譜とドイツ歴史学派の影響　　13
図表1-2　マーケティング研究登場の知的背景　　14

第2講
図表2-1　Shaw と Weld における研究関心の相違　　22
図表2-2　戦前のマーケティング研究の潮流　　29

第3講
図表3-1　第2次世界大戦後のアメリカの経済成長　　43
図表3-2　名目 GNP と通貨供給量：1957-1967 年　　43
図表3-3　アメリカの研究・開発支出：1953-1979 年　　45
図表3-4　鉱工業の企業買収の規模：1895-1977 年　　46
図表3-5　鉱工業の合併のタイプ別買収資産の分布：1948-1977 年　　46
図表3-6　マネジリアル・マーケティングの内容　　50

第4講
図表4-1　O. B. S. の操作としてのマーケティング　　63
図表4-2　マーケティング・サイエンス論争と戦後マーケティング研究の方法的特徴　　67

第5講
図表5-1　Howard=Sheth の消費者行動モデル　　75

第6講
図表6-1　戦後〜 1960 年代までのマーケティング研究の動向　　93

第7講
図表7-1　Kotler の概念拡張論の構造　　103

第8講
図表8-1　アンゾフの成長ベクトル　　117
図表8-2　BCG の PPM　　117
図表8-3　消費者情報処理の概念モデル　　121

第 9 講

図表 9-1　非営利組織のマーケティング、ソシエタル・マーケティング、社会的アイデア
　　　　　のマーケティングの関係　　135

第 10 講

図表 10-1　1970 年代におけるマーケティング研究の動向　　148

第 11 講

図表 11-1　マーケティング方法論論争の展開　　161

第 13 講

図表 13-1　社会科学における研究対象の構造　　190

図表 13-2　マーケティング・システムに関する歴史的視点のフレームワーク　　194

図表 13-3　マーケティング研究の現状　　198

第 14 講

図表 14-1　マーケティングと R&D とのインターフェイスに関する研究のためのモデル
　　　　　203

図表 14-2　ブランド知識の要約　　205

図表 14-3　カーネマンとトベルスキーのプロスペクト理論における価値関数　　208

第 15 講

図表 15-1　1980 年代以降のマーケティング研究の動向　　220

図表 15-2　SD ロジックの基本的前提の変遷　　230

第 I 部

マーケティング研究の登場と
第 2 次世界大戦前の展開

　19世紀後半から20世紀初頭におけるアメリカ経済は大きな変革の時期であった。生産セクションにおいては、南北戦争後に資本調達能力が大きく改善され、卸売商の支配から抜け出て資本的自立が確立された。その結果、さまざまな新商品が登場するとともに、生産能力が飛躍的に伸び、1880年代には農業生産とともに工業生産も世界一となる。さらに、1898年から1902年にかけて高まった第1次企業合併運動の結果、同業種関連企業間の合併により巨大企業が出現し、いわゆる独占資本主義といわれる段階に突入する。そして、市場に出される商品の量および多様性がいよいよ増大した。

　消費セクションにおいては、1810年代の有料道路の時代、1829年代から30年代にかけての運河の時代に続いて1840年代から鉄道が交通の主役となり、80年代までにはいくつもの大陸横断鉄道が完成して東西の市場が連結され、全国的市場が形成された。それとともに、1870年代以降、人口8000人以上の都市の数は急激に増大し、都市化による人口の集中が生じた。

　このような生産セクションと消費セクションの変化に挟まれて、流通セクションも変化を余儀なくされたのであり、その変化は、大都市での百貨店、中小都市を結びつけるチェーン・ストア、農村地帯への通信販売というように、大型小売商の成長という形で展開された。そしてこの大型小売商は、仕入れに関して卸売商に頼らずに、その機能を自ら取り込むことによる後方統合によって流通への介入を進めていく。他方で、生産セクションにおいて出現した巨大製造業は、集中化した市場への直接販売が可能となり、その資力をもって前方統合による流通への介入が進展していく。また、南北戦争後に登場した新商品を製造する新興産業においては、その販売を新商品に無知な既存の流通業者に頼るのは非効率であることに気づき、自らの販売組織を確立すべく流通の前方統合を実現し、巨大企業へと成長していった。このような小売業と製造業の2つの方向からの流通段階への介入によって、卸売商のそれまで果たしていた機能は縮小し、アメリカ経済におけるその支配力も低下していった。

　こうして成立した製造業者の資本的自立、全国市場の形成、卸売商の機能低下という3つの条件の下で、製造業者による流通への介入行為とし

てのマーケティング行為がますます目立っていったのが、19 世紀末から20 世紀初頭のアメリカだった。小規模分散という基本的特性を持つ小売業と違って、規模の経済を逸早く実現させて資本の巨大化を成し遂げた製造業が、経済の支配権を握っていくのである。

　第 1 次世界大戦後の 1920 年代になると、アメリカ経済は本格的な大衆消費社会を迎え、家電産業や自動車産業という新たな産業が勃興するとともに、永遠に続くと思われるほどの活況を呈するようになる。しかし、巨大化が進んでいなかった製造企業における異業種関連企業間の合併という第 2 次企業合併運動が進展した結果、巨大企業間の競争が激化し、企業の大規模化に伴う供給量の増大に比して需要はそれほど伸びないという、基本的な市場問題に直面することになった。ここに至って企業は、それまでの販売組織の確立と販売員管理といった流通支配活動に加えて、ブランドや包装そして全国的広告といった対消費者の市場支配活動を強化するようになる。それは、大量の高圧広告、消費者の購買をあおる高圧販売促進や高圧信用供与という高圧的マーケティングと呼ばれるもので、自分の製品に市場の消費者を引き付けるために、競争企業との差別化を強調した内容であった。

　しかし、この 1920 年代のバブル的繁栄は、1929 年 10 月 24 日の暗黒の木曜日、ニューヨークのウォール街の株式相場暴落をきっかけとして始まった大恐慌によってあっけなく終焉を迎え、アメリカ経済は一夜にして奈落の底に突き落とされる。そして、これ以後の企業活動は、高圧的マーケティングから消費者志向を基本とした低圧的マーケティングへとコペルニクス的な大転換を遂げることとなった。それは当初、低価格新製品の開発という形をとったが、次第に消費者が欲するようなデザインやスタイルの改良や変更による新製品の開発という、マーチャンダイジングを重視した内容となっていった。こうして第 2 次世界大戦前には、大戦後に本格的に展開するミクロ的 4P マーケティング行動の原型がほぼ出来上がっていたといえる。

第1講

マーケティング研究の対象と
マーケティング研究登場の知的背景

> 　第1講では、第Ⅰ部の前半部分として、マーケティング研究の登場に際して、その研究対象のマーケティング現象がどのように登場し注目されたのか、そして、その現象を研究する際の方法にどのような知的背景が影響していたのかが明らかにされる。

1．マーケティング行為の発生と行為の次元

　マーケティング研究の対象はマーケティング現象であり、そのマーケティング現象を生み出しているのは、人間の行為である。このマーケティング現象の要素ともいえる人間行為をマーケティング行為と呼ぶならば、マーケティング行為をどのようなものと規定するかによって、その発生がいつだったのかは異なってくるだろう。このマーケティング行為の発生の問題は、マーケティング史研究において常に取り上げられてきた問題であり、多様な見解が存在する。

　第1に、マーケティング行為の主体を特定化せずにあらゆる主体による需要刺激行為をマーケティングと考えれば、その発生は産業革命前で、物々交換が定着した頃にまでさかのぼれるだろう。第2に、主体を特定化して、生産者による需要刺激への関心が高まり、その活動が活発になった頃をマーケティングの発生と考えれば、それは産業革命が始まった後のことであり、ア

メリカでは 1830 年頃になるだろう。第 3 に、その生産者の需要刺激の関心がいよいよ高まり、生産者の流通への進出と支配が顕著になってきた時をもってマーケティングの発生と考えれば、それは南北戦争後の 1870 年代か 1880 年代となる。第 4 に、これら個々の業務としての行為ではなく、これらの統一的な管理行為の発生という次元でいえば、それは 1910 年代か 1920 年代となるだろう。最後に、この管理行為を導く基本的な考え方としての理念のレベルで、消費者志向という考えが浸透し、それを伴った行為の出現をマーケティングの発生と考えるならば、それは 1930 年頃になる（詳しくは堀越〔1996〕を参照）。

この、マーケティング行為の進展において重要な点は、マーケティング行為と一口に言っても、そこには 3 つの異なる行為の次元があるということである。すなわち第 1 に、上述の 1 から 3 の段階で焦点を当てられている需要刺激のための個々の業務としてのマーケティング行為の次元、第 2 に、4 の段階における、管理行為としてのマーケティング行為の次元、そして第 3 に、5 の段階における理念の伝達としてのマーケティング行為の次元である。ここでは、理念が管理を導き、管理が業務を統合するという階層が基本的構造になっている。そして、マーケティング行為の発生を考えるときに特に論争となるのは、業務としてのマーケティング行為をどのようにみなすかということであり、最初の 3 つのうちのどれが妥当かという問題になる。

2.「marketing」という用語の発生と　　当時の社会・経済的問題状況

ところで、このように多様な考え方があるにもかかわらず、「marketing」という用語がアメリカで一般化したのはさほど古い話ではなく、19 世紀末頃のことである。Bartels〔1988〕は、「"マーケティング" という用語は、1906 年と 1911 年の間にまず名詞として用いられたと信じられている」（訳、p.4）とか、「1900 年と 1910 年のあいだに、マーケティングという用語の採

用を実現し、この分野を確認することになった概念的変化が生じた」（同書、p.36）と主張するが、実は、それよりも以前に、農業経済学者の著作において用いられていたのである。Adams〔1899〕では、文中で「marketing」という用語が用いられているだけでなく、同書の副題にも用いられている。そして、Converse〔1959〕や、その典拠であるCoolsen〔1958〕によれば、19世紀末には、E. Atkinson、D. A. Wells、A. B. and H. Farquharといった経験主義的経済学者や実業家による、マーケティングの先駆的業績が出現していたとされる。しかしながら、これらの研究者が「marketing」という用語で意味した現象は、さまざまな行為のマクロ的集合現象としての流通（distribution）であった。

　19世紀末のアメリカにおいては、グレンジ運動やアライアンス運動といった農民運動が盛んであり、農民の劣悪な生活状態の原因として、流通過程における搾取の存在が信じられており、農産物の流通実態を明らかにし、それを科学的に改善することが望まれていた。また、農業だけでなく、南北戦争後の各産業において次第に出現してきた過剰生産傾向とともに、この需給の離齬の改善のために、流通問題に関心が高まった時でもあった。こうした時代の要請に応えるべく、前述のような経済学者や実務家が流通の実態解明に乗り出したのである。その際、Sparling〔1906〕に明記されているように、「distribution」は経済学においては所得や財産の「分配」という意味で用いられているが、実業界では「流通」という意味で用いられていたという背景があり、後者の意味で用いる際に前者との混同を避けるために、新たに「marketing」という用語が使われだしたという経緯があったのである。かくして、「marketing」という用語は、まずは「distribution」という用語における流通という意味を特定化させるものとして登場したといえる。

3．マーケティング研究の対象としてのミクロとマクロ

　さて、以上のような経緯で登場した「marketing」という用語は、その当

8

時存在していたもう1つの問題と密接にかかわりあうことになる。それは、前述のような需給の離齬という状況を目の前にした生産者の市場問題であり、その解決策として顕著になってきたのが、生産者の流通進出、支配行為であった。流通としてのマーケティングの研究者においても、この19世紀末の顕著な現象は当然のごとく注目されていたのであり、この個別経済主体の行為は、多くの場合、マクロ的な流通に対する影響という観点から、密接に結び付けられていた。すなわち、前述のAtkinsonやWellsにおいては「中間商人を排除するダイレクト・マーケティングを行うほどの力を持つ前方もしくは後方統合をなしえた巨大企業の出現により、初めて流通費の削減は可能である」（Converse〔1959〕、訳、p.11）と信じられていたのである。

　このマクロ的流通問題の解決とミクロ的個別経済主体の問題解決との連結を前提に、また企業の巨大化による社会におけるウェイトの増大とともに、後者のミクロ的問題をもっぱら取り扱う研究も次第に増大していき、このミクロ的個別経済主体の行為をさして、「marketing」という用語が用いられるようになっていく。まさに、前述のマーケティング史におけるマーケティング行為のバリエーションのうちの第3番目、すなわち生産者の流通進出、支配行為という、これまでになかった顕著な現象に注目が集まり、もう1つの研究の潮流が生じたものと思われる。それゆえ、マーケティング研究の登場という点からするならば、そこで研究対象として措定された企業行為は、南北戦争後の1870年から1880年頃から現れだし、1890年代に顕著になった上述のような特有の企業行為なのであり、それをもってマーケティング行為の登場と考えるべきであろう。かくして、マーケティング研究という名の下に、マクロ的流通研究の潮流とミクロ的企業行為研究の潮流の2つが、同時に存在することとなったのである。

4．古典派経済学的状況の崩壊

　マーケティング研究という新しい知的潮流が登場する際に、すでに存在し

ていた知的基盤は、経済学であった。初期のマーケティング研究者の多くは経済学者として教育されたのであり、彼らは、A. Smith、T. R. Malthus、D. Ricardo らによって確立されてきた、いわゆる古典派経済学を共通の素養として持っていたのである。

　この古典派経済学は、経済現象を認識する際に、いくつかの特徴ある状況を前提としていた。第1に、供給はそれ自らの需要を創出するという Say の法則であり、そこには、価格は、その製品を作るのに用いられた要素費用からなるという考えが含まれていた。すなわち、そこでは、需要は価格の関数であり、価格は費用の関数であり、費用は生産要素の関数であるということから、需要が供給の関数であると考えられたのである。第2に、均衡状態という考え方とそれを導き出す市場メカニズムの仮定である。すなわち、供給＝生産＝要素費用＝価格＝需要という理想的な状態を導くのが「神の見えざる手」としての市場メカニズムであるとし、そこでは、経済的利益を合理的に追求する経済人、売手と買手の相互理解の前提としての情報の完全性、純粋競争あるいは完全競争といったことが仮定されていた。第3に、このような理想的な均衡状態を導くためには、個々人の自由な経済活動をできるだけ制限しないことが重要であり、人為的な介入の不毛性を指摘し、政策的には自由放任主義をその立場としていた。第4に、経済活動において真に価値ある活動は財の生産であり、その財を移動するだけの商取引は、なんら生産的なものではないと考えられていた。さらに、消費者に提供されるサービスさえも価値のないものと考えられており、流通サービスのみでなく、サービス一般が軽視されていた。

　こうした古典派経済学が想定していた諸状況は、19世紀末のアメリカでは、劇的な変化にさらされていた。第1に、前述のように、南北戦争後の各産業において出現していた過剰生産傾向は拡大し、供給が自らの需要を創出するという状況は崩壊し、生産者は、深刻な市場問題に直面することとなる。第2に、理想的な均衡状態を生み出すとされた市場メカニズムの前提条件が大きく変化した。まず、プール、トラスト、持ち株会社方式という形で巨大企業が出現し、純粋競争あるいは完全競争の状況は消失する。同時に、生産力

の集中による大量生産体制が浸透し、売手と買手の直接交渉の場はなくなり、それゆえ売手と買手の相互理解の前提としての情報の完全性も阻害されることとなる。こうして、経済的利益を求めて合理的な判断をすることはますます困難になり、経済人仮説も妥当しなくなり、売手の無責任さによる買手の不利益の増大が社会問題となった。第3に、このような経済的激変を背景とした利害対立や社会不安の増大とともに、自由放任主義に対する疑問が生じ、積極的に社会を改良するべく国家の介入を要請する動きが高まったのもこの時期である。第4に、生産セクションにおける巨大企業の出現に対応するがごとく、流通セクションにおいても大きな変化が生じた。1870年以降、大都市部に出現した百貨店、農村部を中心に発達した通信販売、主として中都市に展開されたチェーン・ストアといった新しい小売業態の出現である。こうした革新的小売業の創業者たち、例えば、百貨店の John Wanamaker、通信販売の Aaron Montgomery、バラエティ・ストア・チェーンの Frank Woolworth、衣料品チェーンの James Penney といった人々は、本来的に小規模分散の宿命を帯びて大規模化は不可能と思われていた小売業に革新を起こし、すでに巨大化を成し遂げた生産企業と肩を並べるほどの傑出した企業を育て上げていった。ここに至って、流通システムの重要性は誰の目にも明らかになり、その流通サービスの新たな展開は、それをまともに扱っていなかった古典派経済学に代わる、新たな研究の必要性を認識させたのである。

5．新たな知的潮流の出現

　以上のような古典派経済学の想定していた状況がことごとく崩壊していった19世紀後半には、当然のごとく、古典派経済学とは違った考え方を強調する2つの知的潮流が登場した。すなわち、ドイツ歴史学派の流入とアメリカ独自の哲学として展開されたプラグマティズムである。

　ドイツ歴史学派は、19世紀後半に古典派経済学批判を根底に持ちながらドイツで隆盛を誇った経済学の学派であり、F. List、W. Roscher、K. Knies、B.

Hildebrand といった前期歴史学派と、G. Schmoller、A. Wagner、L. Brentano らによる後期歴史学派があるが、1870 年代から 1880 年代にアメリカに流入されたドイツ歴史学派の内容は、後期歴史学派の影響が強いものだったと思われる。というのは、Schmoller らが中心となって社会政策学会が作られたのが 1873 年であり、前期歴史学派の研究者がまだ存命中であったとはいえ、明らかに後期歴史学派の主張が注目されていた時期だからである。

19 世紀を通して高い教育を求める多くの学生は、ドイツに憧れていたのであり、推定によると 1820 年から 1920 年の間にドイツにいたアメリカの学生の数はおよそ 1 万人であったという。特に、1870 年から 1880 年頃にドイツにわたったアメリカの学生や研究者の多くは、自由放任を標榜する古典派経済学に不満を持っており、社会政策学会の設立とともに社会改革を高らかに標榜する当時の歴史学派の主張に強く惹きつけられたのである。この当時のドイツ歴史学派は、この社会改良を目的とした政策的志向とともに、その基礎的作業としての実態解明のために歴史記述的、帰納的統計的方法の推奨という 2 点を、その中心的主張として持っていた。

ドイツ仕込みの経済学者達は、アメリカにおいて確固たる潮流を形成した。コロンビア大学における J. B. Clark、R. Mayo-Smith、E. R. A. Seligman、ペンシルバニア大学の S. N. Patten、J. F. Johson、E. J. James、R. P. Falkner、E. R. Johnson、ハーバード大学における F. W. Taussig、E. F. Gay、ジョンズ・ホプキンス大学では R. T. Ely と H. C. Adams などである。Ely はその後ウィスコンシン大学へ、Adams はミシガン大学へ行った。このうち、ウィスコンシン大学の Ely と、ハーバード大学の Taussig と Gay に焦点を当て、ドイツ歴史学派の初期マーケティング学者への影響を明らかにしたのが、Jones and Monieson〔1990〕である。

彼らによれば、ドイツ歴史学派の最も忠実な弟子だったのが Ely である。彼は、1885 年に「アメリカ経済学会」を創設し、古典派経済学批判を精力的に押し進め、1892 年にウィスコンシン大学に新しくできた経済学部の初代校長になるとともに、ドイツ歴史学派的理念にもとづいた教育制度作りに奔走したのである。Ely の直接的な影響として、「ウィスコンシン大学経済

学部の最初の生徒のなかには、David Kinley（のちのイリノイ大学経済学部長）、E. D. Jones、Samuel Sparling、James Hagerty（のちのオハイオ州立大学経済学部長）、M. B. Hammond（のちにオハイオ州立大学の Hagerty のもとで教えた）、H. C. Taylor そして B. H. Hibbard がいた」（p.104）のであり、彼らは初期マーケティング研究における著名な貢献者であり、それぞれドイツでの研究の体験を持っている。「こうしてドイツ歴史学派とマーケティング思想への初期の貢献者たちとの間に直接的つながりが形成された」（p.104）のである。さらに、間接的な影響として、のちの制度派経済学形成の中心人物となった J. R. Commons は、Ely のジョンズ・ホプキンス大学時代の生徒であり、1904 年に彼にウィスコンシンに招かれている。この制度派経済学は、その後のマーケティング研究の方法に影響を与え続けることになる。

　もう一方のハーバード大学の経営大学院は、1908 年に設立されたアカデミックなビジネス・スクールであった。このビジネス・スクールを中心に、ハーバード大学は、ウィスコンシン大学とともに、初期のマーケティング思想に多大な影響を与えたもう 1 つの中心地であった。ここでの中心的役割を果たしたのが、Taussig と Gay であり、Gay はビジネス・スクールの初代校長となった。Taussig は、「ドイツ教師の考えにさほど熱狂的ではなかった」（p.106）が、彼自身は経済史家であり、ベルリンのビジネス・スクールの初代校長であった I. Jastrow と友人であり、ハーバード・ビジネス・スクールの設立のために多大な貢献をした。これに対し、Gay のマーケティング思想への影響はより甚大なものであった。マーケティング研究の父とされる A. W. Shaw は、きわめて強く Gay に影響を受けていたのであり、「Gay の研究アジェンダは、明らかに Shaw に受け入れられていた」（p.109）とされ、ケース・メソッド、ビジネス調査局の設立、基本的機能の記述などは、どれも、Gay を経由した歴史学派の機能的・歴史的方法の影響を受けたうえでの産物であると指摘される。

　以上の考察は図表 1–1 のようにまとめられ（p.110）、次のように結論づけられた。

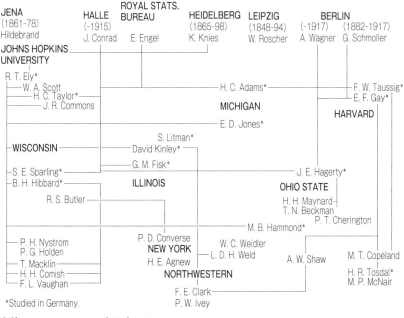

出所：Jones and Monieson〔1990〕, p.110.

図表 1-1　マーケティング研究の知的系譜とドイツ歴史学派の影響

　「ドイツ歴史学派は実証主義者的科学哲学の特異なバージョンである。
……その研究伝統は、実証主義の帰納的―統計的バージョンなのだ。それ
は、事実の客観性の信仰をともなった 19 世紀ドイツ理想主義の探索的、
記述的、プロセス的志向と問題解決への関心の結合である。ともにこれら
の知的系は、比較的洗練された科学のビジョンに織りあわされた。すなわ
ち、ウィスコンシン大学とハーバード大学でマーケティング実践を知識化
した学者達によって用いられたビジョンである」(p.110)。

　以上のドイツ歴史学派とは違って、アメリカにおいて、独自の思想として
登場したのが、プラグマティズムである。プラグマティズムは、1870 年代に、
C. S. Peirce によって唱えられ、その後 Peirce の友人の W. James、そして J.
Dewey らによって継承された思想で、行動の結果としての実際的効用を思

14

考に優先させ、それによって正当化される経験の側面に光を当て、実験的精神と技術的志向を色濃く反映した思想である。Peirce は、この思想を、意味に関する理論として打ち立て、われわれの認識が行為との結びつきを持つとき明晰になり有意味であると主張し、記号論を確立した。James は、これを真理論と結びつけ、Dewey はこれをさらに洗練させ、道具主義の立場を確立した。このプラグマティズムの思想は、前述の劇的なアメリカ経済の変化のただ中にあって、多くの現実的問題に直面していた経営者を勇気づけ、自由放任を唱え現実の問題に対して無力な古典派経済学とは違った知的探求に火をつけたのであり、特に、アメリカ経営学の父 F. W. Taylor の科学的管理法の考え方には、大きな影響を与えたといわれている。そして、Shaw における基本的機能の記述、すなわち、無駄な動作を排除するために目的によって動作を分類するという彼の機能的アプローチは、前述の Jones と Monieson の主張とは違って、Gay を通してのドイツ歴史学派からの影響というよりは、この Taylor の科学的管理法からの影響が強いと思われる（詳しくは戸田〔2002〕を参照）。

　以上の脈絡をまとめたものが図表 1-2 である。

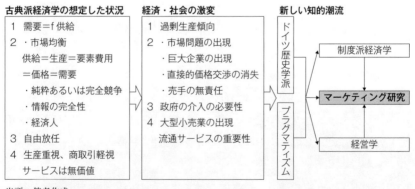

出所：筆者作成。

図表 1-2　マーケティング研究登場の知的背景

〈参考文献〉

Adams, E. F.〔1899〕*The Modern Farmer in His Business Relations: A Study of Some of the Principles underlying the Art of Profitable Farming and Marketing, and of the Interests of Farmers as affected by Modern Social and Economic Conditions and Forces*, N. J. Stone.

Bartels, R.〔1988〕*The History of Marketing Thought*, 3rd ed., Publishing Horizons.（山中豊国訳〔1993〕『マーケティング学説の発展』ミネルヴァ書房）

Converse, P. D.〔1959〕*The Beginning of Marketing Thought in the United States: With Reminiscences of Some of the Pioneer Marketing Scholars*, Bureau of Business Research, University of Texas.（梶原勝美訳〔1985〕『マーケティング学説史』白桃書房）

Coolsen, F. G.〔1958〕Marketing Ideas of Selected Empirical Liberal Economists, 1870 to 1900. これは、イリノイ大学に提出された博士号請求論文であり、後に次のような形で出版された。Coolsen, F. G.〔1960〕*Marketing Thought in the United States in the Late Nineteenth Century*, Texas Tech Press.

堀越比呂志〔1983a〕「コトラーの概念拡張論の構造——その方法論的吟味の予備的考察」『三田商学研究』26 巻 1 号、pp.120-130。

———〔1983b〕「コトラーの概念拡張論の方法論的再吟味——マーケティングにおける理論と実践」『三田商学研究』26 巻 2 号、pp.94-114。

———〔1996〕「マーケティングの史的展開と現代的マーケティングの意味」『青山経営論集』31 巻 2 号、pp.41-62。

———〔1997a〕「マーケティング方法論論争の展開とその知的背景——その 1」『青山経営論集』32 巻 2 号、pp.91-108。

———〔1997b〕「マーケティング方法論論争の展開とその知的背景——その 2」『青山経営論集』32 巻 3 号、pp.75-95。

Jones, D. G. B. and D. D. Monieson〔1990〕"Early Development of the Philosophy of Marketing Thought", *Journal of Marketing*, 54（January）, pp.102-113.

Sparling, S. E.〔1906〕*Introduction to Business Organization*, Macmillan.

戸田裕美子〔2002〕「成立期マーケティング研究とドイツ歴史学派——B. Jones & D. Monieson の議論に対する批判的考察」『三田商学研究』45 巻 3 号、pp.97-130。

第2講

初期マーケティング研究の状況と
第2次世界大戦前のマーケティング研究の展開

第1講では、マーケティング研究の対象であるマーケティング現象がどのような状況から出現したのか、その研究に際してどのような知的背景が存在していたのかという問題が取り上げられた。そこでは、マーケティング研究の関心対象として、①農産物流通への関心の高まりに端を発する流通現象としてのマクロ的マーケティング現象と、②19世紀末に出現した巨大企業とその企業の市場問題解決のための流通段階への進出および支配行為の出現というミクロ的マーケティング現象の2つが、同時に存在していたことが確認された。そして、それらの研究対象を研究する際の方法として、ドイツ歴史学派とプラグマティズムという2つの知的背景が存在し、新たな研究の潮流の1つとして、マーケティング研究が登場したことが示された。

第2講では、第2次世界大戦前のマーケティング研究の展開が描かれる。初期マーケティング研究の状況から始まって、その後の研究の原型を形作った、A. W. Shaw と L. D. H. Weld という2人のパイオニアの研究が紹介され、戦前におけるその後の研究の展開について概観が示される。

1. マーケティング研究者の連合的活動と学科としての成立

第1講で述べたように、19世紀の後半に、ドイツ歴史学派とプラグマティズムという2つの哲学的潮流の下で、制度派経済学および経営学とともに、きわめてアメリカ的な新たな研究分野として登場したのが、マーケティング

研究であった。ドイツ留学から帰った若手の経済学者たちは、一致したように、各大学の経済学部で主導権を握り、大学ごとに学派を形成していった（詳しくは古屋〔1932〕pp.347-352 を参照）。マーケティング研究者も、これらの学派の下で研究を展開していたのであり、当時の研究拠点としては、前章で触れたウィスコンシン大学とハーバード大学の 2 大中心地のほかに、オハイオ州立大学、イリノイ大学、ノースウェスタン大学といった中西部の大学、コロンビア大学、ニューヨーク大学を中心としたニューヨーク市の大学があった。

　これら大学ごとの学派を超えた全国的交流は、アメリカ経済学会（American Economic Association）の設立によって実現する。アメリカ経済学会は、1885 年にドイツ歴史主義の熱烈なる信奉者であった Ely が中心となって設立した全国的学術協会であり、各地に散らばっていたマーケティング研究者も、1910 年代頃からこの学会を通して顔を合わせるようになる。特に、1914 年の L. D. H. Weld の同学会での発表を皮切りに、マーケティングに関心を持つ研究者が集まりだし、大会のプログラムにマーケティング・セクションが設けられるようになるまでに急成長した。これとは別に、1915 年に世界広告クラブ連盟（Associated Advertising Club of the World）のシカゴ大会において、G. B. Hotchkiss が 28 名の広告講座担当者を招集し、W. D. Scott を会長として、全国広告論教職者協会（National Association of Teachers of Advertising）が組織された。この協会は、1924 年に全国マーケティング・広告論教職者協会（National Association of Teachers of Marketing and Advertising）と改名し、さらに 1933 年には全国マーケティング教職者協会（National Association of Marketing Teachers）と改名した。この大学研究者による組織とは別に、1930 年にはマーケティング実務家を中心とする組織、アメリカ・マーケティング学会（American Marketing Society）が設立される。この 2 つの組織は 1937 年に統合され、アメリカ・マーケティング協会（American Marketing Association: AMA）となり現在に至っている。アメリカ・マーケティング協会の機関誌である『ジャーナル・オブ・マーケティング』（*Journal of Marketing*）は、アメリカ・マーケティング学会で 1934 年に発刊された『アメリカン・

マーケティング・ジャーナル』（*American Marketing Journal*）が 1935 年に『ナショナル・マーケティング・レビュー』（*National Marketing Review*）に改名され、さらに 1936 年に現在の名称で新発足したものが、1937 年の統合以後にもアメリカ・マーケティング協会において引き継がれており、マーケティング研究の中心的雑誌となっている（Bartels〔1988〕、訳、pp.41-43、橋本〔1975〕pp.88-89）。

　以上のようなマーケティング研究者の連合的活動によって、各大学に、次第にマーケティングと命名された講座が確立していき、マーケティングおよびその関連講座は、独立した学科として社会的に認められるようになったのである。

2．マーケティング研究のパイオニアとしての Shaw と Weld

　さて、マーケティング研究のパイオニアを誰に求めるかという問題は、その視点によって、さまざまな見解がありうる。大学での講座という点からするならば、1902 年に初めてマーケティングにかかわる講座が開設されたといわれ、その担当者であったイリノイ大学の G. M. Fisk、ミシガン大学の E. D. Jones、カリフォルニア大学の S. Litman の 3 人、少し遅れて 1905 年に開講したとされるオハイオ州立大学の J. E. Hagerty が挙げられる（Bartels〔1988〕、訳、p.33、p.211、橋本〔1975〕pp.20-21）。しかし、その内容が吟味でき、時間的影響の大きさという点からするならば、公刊された文献にその根拠を求めるべきであろう。

　前述のように、「marketing」という用語は、当初、「distribution」という用語の流通という意味を特定化させるために用いられたのが一般的であった。Coolsen〔1960〕は、この流通に関する 19 世紀末の先駆的業績として、Atkinson〔1885, 1889〕、Wells〔1885, 1889〕、A. B. and H. Farquhar〔1891〕を指摘している。しかしながら、マクロ的研究のパイオニアとしては、Weld〔1916, 1917a, 1917b〕が挙げられるのが常である。確かに、指摘された 19 世紀末の

業績は、当時の過剰生産傾向による周期的恐慌に注目してその解決を流通の合理化に求めるという、マクロ的なマーケティングの問題状況を共有し、抽象的な経済学的分析に変わって具体的な現状記述をしているという点で、萌芽的マーケティング研究といえるかもしれない。しかしながら、それらは、①その原理的解明が弱く、解決策においても、自由放任に基づいて、巨大企業の出現によって流通合理化が達成されるという、きわめて楽観的な見解しか示しておらず、②それゆえ、流通合理化の原理とそのより具体的な方策に関心を示していた後のマーケティング研究者にあまり強い影響を与えられなかった、という2点から、真のマーケティング研究の成立ではなかったといえよう（堀田〔2003〕pp.166-167）。

　一方、Weldにおいては、①のような楽観的見解とは違って、中間商人の排除の一般性とその妥当性に終始疑問が示されており、むしろ流通過程における中間商人の存在の正当化と、その有意義なサービス機能の指摘が試みられている（Weld〔1917b〕p.571）。そして、農産物の流通の合理化のために、中間商人の存在を前提としたうえで、その組織的努力としての農産物取引所や穀物卸売業者組合といった制度の普及や、出荷段階や消費段階での共同化という具体策を推奨し、中間商人への教育と政府規制の重要性を提言している（Weld〔1916〕pp.449-465）。この点から、マクロ的研究のパイオニアは、やはりWeldであるといえよう。

　ミクロ的研究のパイオニアとしてその地位を確立していると思われるShaw〔1915, 1916〕では、より進歩的な流通者である大規模製造業者の活動が流通における社会的浪費を削減すると考えられており[1]、むしろ短絡的な①の見解をマクロ的前提として共有しているところがある。しかし、彼の関心はその先に進み、流通過程に進出した大規模製造業者の活動の合理化というミクロ的なマーケティング問題の考察に向かったのである。もちろん、

1）Converse〔1959〕が、「その当時の人々と同様に、ショウも大企業が成長することにかなり不安を抱いており、大企業の市場シェアが過大になり経済の健全な発展が阻害されることをひどく恐れていた」（訳、p.63）と述べているにもかかわらず、本書ではそのような主張は一切見られない。

A. B. Farquhar and H. Farquhar〔1891〕でも、製品差別化や特許といったミクロ的なマーケティングの技術問題が指摘されていたし、広告や販売に関する技術的研究もすでに19世紀末には出現していた。しかしこれらは、あくまでマーケティングの各論であって、これらの活動を全体的に取り扱う一貫した枠組みを提示したという点で、Shawの業績は他に抜きん出ている（光澤〔1990〕p.147）。しかしながら、Shawの体系は、同時代あるいはそれ以後の研究者たちに、直ちに影響を与えたとはいえない。当時のミクロ的研究者の関心は、まだまだ販売員や広告という個別的・部分的関心が主流であり、その研究の進展のなかで次第にチャネル問題や製品政策といった領域までもが統一的に取り扱われるようになっていき、狭義の販売員管理からマーケティング管理へと脱皮していくなかで、Shawの正当な評価がなされていくこととなる。その意味で、Shawは時代をはるかに先取りしていてその全体的構図がすぐに理解されなかったといえるが、少なくとも、広告と販売員を同じ土俵で扱おうとする視点や、企業の視点からの小売業や卸売業の研究という研究動向を刺激したことは事実である。それゆえ、やはりミクロ的研究のパイオニアはShawであるといえよう。

　以上のように、19世紀末のアメリカは、過剰生産体制による需給の乖離から生じた周期的恐慌という事態を目の前にし、その解決の要として流通にスポットライトが当てられ、その流通において大規模製造業者の流通進出や大規模小売商の出現といった新たな事態が生じている時代であった。そのときに、流通の効率化という同じマクロ的問題から出発して、そのマクロ的解決を目指した流通自体の研究がWeldによって、ミクロ的解決を目指した企業の管理論的研究がShawによって生み出されて、その後のマーケティング研究の行方が指し示されたといえる。この両者の関心の違いが生じてくる脈絡の違いを、中間商人の機能研究という両者の接点から示したものが、図表2-1である（堀越〔1999〕p.109）。

22

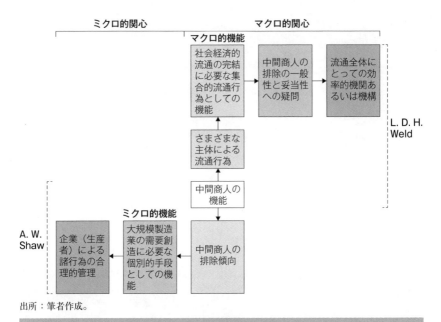

出所：筆者作成。

図表 2-1　Shaw と Weld における研究関心の相違

3．第 2 次世界大戦前の主流としての
　マクロ的マーケティング研究

　Shaw と Weld というパイオニアが出たにもかかわらず、Weld のマクロ的
研究の流れがその後の研究の主流となる。ミクロ的研究は、販売員、広告と
いった各論に関してはすでに研究の蓄積があったが、個別企業のチャネル選
択に関しては、Shaw や、現在 Shaw とともにミクロ的マーケティング研究
のパイオニアとして並び称されている Butler〔1911, 1917, 1918〕、Butler and
Galloway〔1911〕、Butler, et al.〔1914〕によって、その萌芽的な研究が示され
ていただけだった。このため、ミクロ的研究者の関心も後押しするかたちで、
むしろその前提としての流通の構造とその実態に関するマクロ的研究が強く
前面に押し出されていったものと思われる。それゆえ、この時代に多数出版
されたマーケティングの総論的テキストは、広告、販売員そしてチャネル選

択に関するミクロ的研究内容を含みつつも、マクロ的な流通研究をその主要テーマとしたものが多い。マーケティングの総論的文献や概論書が多く出されるようになった 1920 年代、30 年代は、Bartels〔1988〕によってそれぞれ「統合の時代」、「発展の時代」と呼ばれており、マクロ的な枠組みのなかで、マーケティング研究が展開された時代であった（訳、pp.219-234）。ちなみにBartels〔1988〕において、大学で講座が開かれだした 1900 年代は、担当教師がマーケティングに関する情報収集に奔走していたということから「発見の時代」と呼ばれ、Shaw や Weld といったパイオニアによって体系的成果が出始めた 1910 年代は「概念化の時代」と呼ばれている（同訳、pp.211-219）。

　アメリカの 1920 年代は、「黄金の 20 年代」といわれ、未曾有の好況が続いた時代であった。第 1 次大戦の直接的戦禍の外にあったアメリカは、政府の「無駄排除運動」の奨励などによって戦後恐慌を乗り切った後、電気、道路建設といったインフラの整備が順調に進み、家電および自動車といった耐久消費財産業が成長し、消費のほうでも、アメリカ型消費様式が浸透し、まさに大衆消費社会が出現した時代であった（堀越〔1995〕pp.31-34）。また、この増大した生産と消費を結ぶ流通セクションでは、「チェーンの時代」といわれるように、チェーン店や百貨店が増大し、大型小売業の進展が進んだ時でもあった。ただし、このような変化のなかにあっても、過剰生産傾向は基本的に継続し、その解決のための流通への関心という問題状況に変わりはなかったのである。

　このような背景の下、20 年代のマーケティング研究の特徴は、単に「マーケティング」、あるいは「マーケティング原理（Principles of Marketing）」とか「マーケティングの諸要素（Elements of Marketing）」といった表題を持つ総論的テキストが数多く発刊されたことである。これは、まさに、マーケティングという学科が社会に認知され、制度化されていった証左であるが[2]、このうちでも、後々まで長く用いられ、影響力を持ち続けたテキストは、Converse〔1921〕、Clark〔1922〕、Maynard, et al.〔1927〕である。30 年代には、

---

[2]　科学論において、認知されたパラダイムとしての通常科学になるために、教科書による定着という点を指摘したのが、T. S. Kuhn〔1962〕である。

これらのテキストが改訂により大部になったため、よりコンパクトな概説書が出回るようになった。また、その後に影響を与える新たなテキストとして、Phillips〔1938〕が加わった。このように、30年代も引き続き、マーケティング研究の教科書的定着が進んだといえる。これらの総論的業績を中心に20年代、30年代に進展したのは、次の2つの研究潮流である。

第1に、商品別に流通をより詳しく記述していくという研究の流れであり、その代表はDuncan〔1920〕、Hibbard〔1920〕、Macklin〔1921〕、Breyer〔1931〕、Frederick, J. H.〔1934〕、Comish〔1935〕、Elder〔1935〕、Reed〔1936〕といった研究である。20年代には、Duncanにおいて農産物とともに工業製品も取り扱われていたにもかかわらず、他の2人のように農産物流通を扱ったものがまだまだ主流であったが、30年代になって、Breyerによる製造品や生産財を網羅的に取り上げた本格的商品別流通研究が現れてから、さらに本格的に、Comishの製造品、Frederick、Elder、Reedによる生産財の流通研究が出現するようになる。

第2に、それらの具体的な研究から一歩進み出て、共通の流通機能を抽出しようとする研究の流れであり、Shaw〔1915〕とWeld〔1917a〕の機能分類を受け継いだうえで、Cherington〔1920〕、Converse〔1921〕、Vanderblue〔1921〕、Ivey〔1921〕、Clark〔1922〕といった研究の流れを中心に、当時のマーケティング研究者の主要な研究テーマとなった。ここにおいて集大成的成果を出したのが、Clark〔1922〕であり、Cherington〔1920〕の影響を受けながら、個々の諸機能を、交換機能、物的供給機能そして補助的あるいは助成的機能という3つの大きな機能範疇にまとめ上げた。以後、この機能分類表がほぼ同様に受け継がれていくことになる[3]。

これらの総論的研究の潮流とともに、各論的展開においてマクロ的研究に寄与した第3の研究の流れとして、小売業に関するNystrom〔1915〕、卸売業に関するBeckman〔1926〕をスタートとした研究の流れも指摘しておかねばならない。この各論的研究の流れは、小売業者および卸売業者の経営問題と

---

[3] この機能分類研究は、その後、ミクロ的研究における管理行為の機能分類が混入することによって混迷をきわめていく。

いう商業経営学的なミクロ的内容を含みつつ、むしろこのミクロ的研究が主流となっていくのであるが、流通における諸機関に焦点を置いたその制度論的マクロ研究の部分は、流通を全体として研究する方法として Breyer〔1934〕によって体系的に展開され、戦後のシステム的接近につながっていくことになる。

4．第2次世界大戦前のミクロ的マーケティング研究

Bartels〔1988〕によると、第2次大戦前のマーケティング研究はマクロ的研究が主流のため、ミクロ的研究は各論的展開に分散して総論的進展がなく、第2次大戦後に急に出現したように描かれている。しかしこれでは、ミクロ的マーケティング研究のパイオニアと指摘していた Shaw あるいは Butler の問題状況はなんら共有されないままに、30年経った戦後に急に再登場したということになるが、これは事実を反映していない。20年代は、前述のような未曾有の好況のなかで、企業活動も高圧的といわれるほどに販売を強化した時代であり（Borsodi〔1927〕）、個別的な販売員教育を超えた全体的な活動の統合が望まれていたことを考えると、この要請に対してマーケティング研究者が無関心であったとは考えられない。事実、第2次大戦後のミクロ的研究の開花の前に、全体的マーケティング管理の枠組みに関する問題意識が成熟していった跡を確認できるのであり、ミクロ的研究の流れは Bartels のような断続的なものではないといえる。

ミクロ的な研究は、Shaw 以前に、各論的研究として広告と販売員に関する研究がすでになされていた。広告に関する最初の講座は、1908年にノースウェスタン大学で開設され、販売員に関する研究としてセールスマンシップの最初の講座は、1907年にニューヨーク大学で開設された。しかし、企業実践上での民間における研究はもっと速く始まっていたのであり、広告に関しては、1865年から1870年にかけて *Advertiser's Gazette* が、1888年からは *Printers' Ink* が、G. P. Rowell によって発行されているし（橋本〔1975〕p.159）、

26

販売員に関しては、1887年頃からナショナル金銭登録会社のJ. H. Patterson
によって画期的な販売員管理が実施されだしていたのであり、それなりの研
究蓄積はすでにあったといえる。このように、ミクロ的なマーケティング諸
活動のうちでも、最初に研究が始まったのが、広告と販売員に関する研究
だったのであり、これらとともに、中間商にかかわるチャネル選択の問題が
新たに加わってきたというのが、20世紀初頭の企業の状況だったといえる。
この状況において、いち早くこれらの全体的関連を考察し、さらに市場分析
や商品のアイデアといった概念も組み入れて、全体的な枠組みを提示したの
がShawだったのであるが、前述のように、この卓越した枠組みがそのまま
浸透していくというわけにはいかなかった。当時は、まだ各論ごとの関心が
強く、それぞれの研究の成熟とともにそれぞれの間の関連の重要さが理解さ
れるのを待たねばならなかったのである。

　19世紀末から20世紀初頭にかけて、生産者による新聞雑誌を中心とし
た全国的広告が登場しだした。当時の深刻な市場問題から発生したこの事態
は、広告実践に対し、質的および量的の両側面において飛躍的な変化を与え
ることになり[4]、広告研究も本格的に始動しだしたといえる。

　広告研究は、20世紀以前から出現してはいたものの、本格的な研究の潮
流は、20世紀になってからである。1900年代1910年代は、広告研究の
成立期であり、広告の心理学的研究の流れを主流とし、その主流とのかかわ
りを持ちながらも、より実務的な技法的側面を強調した研究の流れの2つ
が確認できる。前者に属するのは、Gale〔1900〕、Scott〔1903〕、Hollingworth
〔1913〕、Adams〔1916〕などであり、このなかでもScottは、広告論の創
始者としての評価が高い。後者に属するのは、Calkins and Holden〔1905〕、
Hess〔1915〕、Hall〔1915〕、Kastor〔1918〕などであり、広告表現、印刷技術、
媒体に関する実務的分析と手法の提示が示された。これら2つの潮流以外

---

4)　すなわち、全国的広告の登場によって、①広告の主体が商人から生産者に代わり、②
　広告媒体が、ちらしやポスターから全国的新聞や雑誌に移行し、③内容として、商店の
　企業広告から商品広告へ移行し、④告知的広告から説得的広告へ変化した（橋本
　〔1975〕p.163）、のであり、広告費も飛躍的に伸びていった。

にもさまざまな観点からの研究がなされていたが、そのなかでもこの後の研究への影響という点から重要なのは Cherington〔1913〕であり、経済学的観点から、広告のミクロ、マクロ両側面の研究の先鞭をきった著作として特筆される。

1920年代から1930年代は、広告研究の成熟と発展の時期であり、総論的テキストによる統合的研究の流れ、広告のマクロ的な帰結に関する理論的および規範的な研究の流れ、そして、より専門的な技法や個別的テーマの研究の流れの3つが確認できる。

第1の流れに属するのは、Hall〔1921〕、Brewster and Palmer〔1924〕、Kleppner〔1925〕、Sheldon〔1925〕、Agnew and Hotchkiss〔1927〕、Hotchkiss〔1933〕、Sandage〔1936〕などで、なかでも Kleppner と Sandage は1970年代まで版を重ね、後々まで大きな影響を与えた。この2者に特徴的なように、総論的テキストの流れにおいては、個々の広告技術の統合以上に、マーケティングの1要素としての広告という考え方が示されるようになり、当時の販売管理論の動向を反映しているといえる。また、この流れに属しながら、特異な貢献をしたものとして、ハーバード大学流の事例研究を展開した Starch〔1923〕、Borden〔1927〕がある。

第2の流れに属するのは、Moriarity〔1923〕、Vaile〔1927〕、Vaughan〔1928〕があり、これは、前述の Cherington〔1913〕の問題意識を受け継ぐものであるが、1920年代後半の消費者運動における広告批判の高まりを背景として議論が高まり、この流れの集大成的業績である Borden〔1942〕に結実する。

第3の流れにおいては、コピー論の Hotchkiss〔1924〕、Herrold〔1926〕、レイアウトに関する Young〔1928〕、媒体論の Agnew〔1932〕といった広告技法自体の個々の洗練化とともに、店頭広告に関する Percy〔1928〕、小売広告に関する Herrold〔1923〕、Hall〔1924〕、ラジオ広告を取り扱った Herman〔1936〕、広告業者に関する Haase, et al.〔1934〕といった新たな個別テーマが出現した。

マーケティング研究の各論のなかでも、販売員の研究は、セールスマンシップ論から販売管理論へと変わっていくなかで、はじめに広告論、次第にチャネル論や市場調査論、さらにはマーチャンダイジングあるいは製品計画

論といったことにまで言及するようになり、まさに当初の販売管理論を越えてマーケティング管理論になっていったのであり、これら各論が統合されていく中心には、販売管理論があったといえる（橋本〔1975〕p.223）。

　販売管理論は当初セールスマンシップ論と未分化に展開していったが、執行的なものと管理的なものの区別が明確になり、後者が重要視されるにつれて、販売管理と題された研究が多く出現するようになる。販売管理の誕生は、Hoyt〔1913〕であり、そこでは、F. W. Taylor の科学的管理法に影響を受けて、販売員の動作の標準化が追究され、それとともに管理者論が展開された。この管理者論のその後の研究の流れのなかで、当時増大してきた広告部門の形成とともに、販売部門と広告部門の統合的管理という問題が浮上し、まずは、販売員と広告が同じ土俵で論じられるようになる。ついで、1920 年頃からは、販売管理論がはっきりと分離独立するようになり、さらに言及するマーケティング行為の範囲が広がっていく。すなわち、Frederick, J. G.〔1919〕、Tosdal〔1921〕、Hayward〔1926〕、Lyon〔1926〕、Tosdal〔1933〕においては、販売員と広告の管理を超えてチャネル選択の問題までも包含するようになる。特に Tosdal は、その一連の著書において、さらに製品政策を販売管理の重要な問題として位置づけている。

　こうなると、ほぼ Shaw と同じ問題意識を共有しているのであり、販売管理という題名はついているものの、その内容は、マーケティング管理である。逆に、題名に「マーケティング管理（Marketing Management）」という名称を初めて用いたとされる White〔1927〕は、「製品に関する職能が『第二義的マーケティング機能』としか位置づけられず、また、マーケティング・チャネルについてはほとんど関心が向けられていない」（薄井〔1999〕p.172）という点で、真の意味でのマーケティング管理論とはいえないだろう。ただし、市場調査を重視しているという点では注目に値する。市場調査に関しては、販売管理論が、次第に予算管理による計画と統制を目指すようになるにつれて（これに関しては、光澤〔1987〕pp.79-28、薄井〔1999〕pp.163-171 を参照）、その基礎のデータ収集のために重要視され、販売管理論内で統一的に論じられるようになる。

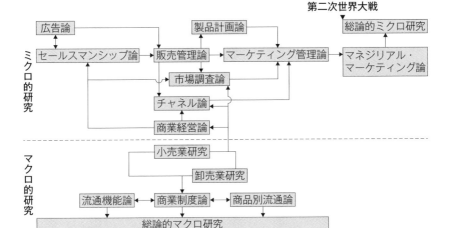

出所：筆者作成。

図表 2-2　戦前のマーケティング研究の潮流

　さらに、マクロ的研究の各論的展開として出現した小売業研究や卸売業研究において、ミクロ的な商業経営論的研究が出現し、Nystrom〔1913〕を初めとして Brisco〔1916〕などに見られるように、セールスマンシップ論とつながりを持ち始める。また、ニューヨーク大学小売学部の後援のもとで、学部長の Brisco によって指導され出版された、一連の『小売叢書』にみられるように、小売管理の改良のための調査の重要性が一貫して主張されており、市場調査論の研究にも影響を与えた。

　以上のように、セールスマンシップ論→販売管理論→マーケティング管理論という流れを中心として、その他の各論が相互に影響を与えながらマーケティング管理論として統合されていき、それが第 2 次大戦後にマネジリアル・マーケティング論としてさらに進化していったのである。以上の戦前のマーケティング研究の潮流をまとめたものが、図表 2-2 である。

〈参考文献〉

Adams, H. F. 〔1916〕 *Advertising and Its Mental Laws*, Macmillan.

Agnew, H. E. 〔1932〕 *Advertising Media*, D. Van Nostrand.

───── and G. B. Hotchkiss 〔1927〕 *Advertising Principles*, Alexander Hamilton Institute.

Atkinson, E. 〔1885〕 *The Distribution of Products*, G. P. Putnam's Sons.

───── 〔1889〕 *The Industrial Progress of the Nation*, G. P. Putnam's Sons.

Bartels, R. 〔1988〕 *The History of Marketing Thought*, 3rd ed., Publishing Horizons, Inc. (山中豊国訳 〔1993〕『マーケティング学説の発展』ミネルヴァ書房)

Beckman, T. N. 〔1926〕 *Wholesaling*, Ronald Press.

Borden, N. H. 〔1927〕 *Problems in Advertising*, A. W. Shaw.

───── 〔1942〕 *The Economic Effects of Advertising*, Richard D. Irwin.

Borsodi, R. 〔1927〕 *The Distribution Age: A Study of the Economy of Modern Ditribution*, D. Appleton-Century and Co.

Brewster, A. J. and H. H. Palmer 〔1924〕 *Introduction to Advertising*, A. W. Shaw.

Breyer, R. F. 〔1931〕 *Commodity Marketing*, McGraw-Hill Book.

───── 〔1934〕 *Marketing Institution*, McGraw-Hill Book. (光沢滋朗訳 〔1986〕『マーケティング制度論』同文舘出版)

Brisco, N. A. 〔1916〕 *Fundamentals of Salesmanship*, D. Appleton-Century Co.

Butler, R. S. 〔1911〕 *Sales, Purchase, and Shipping Methods*, Extension Division of the University of Wisconsin.

───── 〔1917〕 *Marketing Methods*, Alexander Hamilton Institute.

───── 〔1918〕 *Marketing and Merchandising*, Alexander Hamilton Institute.

─────, H. F. DeBower and J. G. Jones 〔1914〕 *Marketing and Salesmanship*, Alexander Hamilton Institute.

───── and L. Galloway 〔1911〕 *Advertising, Selling and Credit*, Alexander Hamilton Institute.

Calkins, E. E. and R. Holden 〔1905〕 *Modern Advertising*, D. Appleton-Century Co.

Cherington, P. T. 〔1913〕 *Advertising as a Business Force: A Compilation of Experience Records*, Doubleday, Page & Co.

───── 〔1920〕 *The Elements of Marketing*, Macmillan.

───── 〔1928〕 *The Consumer Looks at Advertising*, Harper & Bros.

Clark, F. E. 〔1922〕 *Principles of Marketing*, Macmillan.

Comish, N. H. 〔1935〕 *Marketing Manufactured Goods*, Stratford Co.

Converse, P. D. 〔1921〕 *Marketing: Methods and Policies*, Prentice Hall.

───── 〔1959〕 *The Beginning of Marketing Thought in the United States: With Reminiscences of Some of the Pioneer Marketing Scholars*, Bureau of Business Research, University of Texas. (梶原勝美訳 〔1985〕『マーケティング学説史』白桃書房)

Coolsen, F. G. 〔1960〕 *Marketing Thought in the United States in the Late Nineteenth Century*, Texas Tech Press.

Duncan, C. S. 〔1920〕 *Marketing: Its Problems and Methods*, D. Appleton-Century Co.

Elder, R. F. 〔1935〕 *Fundamentals of Industrial Marketing*, McGraw-Hill.

Farquhar, A. B. and H. Farquhar 〔1891〕 *Economic and Industrial Delusions*, G. P. Putnam's Sons.

Frederick, J. G.〔1919〕*Modern Sales Management Practices*, D. Appleton-Century Co.

Frederick, J. H.〔1934〕*Industrial Marketing*, Prentice Hall.

古屋美貞〔1932〕『米国経済学の史的発展』内外出版。

Gale, H.〔1900〕"On the Psychology of Advertising", *Psychological Studies*（Pamphlet）, Minneapolis, July.

Haase, A. E., L. C. Lockley and I. W. Digges〔1934〕*Advertising Agency Compensation*, National Process.

Hall, S. R.〔1915〕*Writing an Advertisement*, Houghton Mifflin.

──────〔1921〕*The Advertising Handbook*, McGraw-Hill.

──────〔1924〕*Retail Advertising and Selling*, McGraw-Hill.

橋本勲〔1975〕『マーケティング論の成立』ミネルヴァ書房。

Hayward, W. S.〔1926〕*Sales Administration: A Study of the Manufacturer's Marketing Problems*, Harper & Bros.

Herman, S. H.〔1936〕*A Decade of Radio Advertising*, University of Chicago Press.

Herrold, L. D.〔1923〕*Advertising for the Retailer*, D. Appleton-Century Co.

──────〔1926〕*Advertising Copy*, A. W. Shaw.

Hess, H. W.〔1915〕*Productive Advertising*, J. B. Lippincott.

Hibbard, B. H.〔1920〕*Marketing Agricultural Products*, D. Appleton-Century Co.

Hollingworth, H. L.〔1913〕*Advertising and Selling*, D. Appleton-Century Co.

堀越比呂志〔1995〕「日本のマーケティング理論導入と展開に関する研究」『グローバル時代の日本市場に関する総合的研究』青山学院大学総合研究所経営研究センター叢書、第4号、pp.23-76。

──────〔1999〕「マーケティング研究におけるミクロとマクロ」『青山経営論集』第33巻第4号、pp.103-127。

Hotchkiss, G. B.〔1924〕*Advertising Copy*, Harper & Bros.

──────〔1933〕*An Outline of Advertising: Its Philosophy, Science, Art, and Strategy*, Macmillan.

堀田一善〔2003〕『マーケティング思想史の中の広告研究』日本経済新聞社。

Hoyt, C. W.〔1913〕*Scientific Sales Management*, G. B. Woolson & Co.

Ivey, P. W.〔1921〕*Principles of Marketing*, Ronald Press.

Kastor, E. H.〔1918〕*Advertising*, La Salle Extension University.

Kleppner, O.〔1925〕*Advertising Procedure*, Prentice Hall.

Kuhn, T. S.〔1962〕*The Structure of Scientific Revolutions*, University of Chicago Press.（中山茂訳〔1971〕『科学革命の構造』みすず書房）

Lyon, L. S.〔1926〕*Salesmen in Marketing Strategy*, Macmillan.

Macklin, T.〔1921〕*Efficient Marketing for Agriculture*, Macmillan.

Maynard, H. H., T. N. Beckman and W. C. Weidler〔1927〕*Principles of Marketing*, Ronald Press.

光澤滋朗〔1987〕『マーケティング管理発展史』同文舘出版。

──────〔1990〕『マーケティング論の源流』千倉書房。

Moriarity, W. D.〔1923〕*The Economics of Marketing and Advertising*, Harper & Bros.

Nystrom, P. H.〔1913〕*Retail Selling and Store Management*, D. Appleton-Century Co.

———〔1915〕 *The Economics of Retailing*, 1 and 2, Ronald Press.

Percy, C.〔1928〕 *Window Display Advertising*, John Day Co.

Phillips, C. F.〔1938〕 *Marketing*, Houghton Mifflin.

Reed, V. D.〔1936〕 *Advertising and Selling Industrial Goods*, Ronald Press.

Sandage, C. H.〔1936〕 *Advertising Theory and Practice*, Business Publications.

Sanger, J. W.〔1919〕 *Advertising Methods in Chile, Peru, and Bolivia*, U.S. Government Office.

———〔1920〕 *Advertising Methods in Argentina, Uruguay, and Brazil*, U.S. Government Office.

Scott, W. D.〔1903〕 *The Theory of Advertising*, Maynard & Co.

Shaw, A. W.〔1915〕 *Some Problems in Market Distribution*, Harvard University Press.

———〔1916〕 *An Approach to Business Problems*, Harvard University Press.

Sheldon, G. H.〔1925〕 *Advertising Elements and Principles*, Harcourt, Brace & Co.

Starch, D.〔1923〕 *Principles of Advertising*, A. W. Shaw.

Tosdal, H. R.〔1921〕 *Problems in Sales Management*, A.W.Shaw.

———〔1933〕 *Introduction to Sales Management*, McGraw-Hill.

薄井和夫〔1999〕『アメリカマーケティング史研究――マーケティング管理論の形成基盤』大月書店。

Vaile, R. S.〔1927〕 *Economics of Advertising*, Ronald Press.

Vanderblue, H. B.〔1921〕 "The Functional Approach to the Study of Marketing", *Journal of Political Economy*, Vol.X, No.10 (October), pp.676-683.

Vaughan, F. L.〔1928〕 *Marketing and Advertising*, Princeton University Press.

Weld, L. D. H.〔1916〕 *The Marketing of Farm Products*, Macmillan.

———〔1917a〕 "Marketing Functions and Mercantile Organization", *American Economic Review*, 7 (2), pp.306-318.

———〔1917b〕 "Marketing Agencies Between Manufacturer and Jobber", *Quarterly Journal of Economics*, 31 (August), pp.571-599.

Wells, D. A.〔1885〕 *Practical Economics*, G. P. Putnam's Sons.

———〔1889〕 *Recent Economics Changes*, D. Appleton & Co.

White, P.〔1927〕 *Scientific Marketing Management: Its Principles and Methods*, Harper & Bros.

Young, F. A.〔1928〕 *Advertising Layout*, Convici.

コラム　第Ⅰ部の時代の日本

　1872年に新橋―横浜間の鉄道が開通し、官営の富岡製糸場が開業して以来、鉄道業と製糸業は主導産業となり、1888年頃からは、設備投資が急増し、「企業勃興」の時期が訪れた。この時期に、次々と機械製工業が登場し、資本制生産の本格的展開が開始されることになる。すなわち、日本における産業革命の始まりである。

　他の後発国と同様、日本も先進国イギリスの商品との競争という特殊性をもって自国の産業革命を推進しなければならなかった。大幅に産業革命の遅れた日本では、この競争に他の先進国も加わるわけで、特に厳しい状況にあったといえる。これは重工業部門で顕著に現れるため、日本の産業革命においては、イギリスのように重工業部門が軽工業部門と並行的に発展するということは生じなかった。そして、その発展は、自由競争段階なしに、政府の多大な援助の下で、政商と呼ばれる初期独占から始まり近代的独占へと発展した。このような特殊事情の下で、日本の産業革命は、製糸および綿業の国産化、その輸出産業としての確立、軍需の下での石炭および製鉄業の確立という順で進展したのであり、それは日露戦争後の1900年代に確立したといえる。

　こうした資本主義体制の進展下で、製造業者の流通への介入行為としてのマーケティング行為は、生産セクション、消費セクション、そして流通セクションの変化に伴って登場する。「第Ⅰ部の時代とマーケティング行為」で指摘されたように、アメリカにおいてそれらは、製造業者の資本的自立、全国市場の形成、卸売商の機能低下という3つの条件であった。しかし日本では、それらの3条件のうち、卸売商の機能低下は起こらず、従来からの卸支配の状況が継続していく。第2次世界大戦前の日本の流通システムの特徴は、零細性、過剰性、多段階性が特徴であり、小売りの革新として影響

が出現したのはほぼ百貨店だけであり、この展開も1937年に成立した百貨店法と戦時下の要請によって急速に衰退し、卸売業を無機能化させるには至らなかった。産業化の進展によって日本の主要産業において少数財閥が登場するが、ここにおいて、産業界の原料輸入と加工製品の輸出というわが国独特の構造の下で、この貿易取引に習熟した専門組織の必要性から、商社が設立され、次第に取扱商品を拡大し、総合商社という日本独特の卸売り組織が形成されていく。この財閥系の総合商社は、その金融力から、他の中小卸を支配するようになり、流通の支配者であった卸売業に商社という新たな支配層を生み出すこととなった。こうして財閥系の製造業者では、マーケティングは商社に任せて自ら直接に流通に関与することはなく、アメリカにおけるような巨大企業自らの直接販売という行為での流通介入は一般化しなかった。

　ただし、戦前の日本で製造企業が自ら流通および市場に介入するマーケティング行為を行った事実がなかったわけではない。それは、明治以後の洋風化の波に対応して登場してきた、洋風の非耐久消費財を製造する新興企業において見受けられる。これらの企業では、その商品がまだ一般的に認知されていないということから、卸支配の下でも自ら積極的にマーケティングを展開した。すなわち、積極的な全国的広告による市場への介入活動と、卸および小売の系列化という形での流通への介入である。これらの企業は、当初、商品を認知させるまで苦難の道を歩んだが、1920年代の消費の本格的洋風化が進むと同時にその活動は本格的になり、巨大企業へと成長していくことになる。この点は、アメリカにおける南北戦争後の新興企業の発展過程と似ているといえる。洋菓子の森永、歯磨きのライオン、石鹸の花王、洋酒のサントリー、トマトソースのカゴメなどがその例である。

　このように、戦前の製造企業のマーケティング実践は、アメリカでの展開とは異なり、当時の日本の流通構造の特異性から、直接販売という内部組織化の進展は行わず、既存の卸、小売を系列化するという、後々その合理性が評価される中間組織形成によるマーケティングの展開がなされたのであり、ここに日本独自の経営形態として根付いていくことになった。しかし、その実践の内容は、同時代に行われていたアメリカのマーケティングとは質・量

ともに比較にならない。質的には統一的管理といった部分が抜けており、量的にもその企業支出に占めるマーケティング・コストの割合はアメリカのように高くはなく、産業全体レベルでもマーケティング行為がいきわたっていたとはいえないからである。企業内で計画的管理過程が取り込まれた、より洗練されたアメリカ型のマーケティングが一般化し展開していくのは、戦後のこととなる。それでも、製造業が生産だけに閉じこもらずに、流通や市場に自ら積極的に働きかけて成長を遂げたという点で、それらの行為は前駆的なマーケティングの登場として認められてもよいだろう。

第**Ⅱ**部

第2次世界大戦後の企業環境の変化と
マーケティング研究

第Ⅱ部の時代とマーケティング行為

　第２次世界大戦直前のアメリカ経済は、大恐慌前の水準程度まで回復しており、大戦後は、軍事需要とともに生産は急増した。大戦終了後、多くの人によって予想された恐慌は起こらなかった。これは戦時中に繰り延べられた民間企業の設備投資や戦時中に抑圧されていた消費支出が一度に顕在化して、民間需要がきわめて順調であったためである。そして、また戦後の数年間は輸出も高水準であった。さらに戦後の政府による、一連の人為的市場創出、民間購買力造出の諸政策と、固定資本の特別償却制度が過剰設備の存在にもかかわらず新投資を誘発し、1955 年‐1956 年の投資ブームを生んだ。この投資ブームにおいて戦時中に開発された新技術が広く生産過程に取り入れられ、メカニカル・オートメーションが普及し、それによる飛躍的な生産性の向上が実現された。これとともに国内市場は相対的に狭められることとなり、また、国外市場も他の資本主義国のドル購買力不足が主たる原因となって陰りを見せてきた。

　さらに、この時期、いわゆる第３次企業合併運動が高まり、ますます企業は巨大化した。この時期の合併は、第２次企業合併運動が前方統合や後方統合での異業種関連企業であったのに対し、多角化を目指した異業種無関連企業との合併、すなわちコングロマリットがその特色となるのである。こうして、この時期の企業間の競争の次元は複雑さを増すこととなった。そして、この競争における決め手は、画期的な新製品の開発にあったのであり、前述の投資の誘因の存在とともに、研究開発に対して莫大な投資がなされるようになったのである。

　さて、以上のように、莫大な資金がオートメーションおよび研究開発に投資されるようになると、それに見合う安定市場の長期的見通しとその維持が大前提となってくる。ここに至って企業のマーケティング行為は、いかなる設備をもって何を生産するのかを決定する、いわば経営活動の始点にまで遡ることになる。もちろん、これ以前にマーチャンダイジングの重視という動向は戦前に定着していたといえるのであるが、戦後は、単に製品のデザインや機能の微調整にとどまらず、トップ・マネジメントとして生産を決定する位置にまでマーケティングの職能が拡大し、マーケティング・マネージャーの企業内での地位が向上するとともに、マーケティングの企業行為における重要さがあらためて認識されることとなった。

第3講

戦後のアメリカ経済と
マネジリアル・マーケティング

前2回の講義では、マーケティング研究の登場と第2次世界大戦前の展開が概観された。そこでは、当初からマーケティング研究において、マクロ的な流通研究とミクロ的な企業行為研究の2つの潮流が併存していたことが指摘され、第2次世界大戦前は、マクロ的流通研究が主流であったことが示された。

この第I部に続き、第II部では、第2次大戦後の企業環境の変化とそれに伴うマーケティング研究の変化が4回にわたって述べられる。第2次大戦後は、大戦前とは違って、ミクロ的な企業行為研究が主流となるが、第3講ではまず、戦後の企業のマーケティング実践として登場した、マネジリアル・マーケティングの登場の背景とその特徴について見ていくことにしよう。

1. 戦後のアメリカ経済の基本構造

第2次世界大戦の終結の年である1945年に、異例の大統領4選を果たしていたF. D. Rooseveltの急死によって大統領となったH. S. Trumanの下で、戦後アメリカの経済政策の基本方向は、資本主義の復興への積極的介入というかたちで示された。すなわち、国内的には、1946年に「雇用法」が制定され、完全雇用と経済の成長・安定を図るために、有効需要管理政策が国家に義務付けられることとなり、国外的には、1947年3月のTrumanドクトリンの宣言という東西冷戦構造の露呈後、同年6月に発表されたMarshall

プランによってヨーロッパの資本主義的復興の積極的援助という方向が示され（萩原〔1983〕pp.234-235）、対日政策も復興支援へと大きく転換した。このような基本的方向の下で、戦後のアメリカ経済は、連邦政府の経済への介入による連邦経費の増大と、東西冷戦構造を背景にした軍需の恒常化という2つの構造的特徴を持つことになる。

　しかし、この「軍事ケインズ主義（Military Keynesianism）」（萩原〔1996〕pp.65-77）と呼ばれる経済構造の基礎は、Roosevelt 政権下で、ニューディール政策と第2次世界大戦中の諸政策の実施によって出来上がっていたといえる。

　ニューディールは、当初、全国産業復興法（NIRA）の公正競争規約に見られるように、反トラスト法の適用除外によって大企業と政府の協調関係を築き、不況カルテルを強制する計画化の強いものであった。しかし、実質的成果は達成されず、しだいに「産業に利潤を、労働者に賃金を」というスローガンの両立は困難（秋元〔1983〕p.221）であることが露呈し、その大企業よりの姿勢に対し中小企業や消費者の反発を買うことになり、1935年5月のNIRA の違憲判決とともに、中期の改革的な国民所得の再分配へと重心を移していった。1935年には、「労働関係調整法」（ワグナー法）、「社会保障法」の制定、「就業促進局」（WPA）の設置というように、労働者寄りで失業救済、福祉重視の姿勢が明確化され、労働者と農民を中心とする下層中産階級とともに、それまでニューディールに懐疑的だった都市中間層やインテリ、そして黒人といった多くの社会層がRoosevelt の支持者になった。この「Roosevelt 連合」によって、Roosevelt は圧倒的得票差で1936年の大統領選に再選するが（同書、p.231）、同年に消費ブームによる景気回復の兆しが見えたにもかかわらず、政府の引き締めが早すぎたことから、1937-38年の恐慌となる。これ以後、ニューディールの財政政策は、いわゆる「呼び水」的政策よりはるかに強力で持続的な政府介入による「補正的政策」へと転換し（同書、p.225）、再配分時代とは違って、特定の階層を視野に置かない中立的なケインズ主義へと変化した。こうして、政府による積極的財政介入の道が開かれたのである。

　ニューディールの当初、経営者団体と政府の間にわずかの期間だけ蜜月関係があったにもかかわらず、中期以降、多くの経営者団体はニューディールに反対し続けていく。GM の A. P. Sloan, Jr. など政府寄りの「企業諮問委員会」（BAC）のメンバーもいたが、ニューディールが終焉し、第 2 次世界大戦が始まっても、多くの企業経営者は、基本的に政府のさまざまな介入は自由企業体制を脅かすものであると考えていた。実際、「1939 年の世論調査では、一般大衆よりもむしろ政府による規制強化を嫌った企業幹部のほうが戦争に反対した」のであり、その後戦争介入へ世論が傾くなかでも、「多くの企業家たちは、戦争関連の受注にはなお慎重だった」のである（秋元〔1995〕p.217）。しかし、この状況も、「政府が矢継ぎ早に出した民間軍需投資優遇、リスク肩代わり策」（同書、p.218）によって急激に変化し、軍需を中心とした政府と企業の協調関係が形成されることになる。こうして、「30 年代を通じてニューディールに反対しつづけた企業経営者たちも、ニューディールによって整備された経済基盤のうえに軍需主導型の経済運営が軌道に乗りはじめると、巨大企業ほど政府に種々の面で接近していく」（秋元〔1983〕p.233）のである。

　そして、この関係は、東西冷戦構造を背景に、戦争が終結した後も継続・拡大していった。平和時にも軍需が高いレベルで恒常的に定着するのは、第 2 次世界大戦後における特殊な現象である。特に、1953 年以降の Eisenhower 時代は、戦略核空軍主力の「ニュールック戦略」が打ち出され、航空機、誘導ミサイル、エレクトロニクス・通信設備という新型軍需品が 1958 年会計年度で全体の 63.3％を占めるようになり、先端技術を駆使する諸企業、航空機会社のロッキード、ダグラス、電気会社の GE、機械会社のインターナショナル・ビジネス・マシーン（IBM）、自動車会社の GM といった巨大企業が軍需部門に深いかかわりを持つことになる（萩原〔1983〕pp.235-236）。さらに、1961 年以降の Kennedy 政権では、世界戦争のみに対応する「ニュールック戦略」以上に、局地戦から世界戦争までのすべての脅威に対応するべく軍事関連支出が大幅に拡大された。それとともに、有効需要政策としては投資需要を重要視し、設備投資への減税、固定設備の償却

期間の短縮、低率の法人税率といった投資刺激策を積極的に打ち出した。こうして、Kennedy 政権は、旧設備の破棄と新設備への投資を誘発し、さらには、所得税減税による家計の購買力増大を図り、経済成長を達成することによって税収も伸び、財政も均衡するという方向を目指したのである。実際、見事にアメリカ経済は停滞からの浮上を開始したのであり、ここに軍事ケインズ主義が確立した。

2．戦後アメリカ経済と技術革新競争

　図表 3-1 は、第 2 次世界大戦後の経済成長率の推移を示したものである。これを見てもわかるように、戦後アメリカ経済は、1949 年、1954 年、1958 年を中心として、3 度の景気後退を経験している。

　戦後 48 年の中頃まで続いた景気の高揚感は次第に頭打ちになり、49 年にかけて景気の後退が起きたが、50 年の朝鮮戦争勃発に伴う軍需ブームによって払拭された。53 年中頃から 54 年にかけての第 2 回目の景気後退は、この朝鮮戦争の休戦によるものである。

　その後、55 年から 57 年にかけては、企業の積極的投資に支えられた自立的な戦後初の本格的景気高揚となったが、57 年秋から 58 年にかけての第 3 回目の景気の落ち込みは、深刻な全般的過剰生産恐慌となって展開した。戦後アメリカは、前述のように世界の資本主義経済・軍事への積極的援助によってドル散布を図っており、さらに 50 年代になって国際収支の赤字が続くようになると、世界的ドル不足は解消しドル過剰時代になりつつあり、この時期アメリカの対外的地位は次第に低下してきた。しかし、これも前述のような Kennedy 政権の企業への積極的投資刺激を中心とした諸政策によって乗り切り、図表 3-2 に見られるように名目成長率の変動はそれまでと違って小さくなり、60 年代はほとんど中断のない安定的な経済成長を実現するのである。

　以上のような、アメリカの戦後経済の展開において、企業活動への影響と

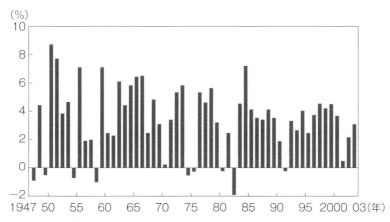

出所：春田・鈴木〔2005〕p.6。原図は U.S. Department of Commerce, Bureau of Economic Analysis.

図表 3-1　第 2 次世界大戦後のアメリカの経済成長

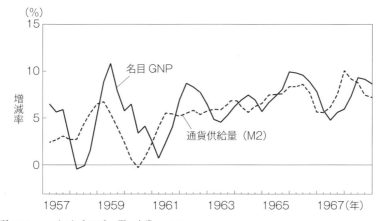

出所：Feldstein（ed.）〔1980〕、訳、上巻、p.166。

図表 3-2　名目 GNP と通貨供給量：1957-1967 年

いう点から重要なのは、55 年から 57 年にかけての景気高揚期と、Kennedy
政権以後の 60 年代の景気高揚期である。

　55 年から 57 年にかけての景気高揚期において、企業の投資行動は、2 つ
の方向を持って登場した。第 1 に、前述の Eisenhower の「ニュールック戦略」

に伴った、軍需産業における新型軍需品製造という方向であり、第2に、在来諸産業におけるメカニカル・オートメーション化された設備への投資である。もちろん、第1の方向への投資は第2の方向への投資を必要とするし、当時の「軍産複合体」的状況を考えれば、第2の方向において、第1の方向とは違った一般消費者向けの新商品開発のための投資の動きは存在していたといえよう。それゆえ、この時期の投資の方向は、主として第2の方向であったといえる。30年代から蓄積されてきた技術に加え戦時中は軍事的要求で開発された多くの技術があったが、戦後しばらくの間はあまり利用されず、「過去の蓄積された技術が、広く生産過程に取り入れられるようになるためには、激烈な競争要因の成熟するなかで迎えた1955、56年の設備投資ブームを待たねばならなかった」(白髭〔1978〕p.295)のである。ここに「激烈な競争要因の成熟」とは、朝鮮戦争の軍需の消失に端を発して、生産労働者の実質賃金も下落して消費購買力が相対的に縮小し、国内市場に翳りが見えてきたとともに、国外市場では、国際収支の赤字傾向に拍車をかけるごとく、社会主義国化の進展や、植民地の独立と民族意識の高揚などによって、資本主義国市場が圧迫されてきたことをさす。もはや、企業は、政府の有効需要創出の諸政策に頼っているだけでは、巨大化した生産能力に見合った市場を確保することは困難になり、自ら市場問題に取り組み、他社に遅れをとらないためにも、根本的に技術革新を取り入れる投資へと向かわねばならなかったのである。

　60年代の景気高揚期には、政府の刺激援助政策を背景に、第1に新たな新製品開発のための研究開発、第2に新たな事業進出のためのコングロマリット的合併という2つの方向での投資行動が顕著になる。図表3-3は、アメリカの研究・開発費の推移を示したものであるが、明らかに60年代になってその総額が急増している。図表3-4は、1895年から1977年までの鉱工業の企業買収の規模(1920年から48年については合併件数のデータしかない)を示したものであるが、1950年代後半から60年代にかけての、いわゆる第3次企業合併運動は、その規模においてピークであり、図表3-5のコングロマリットのなかでも「その他」の数字が示すように、まったく無関連な事業へ

（10億ドル）

年	R&D 支出計 （経常ドル）	R&D 支出計 （72 年価格）	産業部門 R&D 支出 （72 年価格）	政府部門 R&D 支出 （72 年価格）
1953	5.1	8.7	3.8	4.7
1955	6.2	10.1	4.1	5.8
1957	9.8	15.1	5.3	9.4
1959	12.4	18.3	6.0	11.9
1961	14.3	20.7	6.9	13.4
1963	17.1	23.9	7.6	15.7
1965	20.1	27.0	8.8	17.5
1967	23.2	29.4	10.3	18.2
1969	25.7	29.6	11.5	17.2
1971	26.7	27.9	11.3	15.6
1973	30.4	28.8	12.2	15.5
1975	35.2	27.7	12.1	14.6
1977	42.9	28.2	12.9	14.3
1979*	52.4	32.0	15.1	15.8

出所：Feldstein（ed.）〔1980〕、訳、下巻、p.270。原表は National Science Foundation 1976；1979*.
注：＊は暫定値。

図表 3-3　アメリカの研究・開発支出：1953-1979 年

の拡大の比率が増大しており、多角化的競争が進んでいるのがわかる。

　以上のように、戦後のアメリカ経済においては、市場問題に直面した企業間の技術革新競争が大々的に展開されたのであり、より具体的には、①メカニカル・オートメーション化された設備への投資、②新製品のための研究開発投資、③新事業進出のための合併・買収への投資、という企業行動が活性化されたといえる。まさに企業は、新技術による生産体制の革新を前提に、他社の追随を許さない画期的新製品を開発して競争に打ち勝とうと奔走したのであり、その他社との差別化を追求するなかで、競争は事業の多角化へと拡大していったのである。

買収企業の価値

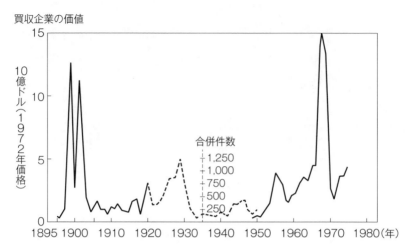

出所：Feldstein（ed.）〔1980〕、訳、下巻、p.218。原図は F.M. シェレール教授の *Industrial Market Structure and Economic Performance,* 2nd ed., Rand McNally, 1980 の第 4、5 図データによる。

図表 3-4　鉱工業の企業買収の規模：1895-1977 年

(%)

合併のタイプ	1948-55	1956-63	1964-72	1973-77
水平	36.8	19.2	12.4	15.1
垂直	12.8	22.2	7.8	5.8
コングロマリット				
関連製品分野への拡張	44.8	36.0	39.3	24.2
市場の拡張	2.4	6.7	7.3	5.7
その他	3.2	15.9	33.2	49.2
合計	100.0	100.0	100.0	100.0

出所：Feldstein（ed.）〔1980〕、訳、下巻、p.219。原資料は米国議会、司法委員会、上院反トラスト・独占小委員会、*Economic Concentration*, Herrings pursuant to S. Res., 40, Part 8A（合同貿易使節団、*Economic Report on Corporate Mergers*）（Washington, D.C.: Government Printing Office, 1969）, p.637：合同貿易使節団。*Statistical Report on Mergers and Acquisitions*（various issues）.

図表 3-5　鉱工業の合併のタイプ別買収資産の分布：1948-1977 年

3．技術革新競争とマーケティング

　以上のような技術革新投資には、莫大な固定資本の投下を必要とする。しかし、この巨額の固定資本の投下は、その回収が長期にわたるという性質上、市場での長期間の売り上げが見込まれない限り実現されない。しかもこの間、巨大化したオートメーション設備を使っての小刻みな生産量の調節はまだ困難であったし、株主は長期の安定した配当金を要求するということから、その長期の市場での売り上げは、安定したものでなくてはならない（森下〔1959〕p.11）。こうして、技術革新投資には、それに見合う安定した市場の長期的見通しとその維持が大前提となる。

　しかし、この技術革新競争は、それが競争である以上、設備および製品の陳腐化を促進し、長期に安定したものとはなりにくい。「したがって、できるだけ短期間に大量を生産し、生産したものを売りつくすことによって、固定資本の回収をはやめることに努めなければならない」（同稿、p.12）のである。ここに至って、これまでになされてきたマーケティング諸活動をより強力に実践する必要が出てきたのであり、マーケティング手段として製品の生産の決定までも包摂したうえで、マーケティング諸活動のより洗練された統合的管理が要請されたのである。

　もちろん、これ以前に、マーチャンダイジングの重視という動向は戦前に定着していたのであるが、戦後は、単に色やスタイルの変更という生産における微調整以上に、生産自体の決定という職能までマーケティングの職能が拡大したのである。また、マーケティング諸活動の統合的管理自体は、20年代の高圧的マーケティングの時代には完成していた。しかし、それは、目先の市場に製品を押し込むための短期的側面が強かった。これに対し、技術革新競争においては、固定資本の早めの回収といっても、その長期的性格が消え去るわけではなく、単なる統合的管理以上に、新たに長期的な調整管理としての戦略的管理が必要とされたのである。

　さらに、技術革新競争は、「いかなる設備を持って何を生産するのかを決

定する、いわば経営活動の始点」（同稿、p.19）にかかわることであり、最高
経営層の処理すべき問題である。そして、この問題の決定は、安定した市場
の長期的見通しと維持が前提であるのだから、マーケティング部長は、当然
のごとく最高経営層に食い込むことになる。そこでは、マーケティング部長
が、それまでの生産部長に代わって、企業の全活動を市場に向けて統合する
という役目を担うものと期待された。実際、1957年に、GEの副社長 F. J.
Borch によって、マーケティングは「企業経営の基本概念であり、あらゆる
企業活動を支配する傘のようなもの」（Borch〔1957〕pp.3-4）と表現された。
ここに、消費者志向は、マーケティング部門の哲学にとどまらず、企業全体
の哲学になったのである。

　技術革新競争に対応したマーケティングは、マネジリアルな、すなわち経
営者的なマーケティングにならざるをえないのであり、消費者志向に基づい
て企業のあらゆる活動を統合するというトップのマネジメント問題を含み持
つようになった。こうしたマーケティング・マネジメントは、「マネジリア
ル・マーケティング」と呼ばれ、マーケティング・マネジメントの最も成熟
した段階として企業実践の最重要課題として注目されるようになり、戦後は
まさに「マーケティングの時代」となった。

4．マネジリアル・マーケティングの特徴

　さて、以上のようなマネジリアル・マーケティングの特徴を、ここでまと
めておこう。

①まず、マネジリアル・マーケティングは、戦後の技術革新競争という新
　しい企業環境に対応したマーケティングであるということ。生産設備と
　製品開発に技術革新を取り入れるという生産における技術革新のために
　は、その巨額の投資に見合った長期的に安定した市場が確保されねばな
　らなかったのである。

49

②技術革新競争は、固定資本の早期回収に向かって進むため、マーケティング自体の強化を促し、その強化は2つの方向で行われたということ。すなわち、第1に、マーケティング手段としての製品にかかわる職能が決定的に拡大された。それは、30年代のマーチャンダイジングという、形やスタイルの変更などの微調整にとどまらず、消費者ニーズにマッチした製品の開発と生産の決定という段階までも包摂することになる。マーケティング諸手段の統合それ自体は戦後の新しい特徴とはいえないが、その結合される諸手段あるいは諸活動の範囲は生産過程に決定的に食い込み、より統合力の強いマーケティングが目指されたのである。

③第2に、マネジリアル・マーケティングにおいては、マーケティング諸手段のより強力な統合だけでなく、その長期的な調整という戦略的な管理がそこに加わったということ。戦略的な管理という点は、マネジリアル・マーケティングにおいて登場した決定的に新しい特徴である。

④また、技術革新競争は、企業全体の方向を決める最高経営層の意思決定であり、そこにかかわるマネジリアル・マーケティングは、企業のあらゆる活動を統合するという役目を担うこととなり、全社的レベルの管理が新たに加わったということ。この企業活動の内的統合という企業管理とでも呼べる問題は、本来は経営学において探求されてきた問題であり、マーケティングの経営管理領域への拡張といえる。しかし、環境への適応という考えが重要視されるにつれて、経営管理もマーケティング化してくるのであり、この両者の接近は、戦後の企業活動の1つの特徴といえるだろう。

⑤この過程で、マーケティング部門で育まれてきた消費者志向は、企業全体の理念となり、すべての企業活動共通の目標となったということ。こうして、消費者志向が強調されるとともに、マーケティングは、消費者の操作というよりも消費者ニーズの理解とそれへの適合という側面をますます強くしていくのである。

以上から、マネジリアル・マーケティングにおける新たな内容をまとめたものが図表3-6である。

第Ⅱ部

第3講

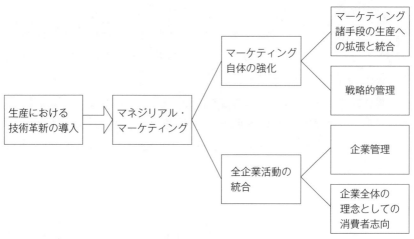

出所：筆者作成。

図表3-6　マネジリアル・マーケティングの内容

〈参考文献〉

秋元英一〔1983〕「11 章 大恐慌とニューディール」岡田泰男・永田啓恭編『概説アメリカ経済史』有斐閣。

―――〔1995〕『アメリカ経済の歴史 1492-1993』東京大学出版会。

Borch, F. J.〔1957〕 "The Marketing Philosophy as a Way of Business Life", *Marketing Series*, 99, AMA.

Feldstein, M.（ed.）〔1980〕*The American Economy in Transition*, The National Bureau of Economic Research.（宮崎勇監訳〔1984〕『戦後アメリカ経済論 上・下』東洋経済新報社）

萩原伸次郎〔1983〕「12 章 第二次大戦後の経済」岡田泰男・永田啓恭編『概説アメリカ経済史』有斐閣。

―――〔1996〕『アメリカ経済政策史――戦後ケインズ連合の興亡』有斐閣。

春田素夫・鈴木直次〔2005〕『アメリカの経済 第 2 版』岩波書店。

森下二次也〔1959〕「続 Manegirial Marketing の現代的性格について」大阪市立大学『経営研究』第 41 号、pp.1-28。

白髭武〔1978〕『アメリカマーケティング発達史』実教出版。

第4講

戦前のマーケティング研究の反省
——マーケティング・サイエンス論争

第3講では、第2次世界大戦後のアメリカ経済の変化とその基本的構造が述べられ、そこにおいて企業のマーケティング実践として新たに登場したマネジリアル・マーケティングの特徴が述べられた。戦後は、このマネジリアル・マーケティングを中心として、企業が、経済・社会への影響力を強めた「企業の時代」として幕を開けることとなり、それゆえマーケティング研究もミクロ的研究にウェイトが置かれるようになる。

このようなマーケティング研究の動向における、戦前のマクロ的研究から戦後のミクロ的研究への重点のシフトという潮流の下で、戦前までに蓄積されたマーケティング研究を振り返り、その研究方法を再検討するというメタ科学的検討の動きが生じた。第4講では、戦後のマーケティング研究に生じた、このメタレベルでの論争の内容とそのマーケティング研究への影響を見ていくことにしよう[1]。

1. 論争の発端

マーケティング・サイエンス論争の発端は Converse〔1945〕であるとされるのが常であるが、彼はマーケティングの科学性に関して特に疑問は持って

---

1) 以下1節〜4節は、堀越〔2005〕第6章Ⅲからの抜粋である。

いない。「マーケティング科学と呼ばれる分類された知識体系は、過去 50 年の間——特にこの 35 年の間はかなりの程度で——発展してきた」(p.14) とされ、そのさらなる発展のために、これまでの業績を評価するということがなされたのである。彼は、マーケティングの科学あるいは技術の発展に貢献した事柄の次元として、①他の古い諸学科、②概念、技法そしてデータ、③組織、④定期刊行物、⑤著作および報告書を設定し、それぞれの次元で貢献したものをマーケティング研究者へのアンケートによって経験的にウェイトづけし、リストアップしたのである。このように、Converse は、マーケティングの学科としての展開を確認したが、その科学性を検討したわけではない。マーケティングは経済学、経営学、心理学、経済史、会計学といった学科（この順番は先ほどのウェイトづけの結果である）に依拠してきたが、今や個別の学科として成立しているという点の確認のみで、何ら彼の科学観は示されておらず、マーケティングが科学であるということはむしろ前提とされている。したがって、Converse〔1945〕は、これまでのマーケティング研究を振り返るというメタ科学的視点を提供したという点でのみ、マーケティング・サイエンス論争に影響を与えたにすぎず、「マーケティング科学の展開」という題名においてのみマーケティングと科学の関係が示唆されたにすぎない。

　これに対し、「マーケティングの専門職に向けて」と題して、「われわれはマーケティングの記述的次元に未だにいるのであり、分析的な次元に十分にシフトしていない」(p.27) として、マーケティング研究の知識としての性格を正面から取り上げたのが Brown〔1948〕であった。彼は、医学や法律学を例として、専門職的段階へと進歩するためには、個々の特殊な記述をこえて分析的なレベルに視点をシフトするという思考の転換が必要であると主張し、これを達成するための緊急の課題として、次の 5 つのことを提言する。

①マーケティング・マネジメントの基礎はマーケティング・リサーチであるというマーケティング実務家による一般的認知をわれわれ研究者も持たねばならないということ

②マーケティング・リサーチは、いまや、新しいリサーチ装置の発明より

はむしろ方法の統合に集中すべきであるということ（p.28）

③基本的知識の増大、すなわち現在の視点をはるかに超えた正確なマーケ
ティング知識の継続的な拡大が強調されねばならないこと

④専門職的基準と倫理における継続的向上が必要であること

⑤マーケティングのための専門職的教育の展開における進歩に集中する必
要があること（p.29）

　しかし、リサーチ手法の統合と高度化による基本的知識の増大がなぜ分析的知識をもたらしうるのかついては詳しい説明はなく、リサーチ手法の高度化＝マーケティング研究の科学化という短絡的な提示が示されたにすぎず、きわめて楽観的な帰納法的科学を想定しているようであり、その意味でBrown〔1948〕は、マーケティング研究の知的性格に関する問題提起をした意義しか見いだせない。ともかく、彼において、マーケティング研究を振り返るというConverseの問題状況が、マーケティング研究の科学性という知識の性格付けの問題にシフトしたことは確かである。この点からするならば、マーケティング・サイエンス論争の発端はConverseというよりはBrownであったといえる。

2．Alderson and Cox〔1948〕vs. Vaile〔1948〕の論争

　さて、このマーケティング研究の科学性という問題をさらに推し進めて、マーケティングの求めるべき理論についての本格的考察を行ったのが、Alderson and Cox〔1948〕である。彼らによれば、「マーケティングに関する理論の強調はパーリン記念講座が設置されてから始まった」（p.137）とされ、1946年のピッツバーグでのAMA全国大会で理論に関する部会の定期的開催の予定が決められたり、AMAのフィラデルフィア支部でこの論題に対する月例会が続けられたりというふうに、学界中に広がってきているとされる。このマーケティング研究における理論への関心の増大という状況は学界だけ

54

ではなく実務家においても生じてきているとされ、それは、双方における次のような確信からだとされる。すなわち、マーケティング研究について、研究家においては、「正確で包括的で重要な一般化に関する収穫があまりに少ない」（p.138）という確信であり、他方、実務家においては、「解決されるべき問題とそれを解決するのに適用される創造的な手法のよりよい叙述」（p.138）についてあまりにもわずかな成果しかないという信念である。

このような状況のなかで、新しい研究は問題から生じ、「問題は新たに発見された諸事実が受け入れられた説明を覆すがゆえに生じる」（p.138）というアメリカの哲学者 F. S. C. Northrop の主張を取り上げ、「要するに、これがマーケティング研究の今日的状況である」（p.139）とする。すなわち、価格差別、マーケティングの空間的側面、マーケティングの時間的側面、経済的実体の現実性、意思決定における代替案における制約、マーケティング組織の発展といった事実が、受け入れられている理論である経済学では説明されず、新たな問題を示唆していると指摘するのである。さらに、これらの新しい事実に関する理論的成果は、社会科学の文献に分散して存在しているとして、経済理論、集団行動の体系的研究（人類学、社会学、社会心理学）、生態学、マーケティング研究それ自身、それぞれからの貢献を検討し、その後でこれらの成果を統合するマーケティングの統合理論の可能性を探るのである。そして、彼らによれば、この統合理論は、

「1) それはマーケティング理論への今日的関心を生み出した多様なニーズに貢献する見込みを提供すべきである。
 2) それは、上述の文献においてすでに入手可能な理論にとっての出発点を包括的なやり方で作りあげることが可能であるべきである。
 3) それは、マーケティングにおける重要な実体のすべての主要なクラスの研究に対し守備一貫した理論的視点を提供するべきである。」
　　（p.148）

といった要求を満たさねばならないとされ、それが（心理学的行動主義では

なく）社会学的な意味での集団行動主義に求められ、「集団行動主義の基礎概念は、組織された行動システム（Organized Behavior System）である」（p.148）とされる。そして、この基礎概念にそったマーケティング・リサーチの例として、「フィラデルフィアにおけるマーケティングの生産性に関する実験的サーベイ」（p.149）を示すのである。

　以上のような Alderson と Cox の主張に対して批判的コメントをしたのが、Vaile〔1948〕であった。彼はそこで3つのコメントを行った。第1に、「マーケティングは、たとえば工学と同様に、非常に複雑で多面的活動である」（p.520）のであり、これを説明するには、一般的諸命題のさまざまな組み合わせのみがそれを可能にすると主張する。すなわちこの主張から単一の統合理論の不可能性が帰結する。第2に、Alderson and Cox〔1948〕では、「マーケティング理論が、マーケティング課業がなぜそのように遂行されるのかを説明するよりも、むしろいかに遂行されるべきかをさし示している」（p.521）と主張しているように思えるとしたうえで、これは多様な目的にかかわることで、「マーケティング理論自身が解決できる問題ではない」（p.521）のであり、それは政治的枠組や社会哲学との関連で決まってくるものだと述べる。すなわち、この主張から、統合理論が自動的に当為にかかわる実践的問題の解決をさし示すことはありえないということが示唆される。第3に、Alderson と Cox の方向での努力を否定するものではないが、「マーケティングに役に立つような一般化は、マーケティング自身の研究者からよりも、主として経済学者、心理学者そして個々の科学的学科における専門家からもたらされ続けるだろう」（p.522）と主張する。ここでは、実践的志向を強く持ったマーケティング研究からはなかなか一般化が生まれにくいことが示唆されており、マーケティングはあくまで技術であると考えられている。

　以上のように、この最初の論争においては、マーケティング研究を科学と見るか技術と見るか、マーケティングの統一理論形成は可能か否か、という2つの問題が問われたのであり、その後の論争で問われるべき問題を明らかにしたという点で評価できる。しかし、どちらかというと後者の問題に重きが置かれ、科学や理論に対する両者の態度が曖昧にされたまま、その後の両

者間の論争は進展なく終結してしまう。さらに Vaile には Alderson を完全に
否定しない側面もあって論点のかみ合いが悪く、内容的には実り少ないもの
だったといわざるをえない。

3．Cox and Alderson（eds.）〔1950〕、
Bartels〔1951〕vs. Hutchinson〔1952〕の論争

　以上のような Vaile の批判にもかかわらず、Alderson と Cox は、Alderson
and Cox〔1948〕での構想に基き、1950 年に『マーケティング理論』（Cox and
Alderson（eds.）〔1950〕）と題された論文集を編集した。この書は、①他の学
科で展開された概念をマーケティングに適用しようとするグループ、②マー
ケティングと経済学の関係における多様な側面を議論するグループ、③マー
ケティングの領域内での経済学理論と公共政策の関係に取り組むグループ、
④マーケティング研究においてすでに広く用いられている概念を取り上げ、
それらをさらに精密な分析用具に洗練させようとするグループ、に分類され
（pp.v-vii）、4 部構成となっている。①のグループに属する研究者としてC. W.
Churchman、J. Q. Stewart、J. Glawson、W. Alderson、R. G. Gettell の 5 人、②
のグループに属する研究者として E. T. Grether、G. L. Mehren、R. S. Vaile、O.
Knauth、D. F. Blankertz、E. R. Hawkins、R. Cassady, Jr. の 7 名、③のグループ
に属する研究者として A. G. Abrason、R. Cox、J. Dean の 3 名、④のグルー
プに属する研究者として E. D. McGarry、W. S. Peters、R. M. Clewett、G. H.
Brown、R. D. Lundy の 5 人の論文が収録されている。もっとも、③はマー
ケティング理論と経済学に関する部分的関係であり、④はその他という内容
であるうえに、②の経済学理論を志向するグループにおける論文も最初の 2
人以外は経済学批判的なものがほとんどであり、全体として①のグループ、
すなわちマーケティング研究における学際的成果の提示が意図されていると
いえる[2]。これは、まさに Alderson and Cox〔1948〕において示されたような、
経済学と現実との乖離、そこからの新しい研究の出現という状況の再提示で

ある。

　このような Alderson と Cox 流の構想、すなわち、マーケティング理論の科学化→学際化→統合理論の追究という動向に対し、ほぼ全面的に同調したのが Bartels〔1951〕であり、マーケティング研究が科学としての性格を所有するためには、第1に「多様な問題の解決に適用可能なほどに広く一般的な体系化された知識体系である」ことが必要であり、第2に、「他の社会諸科学の領域と重複するというその特徴的な性格から、マーケティングは必然的にそれらの関連する諸法則のいくつかを使用することになる」のであり、第3に「帰納的および演繹的起源の両方を持ち、一般的および技術的領域の両方をもった一般化を提供することになる」とし、第4に、「社会的諸条件を実験的に再現することのむずかしさや、その法則の有用性を破壊することなくどんな否定的根拠も侵害することのできない帰結に到達するということから、マーケティングの法則は主として、経験的であるというよりは理論的なものであろう」と主張したのであった (pp.326-327)。以上の1から3の主張は、Alderson と Cox の主張と同じであるが、第4の主張は Bartels 独自のものであり、法則を経験法則と理論法則の2種類に分け、後者を思惟の産物で経験的なテストの必要のない妥当性をもつものとしたのであり (p.320)、帰納的および演繹的起源の双方を認めた折衷的主張をしてはいるものの後者を強調しているととれるのであり、Alderson and Cox〔1948〕とは異なった方法論の提示をしているといえる。

　いずれにしても、マーケティングは科学になりえる→そのために必要なのは理論の構築である、という一般的動向が形成されつつあったわけで、このなかにあって、Vaile の指摘をより強烈かつ明快におし進め、これらの動向を批判したのが Hutchinson〔1952〕であった。

　Hutchinson は、①実際の流通行動、②大学での研究活動、③特定の問題解

2)　この点について、堀田〔1986〕は次のように述べている。「……この二人の編著者が既に学際主義的接近を提案しその有用性を高唱する共同論文を発表していることを考え合せれば、かれらの役割が単に中心テーマの選定のみであったという序言での表明には疑義を感ぜざるをえない。」(p.145)

決にかかわる市場調査者の活動という3つの活動がマーケティングという用語のなかに含められているとしたうえで、②および③の活動を追究する人々から、マーケティングの科学化という要求が出てきたのであり、これが混乱の原因であるとする（p.287）。そして、この科学化への道を主張する人々がマーケティングは科学であると論述するアプローチにはこれまで2つあるとし、意味論的アプローチと経済学的アプローチを挙げ、そのどちらもが成功していないとする。前者はAldersonやCoxそしてBartelsに見られるように、辞書的な科学観を示したうえで、マーケティングの科学性や科学化を論じていくグループを、後者は、『マーケティング理論』第1版における経済学理論を志向するグループを指しており、前者は「エセ科学的言語を弄することがいかに多くの卑しい人間活動を承認された科学へと転換するのかを例示している」（p.288）とし、後者は経済学理論の豊富化にすぎないとされる。そしてこの失敗の理由に関して次のように述べる。「しかしながら、なぜマーケティングの分野が独自の理論体系を展開するのに時間がかかるのかという点に関しては、本当の理由が存在する。それは単純なこと、すなわちマーケティングは科学ではないということである。それはむしろ技術（art）か実務なのであり、物理学、化学あるいは生物学よりも工学、医学そして建築学により近いものなのである。」（p.289）

　こうしたHutchinsonの主張に賛同し、「未知の計測不能なものがまだたくさんある。大部分はまだ管理者の裁定にゆだねられたままである。この点でマーケティングは技術のままである」（p.65）と述べたのがStainton〔1952〕である。

　以上のように、この論争においては、より多くの論者が論争に参加するようになり、特に、「マーケティング研究は科学か技術か」という問題が主として論じられ、より詳細に展開されたのであり、今後のマーケティング研究の動向を決める重要な論争として注目されてきたことが窺える。

4．論争の終結と学界の研究方向

Hutcinson らの批判にもかかわらず、Alderson は 1965 年の彼の死まできわめてマイペースに自分の当初の構想の提示を推進していったのであり、Alderson〔1957〕、Alderson and Green〔1964〕、Alderson〔1965〕を出版して彼の「マーケティング理論への機能主義者的アプローチ」の内容をより詳細に提示したのであった。

また Alderson〔1957〕の出版後、Baumol〔1957〕は、「経済学や心理学はマーケティング理論の総体や内容を構成するというよりはむしろマーケティング理論構築のいくつかの材料を提供するのに有益に用いられる」（p.417）というようにマーケティング理論を経済学や心理学を包摂する統合理論と考え、その例として Alderson の試みを挙げ評価した。さらに Cox, et al.（eds.）〔1964〕は、マーケティング研究の主要な領域での理論的成果が Alderson 的構想で統一的に進展してきていると主張した。こうした研究によって、マーケティング研究の科学化の可能性を信じる動向のなかでも Alderson 的なアプローチによるマーケティング理論の構築という流れが学界の主流となる。

一方、マーケティング研究の科学性に関しては、テレビ産業における研究プロジェクトの日記を示しながらマーケティング現象のとらえどころのなさを示した Oxenfeldt〔1961〕や、物理科学の概念や方法がマーケティング研究にそのまま適用しにくいという問題を指摘した Buzzel〔1963〕のように、マーケティング研究の科学化における困難さの指摘もあった[3]。しかし、1962 年の中旬にマーケティング・サイエンス協会（Marketing Science Institute）が設立され、そこで M. H. Halbert が登場して論理実証主義的科学観に基づいた方法論の提示を行い（Halbert〔1964〕、Halbert〔1965〕）、それが Alderson

---

[3] Buzzell は C. Ramond のアメリカ心理学会の年次大会での報告を取り上げ、マーケティングは緊密に結びついた、非線型の、ダイナミックな事象を取り扱うといった点を指摘しながら、物理学における概念や方法がマーケティング研究にそのまま使えないという考えに同調しているようであり、それでも、科学的技法を多用することは必要であり、「科学を用いるアート」という目的は達成できると主張する。

の構想と微妙に結びつくことによって、そうした懐疑的な動向も解消されて
いく。すなわち、論理実証主義は、その構想の中心に、形而上学を無意味と
し科学的知識を特徴付ける基準として検証可能性（verification）を挙げ、帰
納主義の新たな形態を保持する立場であった。そして、その科学としての共
通基準の下に諸科学を統一しようとする統一科学運動を推進しようとしたの
である。それゆえ、Alderson の理論的構想の哲学的補強となりえたといえる。
こうして、Alderson の機能主義的構想に対して、それが、マーケティングの
独自性、諸学科の統合、記述と規範の統合を実現するものとして、多大な期
待が向けられたのである。そしてこの動向は、当時隆盛を極めつつあったシ
ステム論的科学観における学際主義と統一理論志向との合致によりさらに決
定的となり、1960 年代の中頃に「マーケティング・サイエンス論争」は立
ち消えになり、行動科学的な手段を用いた具体的な理論創出へとエネルギー
が注がれていくのである。

　以上で明らかなように、マーケティング・サイエンス論争においては、①
マーケティング研究は科学か技術（art）か、②科学化の具体化はいかにする
か、という 2 つの問題が論じられたのであり、前者に関しては、「科学に
なりえる」という見解が主流となり、そのためには理論が必要という点で一致
して②の問題にシフトし、そこでは、マーケティングの統一理論として
Alderson 的な社会学的機能主義的方向が支持されたと要約できるであろう。
さてそれでは、学界の研究動向に影響を与えた Alderson の構想とはどのよ
うなものか、もう少し詳しく検討しよう。

5．Alderson の「組織された行動システム（O. B. S.）」と　マネジリアル・マーケティング

　Alderson の提示したマーケティングの一般理論は、社会学者 T. Parsons の
構造―機能主義にきわめて類似した構想であり、彼はそれを「組織された行
動システム」（以下 O. B. S. と略す）と呼んだ。O. B. S. は、その目的である存

続と成長を達成するために、その構造パターンとして4つの下位システムを持つ。すなわち、「4つの主要な側面において、勢力システム、伝達システム、投入・産出システム、内外調整システムとしてみなされる」（Alderson〔1957〕p.35）のであり、前2つのサブシステムは行動システムを構成する最も原初的な要素といえ、構造の形成にかかわり、後の2つのサブシステムは高次のシステムにおいて特徴的な効果の問題にかかわり、その意味で「操作システム」と呼ばれる。そして、この高次のO. B. S. においては、「操作システムの機能がその構造を決定する」（ibid., p.65）という性質がある。

　この組織一般に適応されるO. B. S. の中核的原始名辞というべき「集合」、「行動」、「期待」という3つの概念を、より特殊な諸概念に変えていくことにより、マーケティング組織行動の一般理論が提示される（Alderson〔1965〕pp.25-29）。そこにおけるマーケティング組織行動としてのO. B. S. は「企業」と「家計」に限定されたうえで（ibid., p.43）、マーケティング行動とは、企業および家計であるO. B. S. の存続に対する1つの機能であり、それは環境である部分異質市場との間に投入・産出関係を持ちながら、その不完全さを緩和していくという環境適応のための操作であるとされる。そして、その操作は、「探索（searching）」、「変換（transformation）」、「分類取り揃え（sorting）」という概念で示される。

　このO. B. S. の3つの操作の集合である全体的マーケティング過程とは、より具体的にいえば、売手と買手が出会い、資源が商品となり、それが中間商人によって仕入れられて消費者の欲している品揃えと商品構成を変化させていくことにより、最終的に消費者の物質的欲求を満たすプロセスであるといえるだろう。この全体的マーケティング過程を認識する際に重要となる認識単位として、売手と買手双方の探索が結合された「取引（tranasction）」と、1つの財貨取り合わせと1つの変換の連鎖系列である「トランスベクション（transvection）」の2つが指摘され、後者の重要性が主張される（ibid., p.92）。当初、トランスベクションは全体としてのO. B. S. の行為単位であるとされ、この全体的マーケティング過程やチャネル全体をもO. B. S. で認識できると考えられていたが、「法的、社会的存在としての企業および家計の限界を超

62

えて組織された行動システムの概念を拡張しようとする試みにおいては、い
くらかの困難が生じる」(ibid., p.43) ことがわかり、O. B. S. の適用は「企業」
および「家計」に限定され、O. B. S. という一般理論的枠組みは、もっぱら、
企業行動や消費者行動に関する、ミクロ的マーケティング理論に適用される
といえる [4]。

　さて、以上のような異質市場への適応行動としてのマーケティング行動は、
O. B. S. の操作システムにおいて環境との投入・産出の関係を維持するかた
ちで果たされるのだが、この操作システムは自動的に調整されるシステムで
はなく、O. B. S. 内においてこの調整を指揮する行為者が必要とされる。こ
れは、まさに経営者の立場からの O. B. S. の再認識であり、問題関心の「行
動」から「行為」への変換である。ここでは、企業の環境への適応行動の経
営者の意識的な管理こそが問題とされるのであり、計画策定と問題解決、す
なわち設計と評価がその中心課題となるとされる。このような O. B. S. を示
したのが図表 4-1 である。

　以上のように、Alderson の提示した O. B. S. は、ミクロ的マーケティング
研究における記述的研究と規範的・管理論的研究の双方にとっての一般理論
として提示されているということがわかった。そしてこの O. B. S. の主張に
おいて、前号で述べたマネジリアル・マーケティングという当時の新しい
マーケティング実践の要求との対応が見出せる。すなわちまず、O. B. S. は
「企業」および「家計」に限定されているということから、マーケティング
部門以外の他の諸部門をも含んだ企業のすべての下位部門の行動を、異質市
場への適応に向かって統合するという意図が読み取れる。さらに、このよう
な枠組みの下でなされるマーケティング管理も、「最高経営者の直面する最
も重要な決定」(ibid., p.444) であり、生産、財務、および技術といった管理
のあらゆる側面に対してマーケティング上の考慮が優位性を持つことが強調
されている。また、マーケティング管理論の次元においては、以上のような、

---

4)　ここから、マクロ的なマーケティング理論に対応していないという、O. B. S. のマー
　ケティング一般理論としての不完全性が生じている。この点に関しては、堀越〔2002〕
　を参照のこと。

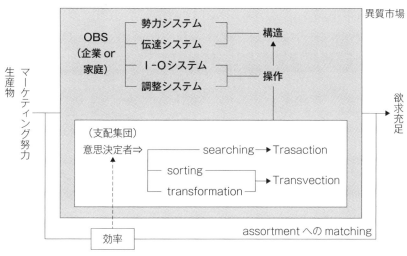

出所：筆者作成。

図表 4-1　O. B. S. の操作としてのマーケティング

企業行為の全体的統合だけではなく、「マーケティング・ミックス」をマーケティング管理論の中心問題とし（Alderson〔1957〕p.361）、マーケティング諸手段の次元における統合も唱えられている。さらに、マーケティング行動として考えられた操作には、「分類取り揃え」だけでなく各種の「変換」も含まれており、そこには、財の物理的形態の変化としての生産過程も含まれている。このように、O. B. S. の機能主義的側面においては、「全体システムを強調し、そのシステムにいかに貢献するかによって部分を説明する」（Alderson〔1957〕p.16）という説明構造の下、マネジリアル・マーケティングが要求する、市場に向けての全企業活動の統合と生産段階まで組み込んだマーケティング手段の統合による強化という 2 点が組み込まれているといえる。

64

6. 戦後マーケティング研究の基本的特徴
──行動科学的研究プログラム

　以上のように、Alderson の構想は、マーケティング研究者とともにマーケ
ティング実務家にも多大な期待をもたれて支持されたのであり、「Alderson
は、Kotler が、応用経済学から応用行動科学へのマーケティングのシフトと
呼ぶところの事を先駆けて行った最も強力な著述家である」(Blair and Uhl
〔1976〕p.66) といえる。しかし、彼の著作の重要性に対しては疑問を呈す
る者も増えてきている。たとえば、Barksdale〔1980〕は、「理論開発の興味
を刺激することに対する Alderson の努力は、今日においては、彼が生み出
した諸理論より重要であるかもしれない」(p.1) とし、「Alderson は、20 年
間にわたって、マーケティング理論のリーダーとして認められてきた。彼は、
多くの追随者を持った。しかしながら、Alderson は、彼の仕事を継続する研
究者の伝統や学派を打ち立てなかった。結局、彼が死んだときに、彼の諸概
念を発展させる努力は停止したのだ」(p.3) と述べている。しかしながら、
確かに彼の提出した理論自体はあまり理解されずに継承者を生み出さなかっ
たといえるものの、彼が行動科学的研究の潮流を作り出したという点は否定
できないだろう。そこで、戦後のマーケティング研究の動向を形作った、こ
の行動科学的な研究方法の特徴は何かといえば、それは、帰納主義、学際主
義、心理学主義の 3 つである。
　まず第 1 に、帰納主義は、マーケティング現象にかかわるさまざまな要因
の抽出とそのマッピングという一般的図式をもとに、無色の命題に積極的な
意味内容を与えていくものこそ、経験的な研究というものなのだという信仰
を生み出した。ここでは理論を生み出すための経験的研究が強調され、多く
の説明的スケッチ 5) を理論と考える傾向が出現した。さらに、その説明的ス

---

5) Hunt〔1976〕によれば、「説明的スケッチとは単に説明の一般的輪郭が提示されてい
るにすぎないことを意味する」とされ、「説明的スケッチはそれが完全な説明としての
資格をえるまでには相当の精緻化と展開を必要とする」(訳、p.100) と述べられている。

ケッチと経験を結びあわせるための検証（verification）手続きにおける帰納主義も展開され、仮説自体を洗練化するというエネルギーが次第に失われていくこととなった。

　第2に、学際主義は、現実の複雑な様相を忠実に認識するために諸科学が明らかにしたさまざまな側面を統一的に認識するという、全体論的認識の潮流を生み出した。この次元でも、先ほどの全体的な説明的スケッチが、各学科のポジションを示しはしたが、それらの諸学科がどのように関連するかという点での統合化は実現されたとはいいがたく、それゆえ各学科の成果がそれぞれのポジションを守ったままで展開され、マーケティング研究の量的拡大のみを生み出した。

　第3に、心理学主義は、前述のような現実の意思決定過程の重視という動向から生じた人間行動の認識における合理性の原則の修正もしくは弱体化の潮流である。これは、単にマーケティング論においてだけ生じたのではなく、より広い文脈で生じていたものであり、Latsis〔1972〕は、経済学における心理学主義的潮流の登場を、従来からの新古典派的限界主義アプローチである「状況的決定論」に対する「経済学的行動主義」の登場として描写している。状況的決定論が取り扱うのは単一退路状況といわれるもので、それは「明白な活動経路が客観的条件（費用、技術、成員数など）によって一意的に決定されている状況」（p.211）であるのに対し、「寡占市場状況において単一退路モデルの扱いにくさは明白」（p.214）であり、そこでは「われわれは純粋な多重退路意思決定状況に直面している」（p.215）と述べる。そして、このような多重退路意思決定状況を適切に取り扱う新しい研究プログラムとして位置づけられるのが、経済学的行動主義であり、それは、新古典派理論のハードコアにおける合理性に関する修正を要求するものであるとされる。Simon〔1976〕は、Latsis〔1972〕を受けて、経済学におけるこの研究プログラムの変遷を、実質的合理性から過程的合理性への変化として述べている。すなわち、「行動は、所与の条件や制約によって課せられた限界の内で、所与の目的の達成にとってそれが適当な時、実質的に合理的である」（p.130）とする実質的合理性に対し、「適切な熟慮の産物ならば、行動は過程的に合

理的である」(p.131) とする過程的合理性をあげ、「『実質的合理性』」という言葉を経済学のなかで育った合理性の概念にあて、『過程的合理性』という言葉を心理学内で発達した概念にあてる」(p.130) とするのである。

　以上のような3つの方法論的潮流は、前述のようにより広い思想的潮流としてのシステム論の隆盛によって融合し、マーケティング研究における方法論的主流となるのであるが、ここでは、この方法論的潮流を行動科学的研究プログラムと呼ぶこととする。これは、Aldersonの提示した社会学的機能主義を含むが、それと同じではない。Alderson〔1957〕によれば、「機能主義は、全体システムを強調し、そのシステムにいかに貢献するかによって、部分を説明する」(p.17) という説明方式であり、Hunt〔1976〕によれば、それは論理的には後件の誤りを犯している（訳、pp.73-74）。すなわち、マーケティング行為aが企業の存続という全体的目的に機能していると述べることは、aが現在生じていることの論理的説明ではないのである。したがって、機能主義を要求するということは、前述の3つの方法以上に特定の説明方式を要求することである。さらに、Aldersonの機能主義で強調されていた実用主義も、前述の3つの主張とは独立の主張である。したがって、ここでいう行動科学的研究プログラムには、機能主義でない説明構造を持ち、実用主義を標榜しない研究も含まれるのであり、そこでは社会学的機能主義以外の行動科学的研究一般が想定されている。すなわち、社会学における社会学的機能主義以外の研究、心理学的研究、文化人類学的研究などもそこには含まれるのであり、それらは、共通して、帰納主義、学際主義、心理学主義を含み持っていると考える。

　以上、マーケティング・サイエンス論争と、その結果として出現した行動科学的研究プログラムという経緯をまとめて示したのが、図表4-2である。

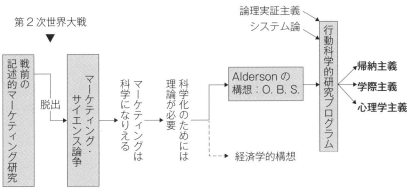

出所：筆者作成。

図表 4-2　マーケティング・サイエンス論争と戦後マーケティング研究の方法的特徴

〈参考文献〉

Alderson, W.〔1957〕*Marketing Behavior and Executive Action*, Richard D. Irwin.（石原・風呂・光澤・田村訳〔1984〕『マーケティングの行動と経営者行為』千倉書房）

――――〔1965〕*Dynamic Marketing Behavior*, Richard D. Irwin.（田村・堀田・小島・池尾訳〔1981〕『動態的マーケティング行動』千倉書房）

――――and R. Cox〔1948〕"Towards a Theory of Marketing", *Journal of Marketing*, 13（October）, pp.137–151.

――――and P. E. Green〔1964〕*Planning and Problem Solving in Marketing*, Richard D. Irwin.

Bartels, R.〔1951〕"Can Marketing Be a Science?", *Journal of Marketing*, 15（January）, pp.319–328.

Barksdale, H. C.〔1980〕"Wroe Alderson's Contributions to Marketing Theory", in C. W. Lamb, Jr. and P. M. Dunne（eds.）, *Theoretical Development in Marketing*, AMA.

Baumol, W. J.〔1957〕"On the Role of Marketing Theory", *Journal of Marketing*, 21（April）, pp.413–418.

Blair, E. and K. P. Uhl〔1976〕"Wroe Aldeson and Modern Marketing Theory", in C. C. Slater（ed.）*Distributive Processes from a Societal Perspective*, Business Research Division, Graduate School of Business Administration, University of Colorado.

Brown, L. O.〔1948〕"Toward a Profession of Marketing", *Journal of Marketing*, 13（July）, pp.27–31.

Buzzell, R. D.〔1963〕"Is Marketing a Science?", *Harvard Business Review*, Vol.41（January-February）, pp.32ff.

Converse, P. D.〔1945〕"The Development of a Science of Marketing", *Journal of Marketing*, 10

(1)(July), pp.14–32.

Cox, R. and W. Alderson (eds.) 〔1950〕 *Theory in Marketing*, Richard D. Irwin.

Cox, R., W. Alderson and S. J. Shapiro (eds.) 〔1964〕 *Theory in Marketing*, 2nd ed., Richard D. Irwin.

Halbert, M. H. 〔1964〕 "The Requirements for Theory in Marketing", in Cox, Alderson and Shapiro (eds.) 〔1984〕, pp.17–36.

──── 〔1965〕 *The Meaning and Sources of Marketing Theory*, McGraw-Hill.

堀越比呂志〔2002〕「オルダースンのマーケティング一般理論におけるゆらぎと不完全性」マーケティング史研究会・編『オルダースン理論の再検討』同文舘出版。

──── 〔2005〕『マーケティング・メタリサーチ──マーケティング研究の対象・方法・構造』千倉書房。

堀田一善〔1986〕「初期マーケティング研究方法論争の一側面──C. W. チャーチマンの所説を中心に」『三田商学研究』28 巻特別号、pp.143-158。

Hunt, S. D. 〔1976〕 *Marketing Theory: Conceptual Foundations of Research in Marketing*, Grid, Inc. (阿部周造訳〔1979〕『マーケティング理論』千倉書房)

Hutchinson, K. D. 〔1952〕 "Marketing as a Science : An Appraisal", *Journal of Marketing*, 16 (January), pp.286–293.

Latsis, S. J. 〔1972〕 "Situational Determinism in Economics", *The British Journal for the Philosophy of Science*, 23, pp.207–245.

Oxenfeldt, A. R. 〔1961〕 "Scientific Marketing: Ideal and Ordeal", *Harvard Business Review*, 39 (March/April), pp.51–64.

Simon, H. A. 〔1976〕 "From Substantive to Procedural Rationality", in S. J. Latsis (ed.) *Method and Appraisal in Economics*, Cambridge University Press.

Stainton, R. 〔1952〕 "Science in Marketing", *Journal of Marketing*, 17 (July), pp.64–65.

Vaile, R. S. 〔1948〕 "Towards a Theory of Marketing: A Comment", *Journal of Marketing*, 13 (April), pp.520–522.

第5講

ミクロ的研究の主流化とその新領域

第4講では、戦前の記述的アプローチを超えて理論的アプローチの重要性が叫ばれ、帰納主義、学際主義、心理学主義といった方法的特徴を持った、行動科学的研究プログラムの下でのマーケティング研究の新たな展開が指摘された。マーケティング研究の対象である企業実践における変化と、それを研究する際の方法の変化は、必然的にマーケティング研究におけるさまざまな展開を生み出すこととなる。

第5講においては、まずミクロ的研究の主流化とその新たな潮流について見ていくことにしよう。

1. 企業家的接近の定着と数量化の進展

戦後から1950年代を通して、その前の20年間に芽生えていた管理的志向の重要性が増し、企業家的接近が急速に支配的な広がりを持つようになった。Brown〔1951〕は、「マーケティングの上級コースは常に管理的な性格を強く持っていたが、最近では、かつて制度派経済学者の排他的領域であった初級コースにも管理的観点が浸透する傾向がある」（p.61）と述べている。そして特に「1950年代を通じて、販売管理がマーケティング管理になっただけでなく、マーケティングに対する企業家的接近法がマーケティング研究に対するありふれた"総論的"接近法に取って代わる傾向を持った」（Bartels〔1988〕、

訳、p.128）のである。この傾向を決定的なものとしたのは、前講で詳述した Alderson〔1957〕をはじめとして、ほぼ同時期に立て続けに出版された、Howard〔1957〕、Kelley and Lazer（eds.）〔1958〕、McCarthy〔1960〕といった新たな総論的著作である。Howard〔1957〕では、有名な二重の五角形の図に示されるように、競争状況、総需要、非マーケティングコスト、流通構造、マーケティング関連法規という5つの操作不能な変数の下で、製品、マーケティング経路、価格、広告、人的販売という5つの操作可能変数の組み合わせを決定する問題としてマーケティングが描かれており、その管理論的側面が強調されている。Kelley and Lazer（eds.）〔1958〕は、企業家的接近に関連した論文を集めた論文集であるが、その構成と内容は、Howard よりもはるかに伝統的側面から離れており、システムズ・アプローチと学際的アプローチを強調することによって、新たな研究方法の方向として行動科学的研究プログラムを指し示す役割を果たした。McCarthy〔1960〕は、伝統的側面を残しつつも、マーケティング管理を強調し、その管理要素を4P、すなわち、Product、Price、Place、Promotion という簡潔で印象的な分類で示すことによって、管理論的アプローチの戦術的核心を普及することに貢献した。こうして、マーケティング研究における企業家的接近方法は定着し、60年代には、この方向での総論的著書が数多く出版されることとなった。多くのマーケティング総論の講座は、マーケティング管理の講座に取って代わられたのであり、その内容は、商品的・機能的・制度的という構成から、製品・価格・経路・促進活動という構成に置き換えられた。伝統的研究の内容は、管理論的ミクロ研究においては、企業の環境分析というかたちで接合される場合もあったが、そのウェイトは明らかに二次的なものとなった。

　さらに、60年代になると、この企業家的接近方法の下で、研究の数量化が進展した。これは、マーケティング・サイエンス論争の影響もあって、第2次世界大戦中におけるオペレーションズ・リサーチの成果が、経営学に続いて遅ればせながらマーケティング研究に応用されだしたためである。この下地は、50年代にフォード財団がスポンサーとなった「ビジネスにおける応用のための基礎数学協会」がハーバード大学で開催した教員の高等数学訓

練を目的としたプログラムへ、Kotler、Buzzel、Bass、Lazer、McCarthy、
Pessemier といったマーケティング研究者が多数参加したことにあった。こ
うして、Alderson and Green〔1964〕や Kotler〔1967〕といった総論的著書に
おいても、数学的モデルや統計的手法がより多く取り扱われるようになると
と も に、Buzzel（ed.）〔1964〕、Day（ed.）〔1964〕、Bass, et al.（eds.）〔1968〕、
Casher〔1969〕といったより高度な専門書が出版されるようになった。この
数量化の動向は、マーケティング研究において行動科学的研究プログラムが
パラダイム化するとともに進展したのであり、Bliss（ed.）〔1963〕、Tucker
〔1964〕、Zaltman〔1965〕といった文献が次々と出版されて行動科学的なマー
ケティング・モデルの開発と利用がその焦点となるとともに、企業の意思決
定における実験法やシミュレーション、消費者行動における記述モデルや規
範モデルの開発といった領域で進展した。

2．新概念の輩出と新しい研究領域

　マネジリアル・マーケティングという新しいマーケティング実践の登場は、
マーケティング研究における新たな領域を指し示すこととなった。第3講で
述べたように、その新しい領域とは、①マーケティング諸手段の生産への拡
張と統合、②戦略的管理、③企業管理、④企業全体の理念としての消費者志
向の4つである。
　①では、単なるマーチャンダイジングを超えてどんな製品を作るのかとい
う製品開発に関する意思決定がはっきりとマーケティングの領域となるとと
もに、複数の製品間の調整としての製品ミックスや製品ラインの決定という
新たな製品に関する意思決定問題が取り扱われるようになり、さらに「マー
ケティング・ミックス」という概念の下に他のマーケティング手段との統合
が図られることとなる。そして、この製品における意思決定の問題は、より
長期的な②の戦略的管理や③の企業管理の領域につながっていく。すなわち
②においては、製品の市場における時間的経過に見合ったかたちでのマーケ

ティング・ミックスの長期的微調整の問題を取り扱う製品ライフ・サイクル・マネジメント、長期的顧客の安定的保持という観点からのブランディングの問題、そして、製品のポジショニングや競争戦略といった他企業との関係の問題へと広がりを見せる。また③においては、事業レベルでのミックスの問題を取り扱う事業ポートフォリオ分析や、新規事業の方向性を決定するための企業の成長戦略といった、新たな研究領域につながっていったのである。そして、④においては、理念そのものの研究や、理念を企業全体に浸透させるための組織的問題の研究を超えて、消費者自体の研究と、それを取り巻く諸環境の研究へと広がりを見せていく。すなわち、消費者行動研究や市場細分化、そして国際マーケティングといった研究領域である。これらの新領域における本格的研究が始動した時期はまちまちであるが、これらの研究の核となる諸概念は、50年代および60年代を通してほとんど出現していた。「すなわち、ニール H. ボーデン（Neil H. Boden）の『マーケティング・ミックス』とジョエル・ディーン（Joel Dean）の『プロダクト・ライフ・サイクル』（1950年）、シドニー J. レヴィ（Sidney J. Levy）の『ブランド・イメージ』（1955年）、ヴェンデル・スミス（Wendel Smith）の『市場細分化』（1956年）、ジョン B. マッキテリック（John B. Mckiterick）の『マーケティング・コンセプト』（1957年）、アベ・シュウマン（Abe Schuman）の『マーケティング・オウディト』（1969年）、および E. ジェローム・マッカーシーの『4P』（1960年）」（Bartels〔1988〕、訳、pp.378-379）といった諸概念である。そしてこれらのミクロ的研究の領域のうちでも、60年代にかけて特にエネルギーが注がれることとなった新領域が、消費者行動研究と国際マーケティング論の分野である。

3．消費者行動研究

　消費者行動に関する研究の源流は古く、マーケティング研究の初期における心理学的広告研究のなかに見受けられる。すなわち、Gale〔1900〕、Scott〔1903〕、Hollingworth〔1913〕、Adams〔1916〕といった著作であり、広告の

注目度、知覚、記憶といった、広告に関連する心理学的諸原理の解説がなされ、広告作成へのその適用が意図された。20年代および30年代には、好況期における気まぐれ消費の出現や市場調査技術の発展によって、消費者の購買動機の研究も芽生えた。しかしながら、第2次世界大戦前のこれらの消費者に関する研究は、あくまで、さまざまな研究領域に付随的にかつ部分的になされたのであって、多くの研究者を動員し、1つの独立した領域として組織的な研究がなされるようになったのは第2次大戦後のことであり、それは戦後のマーケティング研究における目立った特徴である。

そして、第4講で指摘した行動科学的研究プログラムが積極的に取り入れられていったのが消費者行動研究だったのであり、その意味で、消費者行動研究は、戦後のマーケティング研究の型を示すこととなった。それはまさに戦後に新たに作られていった領域だったのであり、マーケティング研究の専門家ではない行動科学者が多数マーケティングの領域に入ってきた。消費者行動研究の代表的研究者である、H. H. Kasarjian もその1人である。彼は、当時の状況を、印象深く次のように語っている。

「カリフォルニア大学のロスアンジェルス校は、進んで、思い切った手をうとうとしていた。—— 卸売商人と生産者直接卸しの違いも分からない心理学者を、進んで雇おうとした。……広告の講座を担当したが、わたくしは、経済学者やマーケティングの教授が知っていると思われない人間行動について——人格、不和、経験的デザイン、コミュニケーション・リサーチ、態度リサーチなどの——これらは後に消費者行動の分野となる問題であるが——多くを知っているように思えた。……私が気づいたのは……統計学、心理学、および社会学が、マーケティングの新しい波であることである。」(Bartels〔1988〕、訳、p.397)

こうして、行動諸科学の多くの成果が、消費者行動研究に導入されるのであるが、多大な影響力を持った先駆的なものとして、G. Katona の消費心理学、E. Katz と P. Lazarsfeld のオピニオンリーダーとパーソナル・インフルエンス

74

研究、E. Rogers のイノベーション普及理論、L. Festinger の認知不協和理論などがある（Sheth, et al.〔1988〕、訳、pp.133–134）。

　50 年代には、まず、モチベーション・リサーチがブームとなる。モチベーション・リサーチは、Dichter〔1947〕を先駆とする研究動向であり、投影技法、深層面接、心理テストといった諸技法を用いて、消費者の隠れた動機を明らかにしようとするものであり、フロイトの精神分析に依拠したものが多かった。またこの時代には、これまでの心理学とともに、社会学的成果の消費者行動研究への導入もなされた。前述の Katz and Lazarsfeld〔1955〕とともに口コミの影響力を研究した Whyte〔1955〕などが登場するとともに、顕示的消費、準拠集団、家族といった概念が導入され、準拠集団が製品やブランド選択行動に与える影響を研究した Bourne〔1957〕や家計の購買行動に関するデュポン社の研究などが登場した。

　60 年代は、まず、50 年代に出されたさまざまな革新的概念の実証研究や事実発見的な経験的研究が排出した。Festinger の認知不協和理論の実験的研究を行った Holloway〔1967〕、広告実務家による電子機器を用いた消費者の生理的反応を測定する一連の研究、広告の露出効果に関するフィールド実験研究などである。新しい概念的発展とその実証研究としては、Brown〔1952–53〕の一連の論文や Cunningham〔1956〕といった著作によって先鞭をつけられていたブランド・ロイヤルティ研究、経済学の効用極大化とは違ってリスクの最小化という点に注目した、Bauer〔1960〕の知覚リスク理論、さらに、前述の Rogers〔1962〕のイノベーション普及理論などが登場し、新たな展開を示した。

　以上のように、50 年代、60 年代を通して、消費者行動研究にはさまざまな行動科学から、さまざまな概念的借用がなされ、研究は百花繚乱の体を示したが、その統一性は失われていた。すなわち、「行動科学の多様な原理からの多元的ではあるが平行的な借用がもたらしたものは、消費者がなぜそのように行動するかに関しての、有名な 7 人の盲人現象——象に触って非常にもっともらしくはあるが、まるで異なった説明をする——であった」（Sheth, et al.〔1988〕、訳、p.129）といえる。このような状況から脱するべく、60 年代

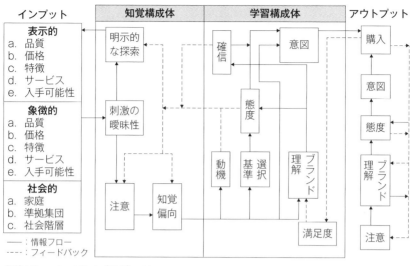

出所：Howard and Sheth〔1969〕p.30.

図表 5-1　Howard = Sheth の消費者行動モデル

　の後半には、これらの諸概念を包括的に取り入れた統合モデルの提示が多数
試みられた。すなわち、Andreasen〔1965〕、Nicosia〔1966〕、Engel, et al.〔1968〕、
Howard and Sheth〔1969〕といった一連のモデルであり、これらはどれも「過
程志向と学習や経験を通じたフィードバック」（同訳、p.138）という2つの
共通する基本特徴を持っていた。図表 5-1 は、これら一連のモデルのなかで
も最もポピュラーな Howard = Sheth モデルであるが、態度、動機、意図といっ
たこれまで導入されてきた心理学的概念がインプットからアウトプットに至
るプロセスに配置されていて、心理学における新行動主義の S-O-R（刺激―
生活体―反応）理論の影響を強く受けているのがわかる。探索といった認知
理論の主体的側面も組み入れられてはいるが、基本的には、インプットの刺
激に対するアウトプットの反応という受動的消費者観がその中心にあるとい
える。
　これらの統合モデルは、次第に統合理論と呼ばれるようになるが、それは
とても理論と呼べるものではなかった。その構成概念間の関係はあやふやで、

前講でも述べたように、説明の一般的な輪郭を示した「説明的スケッチ」にすぎなかった。Engel らのモデルでは、本人たちもこの点に気づいていたのであり、Sheth, et al.〔1988〕によれば、「エンゲルらはこの本で、初めて執筆する消費者行動に関する教科書のための概念的統合分析枠組みを提示しようとしたのであるが、結局それが消費者行動理論と認められるに至った」（訳、p.137）ということである。こうして、消費者行動研究においては、説明的スケッチを基に、経験的研究による発見を積み重ねていくことによって理論を生み出していくという、帰納主義的方法によって研究が推進されることになり、結局、仮説の洗練化というエネルギーは失われ、さして代わり映えのしない概念の下でさまざまな経験的一般化が拡散的に提出される状況は相変わらずであった。それゆえ、統合モデルの出現によって、「群盲象を評す」的な状況が改善されたとはいいがたい。それにもかかわらず、当時のシステム論や論理実証主義的科学観の影響の下で、統一理論を夢見ながら行動科学的研究プログラムで研究が推進されていったというのが、消費者行動研究の実情であった。

4. 国際マーケティング論

　第 2 次世界大戦後、消費者志向の徹底が、消費者という企業外部の研究を推進させることとなったが、Alderson の構想にもあった生態学的システムの考え方が、システム論の隆盛とともにマーケティング研究にも影響を与えるようになり、マーケティング研究者の関心は、企業活動に影響を与える環境一般の研究へとさらに拡大されることとなった。Bartels〔1988〕によって「環境主義」（p.311）と名づけられたこの研究動向は、マーケティング研究におけるさまざまな新しい研究分野を生み出したのであるが、60 年代までで、ミクロ的研究として最初に登場してきたのが、国際マーケティング論であった。

　国際的な販売活動に関しては、国際貿易として貿易実務の講座で教えられ

ていたが、第2次世界大戦後に企業の国際化、多国籍化が進展していくなか
で、多くの国際的ビジネスマンは、国内で実践されているマーケティングを
そのまま外国で行ってもうまくいかない理由が、外国の環境の特殊性にある
ことに気づきだし、その諸外国の環境における差異や特殊性を研究すること
の重要性が増大してきた。「世界マーケティング」と題した Collins〔1935〕
という例外があるにせよ、国際マーケティングに関する文献が着実に増えて
きたのは、1960年代からのことである。

　Kramer〔1964〕は、題こそ「国際マーケティング」と名づけられていたが、
その内容は、古い国際貿易論的内容のものだった。Fayerweather〔1965〕は、
国際マーケティング・プログラムにおけるマーケティング・ミックスの考察
をしており、新しい展開を示した。Hess and Cateora〔1966〕は、Fayerweather
以上に世界の諸市場の環境的特徴について多くの解説を加えた。Ryans and
Baker (eds.)〔1967〕は、さまざまな国に関する論文を網羅した論文集であり、
世界の諸市場に関して、組織、政策の決定、金融、流通経路、商業政策といっ
た多面的な記述がなされた。

　60年代の国際マーケティングの研究は、国際貿易時代の輸出実務的内容
から諸外国の市場環境の分析というマーケティング的内容への移行が第1の
目的であったのであり、諸外国の市場に関する情報提供的側面が強く、この
分野の国内マーケティングとは違った独自の理論的問題を打ち出すまでには
至っていないといえる。

〈参考文献〉

Adams, H. F.〔1916〕*Advertising and Its Mental Laws*, Macmillan.
Alderson, W.〔1957〕*Marketing Behavior and Executive Action*, Richard D. Irwin.（石原・風呂・光澤・田村訳〔1984〕『マーケティングの行動と経営者行為』千倉書房）
────── and P. E. Green〔1964〕*Planning and Problem Solving in Marketing*, Richard D. Irwin.
Andreasen, A. R.〔1965〕"Attitudes and Customer Behavior: A Decision Model", in L. E. Preston (ed.) *New Research in Marketing*, Berkeley: Institute of Business and Economic Research, University of California, pp.1–16.
Bartels, R.〔1988〕*The History of Marketing Thought*, 3rd ed., Publishing Horizons.（山中豊国訳〔1993〕『マーケティング学説の発展』ミネルヴァ書房）

Bass, F. M., C. W. King and E. A. Pressemier (eds.) [1968] *Application of the Sciences in Marketing Management*, John Wiley & Sons.

Bauer, R. A. [1960] "Consumer Behavior as Risk Taking", in R. S. Hancock (ed.) *Dynamic Marketing for a Changing World*, AMA, pp.389-398.

Bliss, P. (ed.) [1963] *Marketing and Behavioral Sciences*, Allyn & Bacon.

Bourne, F. S. [1957] "Group Influence in Marketing and Public Relations", in R. Likert and S. P. Hayes, Jr. (eds.) *Some Applications of Behavioral Research*, United Nations Educational, Scientific and Cultural Organization, pp.207-257.

Brown, G. H. [1951] "What Economist Should Know about Marketing", *Journal of Marketing*, 15 (July), pp.60-66.

———— [1952-53] "Brand Loyalty: Fact or Fiction?", *Advertising Age,* 23 (June 9), pp.53-55; (June 30), pp.45-47; (July14), pp.54-56, (July 28), pp.46-48; (August 11), pp.56-58; (September 1), pp.44-48; (September 22), pp.80-82; (October 6), pp.82-86; (December 1), pp.76-79; 24 (January 26), pp.75-76.

Buzzell, R. D. (ed.) [1964] *Mathematical Models and Marketing Management*, Harvard University.

Casher, J. D. [1969] *Marketing and Computer*, D. H. Mark.

Collins, V. D. [1935] *World Marketing*, J. B. Lippincott Co.

Cunningham, R. M. [1956] "Brand Loyalty: What, Where, How Much", *Harvard Business Review*, 34 (January/February), pp.116-128.

Day, R. L. (ed.) [1964] *Marketing Models: Quantitative and Behavioral*, International Textbooks.

Dichter, E. [1947] "Psychology in Market Research", *Harvard Business Review*, 25 (Summer), pp.432-443.

Engel, J. F., D. T. Kollat and R. D. Blackwell [1968] *Consumer Behavior*, Holt, Rinehart and Winston.

Fayerweather, J. [1965] *International Marketing*, Prentice Hall.

Gale, H. [1900] "On the Psychology of Advertising", *Psychological Studies* (Pamphlet), Minneapolis, July.

Hess, J. M. and P. R. Cateora [1966] *International Marketing*, Richard D. Irwin.

Hollingworth, H. L. [1913] *Advertising and Selling*, D. Appleton-Century Co.

Holloway, R. J. [1967] "An Experiment on Consumer Dissonance", *Journal of Marketing*, 31 (January), pp.39-43.

Howard, J. A. [1957] *Marketing Management: Analysis and Decision*, Richard D. Irwin.

———— and J. N. Sheth [1969] *The Theory of Buyer Behavior*, John Wiley & Sons.

Katz, E. and P. F. Lazarsfeld [1955] *Personal Influence: The Part Played by People in the Flow of Mass Communications*, Free Press. (竹内郁郎訳 [1967] 『パーソナル・インフルエンス』培風館)

Kelley, E. J. and W. Lazer (eds.) [1958] *Managerial Marketing: Perspectives and Viewpoints*, Richard D. Irwin.; rev. ed., 1962; 3rd ed., 1967.

Kotler, P. [1967] *Marketing Management*, Prentice Hall.

Kramer, R. L. 〔1964〕*International Marketing*, South-Western Publishing.

McCarthy, E. J. 〔1960〕*Basic Marketing: A Managerial Approach*, Richard D. Irwin.

Nicosia, F. M. 〔1966〕*Consumer Decision Processes: Marketing and Advertising Implications*, Prentice Hall.（野中郁次郎他訳〔1979〕『消費者の意思決定過程』東洋経済新報社）

Rogers, E. M. 〔1962〕*Diffusion for Innovations*, Free Press of Glencoe.

Ryans, J. K. and J. C. Baker（eds.）〔1967〕*World Marketing*, John Wiley & Sons.

Sheth, J. N., D. M. Gardner and D. E. Garrett 〔1988〕*Marketing Theory: Evolution and Evaluation*, John Wiley & Sons.（流通科学研究会訳〔1991〕『マーケティング理論への挑戦』東洋経済新報社）

Scott, W. D. 〔1903〕*The Theory of Advertising*, Maynard & Co.

Tucker, W. T. 〔1964〕*The Social Context of Economic Behavior*, Holt, Rinehart and Winston.

Whyte, W. H. Jr. 〔1955〕"The Web of Word of Mouth", in Lincoln H. Clark（ed.）*Consumer Behavior, Volume 2: The Life Cycle and Consumer Behavior*, New York University Press, pp.113–122.

Zaltman, G. 〔1965〕*Marketing: Contributions from the Behavioral Sciences*, Harper & Bros.

第Ⅱ部 第5講

第6講

1960年代のマクロ的研究における新しい動向と伝統的各論分野の動向

第5講では、企業家的接近が定着し、マーケティング管理論がその主流となるとともに、マーケティング・サイエンス論争の影響の下に行動科学的研究プログラムがパラダイム化するなかで、研究の数量化が進展したことが指摘された。ついで、マネジリアル・マーケティングという新しいマーケティング実践の登場によりさまざまな新しい研究領域が示唆されたことが指摘され、60年代までで特にエネルギーが注がれた分野として、消費者行動と国際マーケティング論の2つの新しい研究領域の出現が示された。

第6講では、戦前の主流であったマクロ的マーケティング研究の、戦後から60年代までの展開とともに、伝統的なミクロ研究の各論的動向も見ていくことにしよう。

1. マーケティング・システムの研究

戦後のマーケティング研究の主流がミクロ的研究にシフトしたからといって、戦前の主流として研究されてきたマクロ的研究が消え去ったわけではない。1920年代に執筆されたマクロ的研究の代表的教科書は、戦後も改訂が加えられながら存続した。たとえば、Maynard, Beckman and Weidler〔1927〕などは、Beckman以外の共著者や題名が変更されながら、1973年の第9版まで存続し、伝統的構成を維持したのである。

　このように、流通過程全体を対象とするマクロ的研究への関心は継続するのであるが、そのアプローチには変化が生じた。戦前のマクロ的な流通研究では、流通を構成する諸機関や諸機能を分類し記述するという内容のものだったが、戦後は、そういった個々の機能や機関のまさに全体、相互連関性が強調され、流通をシステムとしてとらえようとする傾向が生まれた。こうして、戦前のマクロ的流通研究は、マーケティング・システムの研究というかたちで再出発することになる。

　こうした研究の先駆は、Breyer〔1934〕であり、市場とマーケティング諸力の相互作用を、正と負の極の間を流れる電流の回路に模して説明した。すなわち、その流れは、正極の供給と、負極の需要の間のアンバランスによって引き起こされるものであるとされ、流通チャネルの単位間の関係に強調が置かれた。「彼の努力は、当時の諸思考に、一般的に大きい印象を残すことには失敗した」（Bartels〔1988〕、訳、p.233）のだが、戦後のマクロ的研究のひな型となり、特に同世代の研究者であった Duddy and Revzan〔1947〕はその思考を引き継いだ。彼らは、「制度的アプローチは、経済秩序を多様な経済構造から構成された有機体としてとらえる。その作動は、価格や利潤だけでなく、権限や説得的技術を用いるマネジメント、政府規制、そして社会的因習や慣習によっても調整される」（p.14）とし、経済的諸力とともに社会的諸力の影響も分析している。同様の見解は、McCammon〔1963〕に引き継がれる。

　しかしながら、伝統的見解と同様に、チャネル構造の形成と進化に影響を与える要因として経済的効率性を第一義に考えるのが当時の主流であり、その代表的なものにAlderson〔1954, 1957〕、Bucklin〔1965, 1966〕がある。Alderson は、財の形態変化や在庫場所変化をできる限り最終需要に近い点まで延期することによりマーケティング・システムの効率化が促進されるとして「延期の原理」を提唱したが、Bucklin はこれとともに、延期とは逆に危険負担をする「投機の原理」も提唱し、危険と不確実性の節約の観点から流通経路構造の形成が論じられた。

　以上のような流通をシステムとして見る研究動向は、Boulding〔1956〕や

Bertalanffy〔1968〕といったシステム論の興隆の影響を受けて 1960 年代後半から一般的になる。Sheth, et al.〔1988〕によれば、「1965 年の AMA 会議の年報は、タイトルに『システム』とつけられた 1 編の論文たりとも含まなかった。しかし、1966 年には、そのタイトルに『システム』を関した少なくとも 5 つの論文がある。1967 年になると、全体会議のテーマが、『変化しつつあるマーケティング・システム』であった。引き続いての数年間において、『システム』は、論文のタイトルとしては共通の名詞であり、少なくとも 1 冊のマーケティングの教科書は、『マーケティング・システムズ』と呼ばれた」(訳、p.186) ということである。しかし、あらゆるレベルで、「マーケティング・システム」という言葉は使われたのであり、必ずしもマクロ的流通に限定されて使われたわけではなかった。企業の行為システムというミクロ的レベルで用いられたし、流通チャネルだけでなくそれを超えたより広いマクロ環境までを含んでシステムとする場合もあった。だが、相対的には、流通チャネルのことを指す場合が多い。

　そして、システム論は、もともと行動科学的研究プログラムと親和的であったことから、次第にその分析において社会学的なアプローチをとる研究が主流となってくる。その兆しは Ridgeway〔1957〕や Mallen〔1963〕といった論文に出現していたのであるが、Mallen (ed.)〔1967〕および Stern (ed.)〔1969〕という著作の出現によってその動向は注目を集め、確たるものとなる。この一連の研究は「パワー・コンフリクト理論」と呼ばれ、チャネル構成員間の相互作用を強調し、その相互関係におけるコンフリクト、パワーによる統制、協調、役割とコミュニケーションといった点から分析がなされ、チャネル構造のマクロ的研究とともに、ミクロ的な企業にとってのチャネル政策研究の基礎にもなっていった。

2. 比較マーケティングとロジスティクス

　ミクロ的マーケティング研究における国際マーケティングという研究分野

の出現と同様に、いわゆる「環境主義」の影響を受けて、Bartels（ed.）〔1963〕
や Sommers and Kernan（eds.）〔1968〕といったマーケティング・システムの
国際比較に関する研究が出現しだした。Bartels〔1963〕は、卸売業に焦点を
置いたものだったが、15 カ国にわたる卸売業の構造とその環境との関係が
示された。比較分析という研究動向は、各国におけるマーケティング・シス
テムの違いが環境的違いから生み出されているという点を明らかにしようと
するなかで、その関係における普遍性の発見をほのめかし、マーケティン
グ・システム研究の理論化を刺激したといえる。

　また、60年代に生じた新たな研究の展開として、物流（physical distribution）
研究がある。戦前の流通研究においては、人的な所有権の移転による商流に
重点が置かれ、物流のみではマーケティングとは見なさない風潮があったが、
60 年代の都市間貨物運賃の増大などによる流通費の増大を背景に移行費用
の削減は重要な問題となり、物流に焦点を絞った研究が多数登場するように
なった。そして Heskett, et al.〔1964〕や Marks and Taylor〔1967〕などのように、
この研究分野を示す用語として新たに「ロジスティクス（logistics）」という
用語が使われるようになった。本来は軍隊用語であり、戦場で前線部隊のた
めに軍需物資や食料品などを調達したり輸送したりする後方任務である兵站
のことを指していたが、マーケティング研究においては「マクロ的な意味と
ミクロ的な意味の両者に用いられて」（Bartels〔1988〕、訳、p.327）いた。そ
して、ロジスティクスという用語の本来の意味にもあるように、ミクロ、マ
クロ問わず、管理的あるいは政策的見地からの研究内容を持つものが多く、
また、個々の活動の効率化というよりも、それらの全体的関連性が強調され
るようになった。こうして、戦後のマーケティング研究における、管理論的
アプローチおよびシステム的思考という一般的動向と合致して、固有の研究
分野として発展していくことになる。

3．コンシューマリズムの登場とマーケティングにおける社会的問題

　戦後しばらくの間は、マネジリアル・マーケティングの登場とともに、社会における企業の重要性が増し、社会が企業のプラス面と結びついていたが、60年代になると、次第に企業活動のマイナス面が露呈するようになる。このマイナス面には、消費者に対するマイナス面と環境に対するマイナス面の2つが挙げられる。前者に関しては、インフレーションによって価格が上がったにもかかわらず品質は向上せず、消費者に欲求不満をもたらしたこと、失業率の低下から非熟練労働者が雇われ、その結果として品質が低下したこと、製品改良の要求が製品の複雑さを増大させ、製品の性能や信頼性に影響を与えたこと（Buskirk and Rothe〔1970〕p.63）などのほかに、より明らかに欠陥製品の野放しなどが挙げられる。後者は、企業活動によって生じる、大気の汚染、水質の汚濁、土壌の汚染、騒音、振動、地盤の沈下および悪臭といった公害問題と、石油ショック以後、特に顕著に取りざたされるようになった資源問題である。

　これらの企業活動のマイナス面が増大したこととともに、60年代は消費者の価値観が大きく変わった時でもあった。すなわち、レジャータイムの増大、所得の増加、教育水準の上昇に伴い、消費者の欲求が量的満足から質的満足へと移行し、単に物を買って消費する消費者という狭い人間観から、それよりも広い生活一般に関心を持つ生活者という人間観に移行したのである。この生活者という人間観に立つならば、単に安い製品を手に入れてそれを消費するだけではなく、その製品の生活とのかかわり、特にその品質や安全性が問題にされ、さらに、自分が購買し消費する製品以外での企業活動が引き起こす環境問題にも関心がもたれるわけである。

　このような企業活動のマイナス面の増大と、消費者から生活者への価値観の変化ということを背景に、60年代に登場したのがコンシューマリズム（consumerism）という社会運動である。

　コンシューマリズムは、その前身である消費者運動（consumer movement）とは非常に異なった側面を持っている。まず第1に、それまでの消費者運動と違って、その運動の主体として消費者のみならず政府までも巻き込んでいるという点が挙げられる。第2に、運動のなかに政府を巻き込むことにより、「売り手をして注意せしめよ」（caveat venditor）という新しい法原理が徹底された点が挙げられる（大羽〔1984〕p.10）。60年代のコンシューマリズムは、「賢い消費者」や消費技術の養成といった消費者教育を最重点としたそれまでの消費者運動とは異なって、より戦闘的に商品批判型ないしは企業告発型のパターンを顕著にとるようになるのである。

　このような60年代のコンシューマリズムの火付け役として挙げられるのが、Kennedy大統領と弁護士Ralph Naderの2人である。

　まず、Kennedy大統領は、1962年3月15日の議会への特別教書のなかで、①安全である権利、②知らされる権利、③選択できる権利、④意見が聞かれる権利という4つの基本的な消費者の権利を宣言した。これが、その後のコンシューマリズムの基本的考えとして定着し、世界的な影響を与えることとなったのである。より具体的には、同年のカリフォルニア州で起きたグリーマン対ユバ・パワー・プロダクツ事件において、被害者が被告の過失を立証することなしに商品に欠陥があることを立証すれば責任を負わせることができるという厳格責任が初めて認められたのであるが、これには多少なりともKnnedy大統領の宣言の影響があったといわざるをえない。

　次に、Ralph Naderは、1965年11月に『どんなスピードでも安全ではない』を出版してGM社のシボレー・コルベアの設計上の欠陥を指摘し、訴訟でGM社を敗北に追い込んだ。Naderは、自動車以外にも食肉、放射線などに関して幅広く告発活動を行い、その後の多くのPL（Product Liability：製造物責任）訴訟を誘発したといえる。

　このように、大統領自身による保護および英雄的指導者を得て高揚したコンシューマリズムは、PL訴訟の増大を招き、政府に消費者保護政策を積極的に行うことを必然化させることとなった。

　第1に、PL訴訟の増大に対応した司法的救済である。これは、裁判所が、

消費者に対し有利な法解釈をするというかたちをとった。第2に、根本的に企業活動を規制する立法的措置である。企業活動を規制する法律としては、それまでにも一連のいわゆる反トラスト法があったが、これらは企業競争の自由に主眼を置くものであり、間接的に消費者の利益につながりはするが、直接的に消費者を保護するものではなかった。直接に消費者を保護する法律としては1872年の郵便不正禁止法に始まり、1906年の「純正食品薬事法」などがあったが、60年以後になると、製品の品質、表示、包装等に関した消費者保護関係の法律が、企業側の異常とも思える反対を押し切って多数議会を通過するようになる（呉〔1970〕pp.60-61）。第3に、以上のような法律に基づく行政的監督である。これは、食品薬事局（FDA）、連邦取引委員会（FTC）を中心としたさまざまな機関による指導、勧告、命令である。

　こうして、消費者サイドから発したコンシューマリズムが政府を巻き込み、企業活動をチェックし規制する風潮が高まるなかで、マーケティング研究においても、Stevens (ed.)〔1962〕、Lavidge and Holloway (eds.)〔1969〕のような企業の社会的責任やマーケティング活動の社会への帰結といった研究が登場し始めた。しかしながら、「コンシューマリズム運動が全国的に重要になる60年代末までは、この領域に関心を持つマーケティング実務家あるいは学者はごくわずかであった」（Sheth, et al.〔1988〕、訳、p.149）のであり、本格的な展開は、70年代以降になる。

4．販売員管理

　戦前のミクロ的研究に関してすでに述べたように、販売員の研究がセールスマンシップ論から販売管理論へと変わっていくなかで、その内容は広告、チャネル、市場調査、製品計画といった活動まで含むように拡大され、まさにマーケティング管理論となったのであるが、戦前においてその中心にあった販売員管理に関する研究は、初期の著作の改訂版が出版されるとともに継続していく。しかしながら、60年代までに出された諸著作では、それほど

新しい進展はなかった。ただし、DeVoe〔1958〕、Still and Cundiff〔1958〕、Davis and Webster〔1968〕などに見られるように、セールス・マネージャーの管理機能に関する研究のウェイトは高まり、Still and Cundiff〔1958〕に見られるように、セールス・マネージャーと最高経営者との相互作用が強調された。これは、マネジリアル・マーケティングの登場の影響であろう。

5. 小売業および卸売業研究

　小売業における Nystrom および卸売業における Beckman のように、初期の研究においては制度論的なマクロ的研究と商業経営的なミクロ的研究が同時に取り上げられていたが、戦後は商業経営論的なミクロ研究に比重が置かれるようになる。

　戦後の消費者の生活様式の変化は顕著であり、その消費者に対面する小売業は革命的な変化を要求された。個人所得は増加し、郊外住宅建設の発展とともに、セカンド・カー、豪華な調度品、そしてより便利に開発された家電製品への消費意欲は高まり、信用サービス、自動車での購買のための駐車場設備、ワンストップ・ショッピングといった購買における便利さの要求が高まった。こうした傾向のなかで、小売業態の再編が進み、小売経営を新たに見直さねばならなくなったのであり、小売業研究におけるミクロ的研究への比重も必然的に高くなっていったのである。

　総論的マーケティング管理研究からの影響もあり、店舗、顧客サービスなども含めたうえでのより広い製品概念の重要性が指摘され、顧客に提示する商品の取り合わせも「商品ミックス」という新しい概念の下で管理論的に考察されるようになった。そんななかで、小売業研究と、他の各論的研究分野とのつながりが強くなり、特に、戦前からあったセールスマンシップ研究や市場調査研究とのパイプはより太いものとなった。こうした小売業研究におけるミクロ的研究の主流化は、Wingate〔1933〕、Richart〔1938〕、Duncan and Phillips〔1941〕、Brown and Davidson〔1952〕、McGregor〔1953〕、Jones〔1957〕

といった小売業に関する総論的教科書が50年代と60年代に改訂を繰り返していくことにより定着していく。

　卸売業研究においてもBechman〔1926〕の改訂に見られるように、ミクロ的な管理論的研究への傾倒が強まる。そこで扱われたのは、卸売業の設立、金融、商品計画、コスト管理、関連法規などであった。また、卸売業者との取引ということから、Alexander, et al.〔1956〕やCorey〔1962〕といった生産財マーケティングの研究が盛んになされたが、それも生産財の流通経路を描くというマクロ的なものではなく、生産財製造業者の見地からの管理論的ミクロ研究であった。

6．市場調査論

　民間企業によるマーケティング関連の調査の最初は、1879年の地方の広告代理店による広告調査であったとされるが、市場調査が企業活動の新しい領域として本格的に認識されだしたのは、1910年代である。民間企業で初めて調査部門を設置したとされるのがカーティス出版社であり、同社に1911年に迎えられたC. C. Parlinこそがマーケティング関連の本格的調査活動を行った最初の人物だったとされている。その後、1916年にP. H. Nystromの指導の下にユナイテッド・ステイツ・ラバー社に調査部が設立され、1917年にはL. D. H. Weldの指導の下にスイフト社に調査部が設立されるというように、企業自身による市場調査が一般的になっていく。

　このような背景のなか、企業のニーズに応えるべく、Duncan〔1919〕やWhite〔1921〕といった市場調査の専門的著作が登場するようになり、1920年代に市場調査論が成立する。この分野は、当初はParlinやDuncanにおけるように商業調査（Commercial Research）と呼ばれていたが、Whiteによって市場分析（Market Anaysis）と呼ばれ、30年代は市場調査（Market Research）、さらにマーケティング調査（Marketing Research）と呼ばれるようになり、この名称の変化とともに、調査領域が、消費調査、製品調査、広告調査、販売

調査といった範囲まで含むように拡大する。

　この分野で提供された知識は調査技術に関する知識であり、当初の1920
年代は、質問票形式の実態調査の実務的指導書というかたちをとった。1929
年に、アメリカの商務省によって初の全国的な流通調査が実施され、以後継
続的に実施されるようになり、官公庁による大規模な統計資料の整備が進展
した。一方で、1930年代の企業による調査は当時の不況を背景に経費削減
を要求され、「調査標本数を減らしても正確な調査結果を得られるように、
サンプル理論が導入されるようになった」（橋本〔1975〕p.216）のであり、統
計的技法への関心が高まっていく。

　以上のような戦前の研究の蓄積のうえで、戦後のマネジリアル・マーケ
ティングの登場による消費者志向の徹底化と研究における科学化の気運の高
まりという2つの動向は、この分野の研究を急速に進展させることとなった。
特に、隣接の行動諸科学における諸技法が盛んに取り入れられるとともに、そ
れがマーケティング関連の調査技法として盛んに紹介され利用されていくこ
とになる。そこでは、モデルが強調され、回帰分析、因子分析といった統計
手法、ベイジアン理論や微分方程式といった数学理論が詳細に論じられるよ
うになった。そしてさらに、調査技法の高度化＝マーケティング研究の科学
化という図式が信じられ、調査実務家と研究者が接近するなかで、調査実務
家向けに出版され示されたより高度な諸技法が、マーケティング研究のさま
ざまな領域でも利用されていくことになる。このように、調査実務家と研究
者の相互作用のなかで、第5講で述べた研究の数量化が進展していったので
ある。

7．広告研究

　広告研究においては、ミクロ的研究およびマクロ的研究の双方が継続した
が、マーケティング研究全体の動向としてのミクロ的研究の優位は広告研究
にも現れ、特に管理論的スタイルをとった著作が増大した。

　戦後のミクロ的研究の大きな特徴は、広告の過度の強調が薄れ、マーケ
ティング・ミックスの一要素としての広告という考え方が浸透したことであ
る。戦前および戦後を通じて広告研究の第一人者といえる N. H. Borden は、
「マーケティング・ミックス」という概念の創始者でもあり、Borden and
Marshall〔1959〕などによってこの考えを展開し、企業活動全体、プロモー
ション活動全体、広告技法全体の各レベルでの統合のなかで広告活動を決定
することの重要性を力説した（Bartels〔1988〕、訳、p.70）。こうした動向をい
ち早く導入していた Kleppner〔1925〕や Sandage〔1936〕といった戦前の総論
的テキストは版を重ねて 1970 年代まで生き延び、戦前の成果は継続性を保
つことになるが、前述のような調査技法の発展や、新しい媒体としてのテレ
ビの登場といった戦後の変化によって、研究においても必然的に新たな内容
が生み出されていく。コピー・ライティングにおける DeVoe〔1956〕は、こ
れまでの研究成果の集大成であるとともに、コピー調査を通じて発展してき
た技術的なコピーの諸原理も新たに追加されている。Seehafer and Laemmar
〔1951〕は、ラジオとともにテレビにおける広告プログラムを詳細に論じた。

　ミクロ的な研究における理論的成果は、広告効果測定の研究という新たな
研究動向の高まりのなかで進展した。Colley〔1961〕による、その論文の題
名の頭文字をとった DAGMAR と呼ばれるアプローチは、広告のコミュニ
ケーション効果に注目して測定可能な目標設定を主張し、その後の広告効果
測定におけるモデルのフレームワークとなり、新たな研究の高まりを生み出
した。

　もともと、広告やセールスマンシップの分野では、その効果を購買者の心
理的プロセスと関連させて研究がなされてきており、そこでは、1898 年に E.
S. Lewis によって提唱された AIDA モデルが、その後 1925 年に E. K. Strong
によって AIDCA に、さらにその後 AIDMA というように修正されつつ用
いられ、中心的フレームワークとなっていた。これらは、広告によって引き
起こされる購買者の心理過程が、注目（Attenntion）、関心（Interest）、欲求
（Desire）、確信（Conviction）あるいは記憶（Memory）、行動（Action）といっ
た連続的なプロセスによって生じると考えるものであり、広告効果階層モデ

ルと呼ばれる。しかし、このモデル自体は、実際の効果測定を想定したもの
ではなく、実際には、媒体の注目率調査のような広告との接触レベルでの効
果測定が主流であった。

　この広告効果階層モデルを実際に測定できるようにしたのがDAGMARで
あり、60年代以降、広告効果測定の関心を注目率からコミュニケーション
による心理変容へとシフトさせたといえる。このように、広告効果測定の研
究は、広告という企業活動と購買者の関係に関するさまざまな実証的発見を
生み出すとともに、消費者行動研究との関連を強く持ちながら、行動科学的
な消費者行動理論自体の創出にも貢献していった。

　広告のマクロ的な経済効果の理論的研究や広告倫理・規制といった規範的
研究は、戦時中のBorden〔1942〕と、その要約であるBorden〔1945〕によっ
て集大成され、60年代まででそれを越えるものはなかった。Bodenは、ミ
クロとマクロの双方でまさに広告研究の第一人者であったことがわかる。規
範的研究では、50年代に、Packard〔1957〕やMayar〔1958〕といった軽蔑的
な広告批判が登場し、60年代は、前述のようなコンシューマリズムの高ま
りとともに、その告発的著作は増えていったが、広告の肯定的な評価に関す
る研究も出現しだした。広告研究においても、マーケティング研究全体にお
ける動向と同様、その社会的帰結の研究は増大した。

　以上までの概略として、第Ⅱ部における、戦後から60年代までのマーケ
ティング研究の動向の全体像を示したのが、図表6-1である。

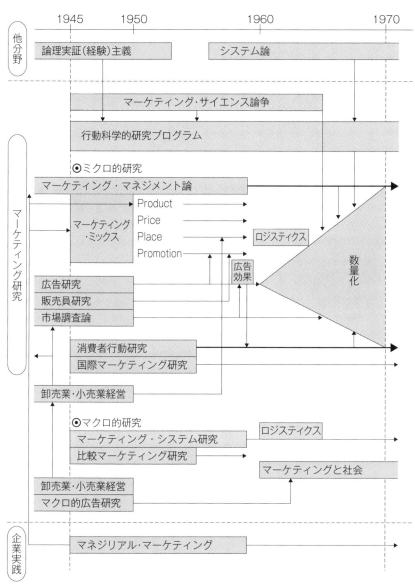

図表 6-1　戦後〜1960 年代までのマーケティング研究の動向

〈参考文献〉

Alderson, W.〔1954〕"Factors Governing the Development of Marketing Channels", in R. Clewett (ed.) *Marketing Channels for Manufactured Products*, Richard D. Irwin.

──────〔1957〕*Marketing Behavior and Executive Action*, Richard D. Irwin.（石原・風呂・光澤・田村訳〔1984〕『マーケティングの行動と経営者行為』千倉書房）

Alexander, R. S., J. S. Cross and R. M. Cunningham〔1956〕*Industrial Marketing*, Richard D. Irwin.

Bartels, R.（ed.）〔1963〕*Comparative Marketing: Wholesaling in Fifteen Countries*, Richard D. Irwin.

──────〔1988〕*The History of Marketing Thought*, 3rd ed., Publishing Horizons.（山中豊国訳〔1993〕『マーケティング学説の発展』ミネルヴァ書房）

Beckman, T. N.〔1926〕*Wholesaling*, Ronald Press.

Bertalanffy, L. von〔1968〕*General System Theory*, George Braziller.（長野敬・太田邦昌訳〔1973〕『一般システム論──その基礎・発展・応用』みすず書房）

Boulding, K. E.〔1956〕"General System Theory: The Skeleton of Science", *Management Science*, 2（April）, pp.197-208.

Borden, N. H.〔1942〕*The Economic Effects of Advertising*, Richard D. Irwin.

──────〔1945〕*Advertising in Our Economy*, Richard D. Irwin.

──────and M. V. Marshall〔1959〕*Advertising Management*, Richard D. Irwin.

Breyer, R. F.〔1934〕*Marketing Institution*, McGraw-Hill Book.（光沢滋朗訳〔1986〕『マーケティング制度論』同文舘出版）

Brown, P. L. and W. R. Davidson〔1952〕*Retailing: Principles and Practices*, Ronald Press.

Bucklin, L. P.〔1965〕"Postponement, Speculation and the Structure of Distribution Channels", *Journal of Marketing Research*, 2（February）, pp.26-31.

──────〔1966〕*A Theory of Distribution Channel Structure*, Institute of Business and Economic Research, University of California.（田村正紀訳〔1977〕『流通経路構造論』千倉書房）

Buskirk, R. H. and J. T. Rothe〔1970〕"Consumerism: An Interpretation", *Journal of Marketing*, 34（October）, pp.61-65.

Colley, R. H.〔1961〕*Defining Advertising Goals for Measured Advertising Results*, Association of National Advertisers.

Corey, E. R.〔1962〕*Industrial Marketing*, Prentice Hall.

Davis, K. R. and F. E. Webster Jr.〔1968〕*Sales Force Management*, The Ronald Press.

DeVoe, M.〔1956〕*Effective Advertising Copy*, Macmillan.

──────〔1958〕*How to Be an Effective Sailes Manager*, Prentice Hall.

Duddy, E. A. and D. A. Revzan〔1947〕*Marketing: An Institutional Approach*, McGraw-Hill.

Duncan, C. S.〔1919〕*Commercial Research*, Macmillan.

Duncan, D. J. and C. F. Phillips〔1941〕*Retailing: Principles and Methods*, Richard D. Irwin.

呉世煌〔1970〕「アメリカにおけるコンシューマリズム（2）──企業の社会的責任および消費者行政について」『中京商学論叢』第 17 巻第 2 号。

橋本勲〔1975〕『マーケティング論の成立』ミネルヴァ書房。

Heskett, J. L., R. M. Ivie and N. A. Glaskowsky, Jr.〔1964〕*Business Logistics*, The Ronald Press.

Jones, F. M. 〔1957〕 *Retail Merchandising*, Richard D. Irwin.

Kleppner, O. 〔1925〕 *Advertising Procedure*, Prentice Hall.

Lavidge, R. J. and R. J. Holloway（eds.）〔1969〕*Marketing and Society: The Challenge,* Richard D. Irwin.

Maynard, H. H., T. N. Beckman and W. C. Weidler 〔1927〕 *Principles of Marketing*, Ronald Press.

Mallen, B. E. 〔1963〕 "A Theory of Retailer-Supplier Conflict, Control, and Cooperation", *Journal of Retailing*, 39（Summer）, pp.24–32.

——— (ed.) 〔1967〕 *The Marketing Channel: A Conceptual Viewpoint*, John Wiley & Sons.

Marks, N. E. and R. M. Taylor 〔1967〕 *Marketing Logistics*, John Wiley & Sons.

Mayar, M. 〔1958〕 *Madison Avenue, U.S.A.*, Harper & Bros.

Maynard, H. H., T. N. Beckman and W. C. Weidler 〔1927〕 *Principles of Marketing*, Ronald Press.

McCammon, B. 〔1963〕 "Alternative Explanations of Institutional Change and Channel Evolution", in S. A. Greyser（ed.）, *Toward Scientific Marketing*, AMA.

McGregor, C. M. 〔1953〕 *Retail Management Problems*, Richard D. Irwin.

大羽宏一〔1984〕『米国の製造物責任と懲罰賠償』日本経済新聞社。

Packard, V. O. 〔1957〕 *The Hidden Persuaders*, D. McKay Co.

Richart, G. D. 〔1938〕 *Retailing: Principles and Practices of Retail Buying, Advertising, Selling and Management*, Gregg Publishing.

Ridgeway, V. F. 〔1957〕 "Administration of Manufacturer-Dealer Systems", *Administrative Science Quarterly*, 1（March）, pp.464–483.

Sandage, C. H. 〔1936〕 *Advertising Theory and Practice*, Business Publications.

Seehafer, G. F. and J. W. Laemmar 〔1951〕 *Successful Radio and Television Advertising*, McGraw-Hill.

Sheth, J. N., D. M. Gardner and D. E. Garrett 〔1988〕 *Marketing Theory: Evolution and Evaluation*, John Wiley & Sons.（流通科学研究会訳〔1991〕『マーケティング理論への挑戦』東洋経済新報社）

Sommers, M. S. and J. B. Kernan（eds.）〔1968〕 *Comparative Marketing System: A Cultural Approach*, Appleton Century-Crofts.

Stern, L. W.（ed.）〔1969〕 *Distribution Channels: Behavioral Dimensions*, Houghton Mifflin.

Stevens, W. D.（ed.）〔1962〕 *The Social Responsibilities of Marketing*, AMA.

Still, R. R. and E. W. Cundiff 〔1958〕 *Sales Management*, Prentice Hall.

White, P. 〔1921〕 *Market Analysis: Its Principles and Methods*, Mcgraw-Hill.

Wingate, J. W. 〔1933〕 *Retail Merchandise Control*, Prentice-Hall.

第Ⅱ部 第6講

コラム　第Ⅱ部の時代の日本

　1945 年 8 月 14 日、日本はポツダム宣言を受諾し、終戦となった。戦時中、軽工業を犠牲として、軍需による重化学工業化が進められ、空襲などにより被害があったものの、かなりの重化学工業設備は残されていた。しかし十分な補修がなされておらず、技術レベルも陳腐化したものが多かった。1946 年 2 月に、「経済危機緊急対策」が打ち出され、これを推進する母体として同年 8 月に経済安定本部が設置され、あらゆる経済分野における計画的統制が行われだす。こうして戦後復興が本格的に始まるのであるが、この復興が順調に達成されたのは、米ソ冷戦時代の幕開けによりアジアの防共基地として日本の経済復興を優先させるというアメリカの対日政策の変更、増産された石炭を鉄鋼生産のために重点的に投入したうえで生産復興を他の産業に波及させるという傾斜生産方式の成功、そして朝鮮戦争の勃発による軍需の発生、という 3 つの要因のおかげであった。

　しかしながら、この復興は、当初、復興金融公庫による無理な補助金の増発と、アメリカの援助によって成り立っていた「竹馬経済」であった。これにより生じた慢性的なインフレを終息させるべく、1948 年 12 月にアメリカ国務省と陸軍省の共同声明の形で発表されたのが、「経済安定 9 原則」である。この政策の実施によりインフレは終息したが、たちまち景気は下降し始めた。しかし、この時に朝鮮戦争が勃発し、特需景気が訪れる。こうして、日本は「竹馬経済」から脱した自立飛躍のスタートに立ったのである。

　戦後復興のめどが立つとともに、マーケティング行為も再び活発になってくる。まず、戦前の先駆的マーケティングを行っていた企業は、自らの販売組織の再構築に着手する。これは朝鮮戦争の特需ブームの次に、1951 年 10 月頃から始まった投資・消費景気に対応した展開であった。個人消費は、1952 年と 1953 年の 2 年間で、物価上昇分を差し引いても 30％近く増えてい

たのである。さらに、1951 年から 1955 年頃にかけては、耐久消費財のうち
でもミシン、自動車、カメラといった軽機械や精密機械が急速に普及し、国
際競争力をつけ輸出を伸ばしていったのであり、これは、この後の本格的な
マーケティングを行う家電や自動車といった大型耐久消費財の発展の助走的
役割を果たしたといえる。

　こうしたマーケティングへの関心は、1955 年に日本生産性本部から「トッ
プ・マネジメント視察団」がアメリカへ派遣され、マーケティングの重要性
を理解して帰国したのち、翌 1956 年 3 月には海外視察団の一環としてマー
ケティング専門視察団が再び派遣され、同年 6 月にはアメリカからマーケ
ティング専門家を招くという一連の活動によって、いよいよ高まったといえ
る。そして、1957 年には、日本マーケティング協会が設立され、この年以降、
マーケティング関係の図書が大量に出版された。

　このようにマーケティングが以前にないほどに注目された背景には、ちょ
うど同じ時期に高まった、各産業におけるオートメーションを中心とした技
術革新の導入と大量生産の競争的促進という状況が関係している。日本で
オートメーションが紹介されたのは、1953 年の上野陽一氏による大阪府産
業能率研究所での講演であるとされている。実際のオートメーション化も、
1953 年〜 1954 年頃から石油精製工業を中心として展開され、1955 年以後は
あらゆる産業に普及していった。このオートメーション化による大量生産は
過剰生産状況をもたらし、それに見合った需要を生み出すために、必然的に
市場の効率的な工作技術としてのマーケティングに関心が集まったのである。
1954 年からの「神武景気」、1958 年からの「岩戸景気」、1962 年からの「オ
リンピック景気」、そして 1965 年からの「いざなぎ景気」が断続的に発生し
た高度経済成長期を通して、日本にアメリカ型のマーケティングが急速に導
入され、財閥解体後の日本に再び成長した多くの大企業が登場することと
なった。こうした企業活動の躍進とともに、マーケティング研究においても、
1968 年には『さよなら直訳マーケティング』と題した本が出版され、アメ
リカを手本にその導入に奔走していた時代から抜け出た、マーケティング研
究の本格的展開が高まった。

第Ⅱ部　コラム

1970 年代における
マーケティング研究の動向

第Ⅲ部の時代とマーケティング行為

　戦後の世界は、東西冷戦という局面において、超大国アメリカの覇権の下の平和、いわゆる「パクス・アメリカーナ」の時代になり、アメリカは、ソ連を盟主とする社会主義圏に対抗して、自ら世界の警察官としての役割を果たすようになる。

　第二次世界大戦後の 1950 年代は、ヨーロッパ各国や日本は輸入超過が続いており、逆にアメリカは戦後一貫して輸出超過を維持していた。ところが、60 年代になると、ヨーロッパ各国や日本は経済の復興を遂げるとともに輸出を増やしたため、1971 年にはアメリカは 100 年ぶりに貿易収支が赤字に転落する。さらに、こうした展開を基調に、1965 年頃からのベトナム戦争への軍事介入強化による軍事費の大幅な拡大が決定的となって財政が悪化し、その結果ドルの実質的な価値が下落し、各国が競ってドルを金に兌換したためにアメリカの金保有高が急減した。

　1971 年 8 月 15 日、ニクソン大統領は、ドル防衛のために、ドルの金との兌換停止を宣言した。いわゆるドル・ショックである。その後、国際通貨制度がブレトン・ウッズ体制下の固定相場制から変動相場制へと移行することによってドルはさらに下落し、それに追い打ちをかけるように、1973 年と 1979 年の 2 回にわたるオイル・ショックによって、アメリカの経済は後退することになる。これとは逆に、このオイル・ショックの危機を技術革新や省エネで乗り切った日本が台頭し、1979 年には「ジャパン・アズ・ナンバーワン」という呼び名が出回るまでになる。ヨーロッパ諸国では、アメリカ経済の強い支配から脱するためにヨーロッパの統合を進める動きが強化され、ドル・ショック後の 1973 年 1 月には、EC（ヨーロッパ共同体）へのイギリスの加盟が認められた。こうして、資本主義世界における経済は、アメリカ、日本、ヨーロッパの 3 極構造へと転換していくことになる。

　このような世界経済の動向の中で、企業活動の国際化が 70 年代に急激に進展するとともに、世界市場での選好の同質化として「市場のグローバル化」が指摘されるようになる。他方で、さまざまな国の社会や文化の特異性も注目されるようになり、企業活動と社会や文化との関係が厳しく問われるようになっていった。こうして 70 年代は、マネジリアル・マーケティングを超えて、企業行為におけるグローバル・マーケティングとソシエタル・マーケティングの実施がますます不可欠になっていくのである。

第7講

マーケティング研究の対象に関するメタ論争
――マーケティング概念拡張論争

　第6講では、第Ⅱ部の最後として、1960年代におけるマクロ的研究における新しい動向と、伝統的各論分野における研究の動向が述べられた。前者に関しては、システム論の興隆という背景の下で、流通研究がマーケティング・システム研究という新しい衣をまとって登場したことが指摘された。そこでは、流通の構成要素間の相互連関性に焦点が当てられ、社会学的な「パワー・コンフリクト理論」が注目を集めるようになる。この一連の研究は、流通構造のマクロ的研究とともに、ミクロ的な企業にとってのチャネル政策の研究も刺激した。それとともに、そのマーケティング・システムの国際比較研究、物流に焦点を置いたロジスティクス研究が新たに出現したことも述べられた。さらに、コンシューマリズムが台頭するなか、企業の社会的責任やミクロ的マーケティング活動の社会への帰結に関する研究が60年代後半に登場し始めたことが指摘された。

　後者に関しては、伝統的各論分野における研究の継続状況が吟味された。まず、マネジリアル・マーケティングという戦後の動向のなかで販売管理におけるセールス・マネージャーの重要性が増しその研究のウェイトが高まったこと、小売業および卸売業研究におけるミクロ的研究へのシフトがさらに進展したこと、広告研究においてもミクロ的研究へのシフトはさらに進展しマーケティング・ミックスの一要素としての広告というスタンスが浸透したこと、市場調査研究および広告研究におけるDAGMARに始まる広告効果測定に関する研究の高まりが消費者行動研究の高まりと連動し研究の数量化を推進させたこと、が指摘された。

第7講からは、4回にわたり、第Ⅲ部として1970年代のマーケティング研究の動向が描かれる。まずは、この時代に生じた、メタレベルでの研究動向の大きな変化から論じていこう。

1．マーケティングの意味に関する論争

「マーケティング」という用語によって意味する内容は何なのか。Shaw と Weld といったマーケティング研究の当初から、マクロ的流通とミクロ的企業行為の2つの意味が並存していたことはすでに述べたが、その後もこの語の意味に関する論争は幾度となく続けられることとなった。マクロ的機能分類とミクロ的機能分類の研究が混在するようになって意味の混乱が深刻化し、これを整理すべく1931年には、全国マーケティング・広告論教職者協会が「定義委員会」を設置して統一的意味を設定しようと努力したが、解決を見ないまま中立的であいまいな定義が1935年に示されるにとどまった。その定義は次のようなものである。

　　「マーケティング：マーケティングは生産から消費に至る商品とサービスの流れにかかわる企業の諸活動を含む」

戦後もこの定義委員会は存続し、この1935年の定義の普及とともにその改定も推進され、その最終結果が1948年に『ジャーナル・オブ・マーケティング』誌上で公開されたが、若干の語句の変更があるものの、コメントとともにその内容に大きな変更はなかったといえる。それは次のとおりである。

　　「マーケティング：生産者から消費者あるいはユーザーにいたる商品とサービスの流れを統制する企業の諸行為の遂行」

どちらも、商品とサービスの流れにかかわる企業行為という要素を指摘し

てはいるが、その諸活動の集計レベルはあいまいにされ、その諸活動の全体としての流通現象とも解釈できる。こうして、ミクロとマクロの区別とその関連に関しては明確にされないままであったが、どちらの定義も、マーケティングが意味する現象の要素は、営利企業の市場取引行為を想定していたといえる。しかし、この市場取引という枠を超えて、マーケティングという概念の意味を拡張すべきだと主張したのが、P. Kotler であった。

2．Kotler によるマーケティング概念の拡張の主張

Kotler は、1969 年に Levy との共著で「マーケティング概念の拡張」（Kotler and Levy〔1969a〕）と題した論文を発表した。彼の拡張の主張は図表 7-1 のような構造を持っており（堀越〔2005〕p.91）、その後 10 年にわたる一連の論文

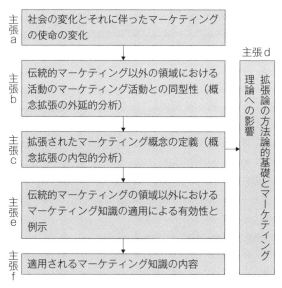

出所：筆者作成。

図表 7-1　Kotler の概念拡張論の構造

や著作を通してこの主張が補強されていった。この主張の構造は、b、c、の概念拡張の主張を中心に、a-b-c-e-fというマーケティング技術の適用領域の拡大に関する主張の流れと、c-dという概念拡張のマーケティング理論への影響に関する主張の流れという2つの流れから成り立っている。

　Kotler は、「アメリカにおける最も著しい傾向の1つは、企業以外の組織によって遂行されている社会の業務の量の増大である」(Kotler and Levy〔1969a〕p.10) と述べ、概念拡張の主張の口火を切っている。さらに、この点を強調すべく、現代を脱産業社会への移行期で、産業社会へのアンチテーゼが出現してきている状態であるとしたうえで、脱産業社会におけるマーケティングの「主要な変化は、より広範囲の製品とニーズを網羅する、より広範囲の組織によるマーケティング技法の使用であるだろう」(Kotler〔1973〕pp.511-513) とし、社会の変化に伴ったマーケティングの使命の変化を主張するのである。

　それでは、より広範囲な企業以外の組織にはどんなものがあるのだろうか。その例として、彼は警察署、美術館、公立学校、国家、嫌煙グループといった非営利組織を挙げ、「すべてこれらの組織は、一定の『消費者』の目から、『製品』に関心を持ち、彼らの需要を促進するための『手段』の発見を追求している」(Kotler and Levy〔1969a〕p.12) と述べる。こうして、伝統的マーケティング以外の領域においてもマーケティングのような活動が行われているとして、マーケティング概念の外延的拡張を主張するのである。

　しかし、これに対して Luck〔1969〕は、「彼らは、マーケティングが再定義されることを要望しているように見える。しかし彼らは、マーケティングの明確な新しい定義をなんら提供していない」〔p.53〕と批判した。「〜のようなもの」の指摘だけではなく、その内包のどの点において「〜のようなもの」なのか、新たな定義が示されねばならない。これに対して Kotler and Levy〔1969b〕は、「マーケティングの要点は、市場取引という狭い考え方よりはむしろ、交換という一般的考え方のなかに存している」(p.57) と返答する。そしてさらに、Kotler〔1972〕では、この交換一般としてのマーケティングの定義が、4つの公理とその系というかたちで示された。

　こうして、伝統的マーケティング領域以外の交換においてもマーケティング技術を適用するべきだという主張がなされるわけであるが、そこで Kotler が考えた新たな領域は、非営利組織の経営問題と社会的活動の 2 つである。まず彼は、政府、病院、学校といった非営利組織は、顧客に対する反応が鈍くなっており、より明確にマーケティングを遂行することにより、社会一般およびその組織自身も利益を得ると主張する。次に Kotler は、公害規制、家族計画、安全運転、慈善事業といった社会的活動においてマーケティングを適用することを主張し、それをソーシャル・マーケティングと呼ぶ。これは、前述の非営利組織のマーケティングや企業の社会的責任にかかわるマーケティング活動のアセスメントを指す場合があるが、Kotler のソーシャル・マーケティングはこれらとは別のものであり、社会運動マーケティング、社会的アイデアのマーケティング、公共問題マーケティングなどと同義とされる。このソーシャル・マーケティングとそれまでに行われていた社会広告や社会的コミュニケーションとの相違は、「ソーシャル・マーケティングは、すべての『4P』を含み、ただ 1 つではない」（Fox and Kotler〔1980〕p.26）という点にあるとされ、こうした社会活動がより促進されるとする。

　それでは、以上のように伝統的なマーケティング領域以外の領域にマーケティング技術の適用を拡大するべきだという主張において、その適用されるマーケティング技術の中身はどんなものだろうか。Kotler が拡張の主張を述べる際に言及したマーケティングの技術的知識とは、供給システムが需要システムのニーズに適合するための手段としての 4P という基本構造を中心に、その手段を決定するための分析、計画、実施、統制という意思決定過程を記述し、そのために必要な関連知識を網羅する、というマーケティング管理の知識である。

　そして最後に、Kotler は、拡張すべき論拠として、学問としてのマーケティングへの利益を次のように主張する。すなわち「学問は、それが新しい概念、手段、あるいは研究結果を獲得したとき、特に、それらが発生した制度的文脈から多くのあるいはすべての他の制度的文脈に移すことが可能であるならば、利益がある」（Kotler〔1973〕p.521）と述べ、概念拡張によって獲得され

た新しい概念として、デマーケティング、リマーケティングなどを挙げ、公共機関の問題を吟味することによる新しい手段の獲得の可能性を述べ、『ジャーナル・オブ・マーケティング』誌上での、募金、健康サービス、人口統制、固形廃棄物管理、大気汚染といった新しい分野での研究結果を指摘した。

3. Lazer のソーシャル・マーケティング

　Kotler と Levy による「マーケティング概念の拡張」が掲載された1969年の『ジャーナル・オブ・マーケティング』の同じ号に、Lazer の「マーケティングの変わりゆく社会的関係性」と題された論文が掲載された。そこにおいて Lazer は、現代におけるマーケティングの境界線は何であるかという問に対し、「確実にこの境界線は変化してきており、いまや利益動機を越えるにいたっている。マーケティングの倫理、価値観、責任、そしてマーケティングと政府との関係が含意されている」(p.8)とし、「必要とされることは、これまで以上に広いマーケティングの知覚と定義である。――すなわち、マーケティングの社会志向的（Societal）次元を認識してマーケティングを企業の技術以上のものとして知覚すること、これである」(p.9)と主張し、Kotler とは異なった方向でマーケティングの視野を広げることを提言したのである。すなわち Lazer は、Kotler らと同様にマーケティングと社会のかかわりの増大を認識しながらも、Kotler らのようにマーケティングを行う主体を拡張してマーケティングの適用範囲を広げることで社会的に貢献するということを主張するのではなく、これまでどおりの営利企業の立場に立ちながら企業の社会的責任の増大に伴った企業の関与すべき領域の拡張を主張したのである。企業は、これまでのように自分の顧客のことだけを考えてマーケティングを行うのではなく、そのほかの社会一般の公衆までも視野に入れてマーケティングを行わなければならない。これは、第6講で述べたように、コンシューマリズムの高まりに対する企業の対応が不可欠になったという時代における、

マーケティング研究者からの自然な反応であったといえるであろう。Lazer
は、この企業の社会的責任という方向でのマーケティングをソーシャル・
マーケティングと呼び、その研究成果は Lazer and Kelley（eds.）〔1973〕に結
実する。Kotler は自分のソーシャル・マーケティングと区別するために、こ
の Lazer 流のソーシャル・マーケティングを、「ソシエタル・マーケティン
グ」と呼んだ。

4．論争の展開とその帰結

　1969 年に同時に主張されたこの 2 種類の拡張の提言をめぐり、この後論
争が展開された。これがいわゆる「マーケティング概念拡張論争」である。
　Kotler and Levy〔1969a〕に対して最初の批判をしたのは、前述のように
Luck〔1969〕であり、「マーケティングの明確で新しい定義をなんら提示し
ていない」と指摘するとともに、「もし定義が彼らの論点にあうように案出
されるなら、もはやそれは制度や活動の最終的目的によって境界づけられな
くなるだろう」（p.53）とし、「処理可能で明瞭で論理的なマーケティングの
定義は、最終的帰結が市場取引であるプロセスや活動にその領域を制限する
時に形作られる」（p.54）と述べる。そして、この狭く定義した場合でも解決
しなければならない問題はたくさんあるのであり、その技能をさらに洗練す
ることなしに「『次第に興味深くなってきた社会的活動』にわれわれの技能
を適用することによってわれわれ自身を正当化するよう要求すること」
（p.54）は、「言い訳」であると批判するのである。これに対し、Kotler and
Levy〔1969b〕は、Luck を「新しいかたちのマーケティング近視眼」である
とし、学科の内容はその伝統によって決められているだけで、その内容は常
に新しい挑戦にさらされるべきであり、また学科のメンバーはそれに応える
べきだと主張したうえで、Luck のようにマーケティングを狭く定義した場
合、「社会で急速に成長している制度的セクターに研究者の専門知識を適用
するのを否定し」、逆に「他の文脈で実践されている同じプロセスを吟味す

ることから生じる実り豊かさをみあわせることになる」(p.55) とする。そし
て、「マーケティングの要点は、市場取引という、より狭い考え方よりも、
交換という一般的考え方のなかにこそある」(p.57) と結論するのである。

Luck の批判にもかかわらず、70 年には、Lazer の方向での拡張を支持す
る Lavidge〔1970〕と、Kotler の方向での拡張を支持する Ferber〔1970〕が同
時に登場する。そして、以上のような実践的応用の有効性の意義を認める動
きは、1971 年の『ジャーナル・オブ・マーケティング』の 7 月号において
確定的なものとなる。すなわち、そこでは「マーケティングの変わりゆく社
会的／環境的役割」と題した特集が組まれ、Kotler and Zaltman が「ソーシャ
ル・マーケティング」という用語を生み出すとともに、Kotler 流の拡張に基
づく応用的研究として、募金活動（Mindak and Bybee〔1971〕）、医療サービス
（Zaltman and Vertinsky〔1971〕、人口問題（Farley and Leavitt〔1971〕）、固形廃棄
物のリサイクリング（Zikmund and Stanton〔1971〕）へのマーケティング技術
の適用が示された。また Lazer 流の企業の社会的責任という方向で、消費者
保護の問題を取り扱った Stern〔1971〕、社会志向的満足の重要性を説き、そ
こでの企業と政府のあり方を述べた Feldman〔1971〕、マーケティング戦略へ
の生態学の組み入れを主張する Kassarjian〔1971〕などの研究が掲載された
のである。

このように、この時点において、「①マーケティングは非企業組織を含む
ものまで拡張され、②マーケティングの社会的次元は検討に値するという二
重の命題」(Hunt〔1976〕p.18) の支持は一応確定したといえるのであるが、
①の Kotler らの主張に関しては、とくにその学問としてのマーケティング
の影響という点から批判や留保がくすぶり続けた。

Carman〔1973〕、Luck〔1974〕、そして Bartels〔1974〕は、明確に Kotler ら
の拡張論に反対を唱えた。Carman は、マーケティングの定義がマーケティ
ング研究者の研究努力の方向性に影響を与えるとし、価値の交換を伴わない
政治的プロセスなどは、「マーケティング理論と政治理論がうまく融合する
までは学科のもとにとり入れるべきではない」(p.14) とし、この方向性を
失った状態を、Luck は「意味論的ジャングル」(p.72)、Bartels は「自己認定

の危機」(p.73) と呼んだのであった。そして、基本的に拡張の方向に同意を示す研究者の中にも Kotler らの拡張の方法には留保的態度をとるものが多い。たとえば、Enis〔1973〕は、拡張される 3 つの次元、すなわち交換される商品、交換の目標、そして交換の標的での概念的深化が必要であると指摘し、Tucker〔1974〕は、「一般的マーケティングという主張が、活力のある新しいマーケティング理論を生み出すきっかけになるとか、非常に多様な社会的制度の成果特性を大幅に改善するといった見込みはないように見える。このことは、コトラリアンの立場が不毛であると示唆しているのではなく、単にそれは限定的であるということをいっている」(p.33) と述べる。このような留保的改善派達の主張を越えて、積極的に拡張論の理論的基礎を示そうとしたのが、Bagozzi〔1974, 1975〕である。特に、Bagozzi〔1975〕では、社会学者 P. P. Ekeh に基づいて、人類学者 M. Mauss や C. Lévi-Strauss にその起源をもち、G. C. Homans や P. M. Blau といった社会学者によって作りあげられた社会的交換理論の成果がマーケティングに導入された。Bagozzi が示したことは、60 年代のシステム論全盛の時代にさかんに行われたような記述的概念図式の提示であって、理論と呼ばれる段階までを示しているとはいえないと思われる。しかしながら、この Bagozzi の登場によって、その後、Kotler らの拡張論に対する批判は影をひそめる。

　②の Lazer の主張に関しては、企業がそれをやるべきかどうかという問題、またそれが企業によって実現可能かどうかという問題が提起されたが、企業の社会的責任はマーケティングにおいて、少なくとも意識されるべきであるという点では反対はなかったといえる。

　こうして、マーケティング概念の拡張という方向は動かしえないものとなり、Nichels〔1974〕の経験的調査によれば、74 人のマーケティング教授のうち 95％はマーケティングの領域として非企業組織を含めるように拡張されるべきであると感じ、93％はマーケティングが単に経済的財やサービスだけにかかわるのではないということに同意し、83％は最終的帰結が市場取引でない他の活動をマーケティングの領域に含めるべきであると信じている、と報告された (p.142)。

　以上のように、アメリカにおける学界の動向が拡張の方向を支持するようになると、必然的にこれまでのマーケティングの定義が対応しなくなる。こうして、1985 年に、1948 年以来変更せずに放置されてきた AMA（America Marketing Association）公認のマーケティングの定義が変更されることとなった。新しい定義は以下のとおりである。

　「マーケティング：個人的そして組織的な目的を満足させる交換を創造するために、アイデア、商品、そしてサービスの、構想、価格設定、プロモーション、および流通を、計画し実施するプロセス。」

　前述の 1948 年の AMA の定義と比べれば、活動主体は企業から個人および組織へ、取り扱われる客体は、商品とサービスとともにアイデアが追加されており、新しい定義において Kotler らの主張がほぼ全面的に受け入れられたことを示している。

〈参考文献〉

Bagozzi, R. P.〔1974〕"Marketing as an Organized Behavioral System of Exchange", *Journal of Marketing*, 38（October）, pp.77-81.

───〔1975〕"Marketing as Exchange", *Journal of Marketing*, 39（October）, pp.32-39.

Bartels, R.〔1974〕"The Identity Crisis in Marketing", *Journal of Marketing*, 38（October）, pp.73-76.

Carman, J. M.〔1973〕"On the Universality of Marketing", *Journal of Contemporary Business*, Autumn.

Enis, B. M.〔1973〕"Deepening the Concept of Marketing", *Journal of Marketing*, 37（October）, pp.28-33.

Farley, J. U. and H. J. Leavitt〔1971〕"Marketing and Population Problems", *Journal of Marketing*, 35（July）, pp.28-33.

Feldman, L. P.〔1971〕"Societal Adaptation: A New challenge for Marketing", *Journal of Marketing*, 35（July）, pp.54-60.

Ferber, R.〔1970〕"The Expanding Role of Marketing in the 1970s", *Journal of Marketing*, 34（January）, pp.29-30.

Fox, K. F. A. and P. Kotler〔1980〕"The Marketing of Social causes: The first 10 Years", *Journal of Marketing*, 44（Fall）, pp.24-33.

堀越比呂志〔2005〕『マーケティング・メタリサーチ──マーケティング研究の対象・方法・構造』千倉書房。

Hunt. S. D.〔1976〕*Marketing Theory: Conceptual Foundations of Research in Marketing*, Grid, Inc.（阿部周造訳〔1979〕『マーケティング理論』千倉書房）

Kassarjian, H. H.〔1971〕"Incorporating Ecology into Marketing Strategy: The Case of Air Pollution", *Journal of Marketing*, 35（July）, pp.61-65.

Kotler, P. and S. J. Levy〔1969a〕"Broadening the Concept of Marketing", *Journal of Marketing*, 33（January）, pp.10-15.

──── 〔1969b〕"A New Form of Marketing Myopia: Rejoinder to Professor Luck", *Journal of Marketing*, 33（July）, pp.55-57.

Kotler, P.〔1972〕"A Generic Concept of Marketing", *Journal of Marketing*, 36（April）, pp.46-54.

──── 〔1973〕"Defining the Limits of Marketing", in J. H. Westing and G. Albaum（eds.）, *Modern Marketing Thought*, 3rd ed., pp.510-523, Reprinted From 1972 Fall Conference Proceedings, AMA, pp.48-56.

Lavidge, R. J.〔1970〕"The Growing Responsibilities of Marketing", *Journal of Marketing*, 33（January）, pp.3-9.

Lazer, W.〔1969〕"Marketing's Changing Social Relationships", *Journal of Marketing*, 33（January）, pp.3-9.

──── and E. J. Kelley（eds.）〔1973〕*Social Marketing: Perspectives and Viewpoints*, Richard D. Irwin.

Luck, D. J.〔1969〕"Broadening the Concept of Marketing-Too Far", *Journal of Marketing*, 33（July）, pp.53-55.

──── 〔1974〕"Social Marketing: Confusion Compounded", *Journal of Marketing*, 38（October）, pp.70-72.

Mindak, W. A. and H. M. Bybee〔1971〕"Marketing's Application to Fund Raising", *Journal of Marketing*, 35（July）, pp.13-18.

Nichels, W. G.〔1974〕"Conceptual Conflicts in Marketing", *Journal of Economics and Business*, 27（Winter）, pp.140-143.

Stern, L. L.〔1971〕"Consumer Protection Via Self-Regulation", *Journal of Marketing*, 35（July）, pp.47-53.

Tucker, W. T.〔1974〕"Future Directions in Marketing Theory", *Journal of Marketing*, 38（April）, pp.30-35.

Zaltman, G. and I. Vertinsky〔1971〕"Health Service Marketing: A Suggested Model", *Journal of Marketing*, 35（July）, pp.19-27.

Zikmund, W. G. and W. J. Stanton〔1971〕"Recycling Solid Wasters: A Channels-of-Distribution Problem", *Journal of Marketing*, 35（July）, pp.34-39.

第Ⅲ部

第7講

第8講

1970 年代のミクロ的研究における新しい動向

　第 7 講では、1970 年代におけるマーケティング研究の動向を論ずるに際し、まず初めにマーケティング研究全体にかかわるメタレベルでの大きな転換点となった、マーケティング研究の対象に関するメタ論争——マーケティング概念拡張論争、が紹介された。

　「マーケティング概念拡張論」とは、1969 年以降 70 年代を通して Kotler を中心に、マーケティング行為の意味が市場取引を超えて交換一般に拡張されるべきだという提案であり、それは、より広範囲な組織にまでマーケティング技術を適用することによる実践的実り豊かさと、拡張することによる学問としてのマーケティングに対する理論的実り豊かさという二重の理由を根底にもったものであった。また同じ 1969 年に、企業の社会的責任という流れに対応して、Lazer はマーケティングの社会志向的次元を認識することによるマーケティングの視野の拡大を提言した。Kotler の主張に対しては、特にその学問的意義に対して批判がくすぶり続けたが、その技術的適応範囲の拡大という点については支持され、Lazer の主張に関しては社会の流れという点から大きな反対はなかったといえる。こうして、マーケティング概念の拡張という方向は動かしえぬものとなり、1985 年には、AMA の定義がこの主張を取り入れるかたちで変更されることとなったのであった。概念拡張論はマーケティング研究の社会での重要性を再度アピールしたという側面があり、こうした影響の下、70 年代はマーケティング研究において成熟度が増し、新たな研究の流れが出現した時期でもあった。

　第 8 講では、まず、ミクロ的研究における新しい動向を見ていこう。

1．新製品開発研究と戦略的管理

　第3講で述べたように、戦後のマーケティングは、技術革新競争を背景に
マネジリアル・マーケティングとして展開し、マーケティング諸手段の範囲
は生産過程に決定的に食い込むこととなり、60年代頃から製品にかかわる
決定がマーケティング研究の中心的問題として取り上げられるようになった。
60年代は、Hass〔1965〕や Pessemier〔1966〕といった新製品開発過程の記述
やその意思決定のための手法といった端緒的研究が出現したが、70年代以降、
新製品の成功要因に関する研究が本格的に始動した。それは、大規模な事例
収集による発見的な研究プロジェクトであり、その代表的研究は以下の5つ
である。すなわち、① Scientific Activity Predictor from Patterns with Heuristic
Origins の頭文字をとって SAPPHO と名づけられイギリスで行われた研究プ
ロジェクトであり、成功事例と失敗事例の初めてのペア比較型の研究とされ
る Rothwell, et al.〔1974〕、②アメリカにおける日用品・産業財・化学・エン
ジニアリング・重機械の6社103事例に関して成功要因を明らかにした
Rubenstein, et al.〔1976〕、③カナダにおける産業財メーカー177社から成功
事例102、失敗事例93のデータを収集して分析された New Prod と名づけら
れたプロジェクトに関する Cooper〔1979a, 1979b〕、④アメリカのスタンフォー
ド大学を母体とする研究プロジェクトで、SAPPHO と同様のペア比較型の
研究である Maidique and Zirger〔1984〕、⑤ New Prod に続いてカナダの123
社の123の成功事例と80の失敗事例が調査された New Prod Ⅱに関する
Cooper and Kleinschmidt〔1986, 1987〕、といった研究である（川上〔2005〕
pp.26-32）。これらの研究において、さまざまな成功要因が明らかにされたが、
いずれの研究においても顧客の理解とマーケティングの重要性が強調されて
おり、成功要因の絞り込みとそのより深い研究が80年以降に展開されるこ
ととなった。
　さて、以上のような新製品の開発は、きわめて高い開発コストをかけて行
われるのであって、それが市場に導入された後も市場における育成と維持が

重要になる。すなわち、ここからその製品の市場における一生にわたる長期的・継続的なマーケティング的調整が必要になり、今まで以上に戦略的管理の問題が浮上してくる。製品の一生という概念、すなわち「製品ライフサイクル（PLC）」という概念自体は、Dean〔1950〕によってすでに示されており、時間的経過のなかで60年代にはすでにこの概念は浸透していた。60年代も中頃になって、Kotler〔1965〕によって製品の全ライフサイクルに及ぶマーケティング戦略の包括的モデルが示されたが、同じ時期にLevitt〔1965〕が述べたように、「多くの人々は製品ライフサイクルについて知ってはいるが、誰もそれを効果的に、あるいは生産的に活用する術を知らない」(p.81)という状況であった。この点に関しては、80年代になっても批判は解決されず、『ジャーナル・オブ・マーケティング』の1981年秋季号で製品ライフサイクルの特集号が出されたときも、Day〔1981〕は、「製品ライフサイクルという概念はその単純性により批判を受けやすい。特に、いつ変化が生じてある段階から次の段階に進むのかを予測するモデルとしてこれを用いるとき、そして各段階でどのような戦略を用いるべきかを指示する規範的モデルとしてこれを用いるときには批判が生じやすい」(p.60)と述べている。結局、「製品ライフサイクル」概念には、①ライフサイクルのパターンはあまりにも多様であり、②各段階は固定的な持続期間を持つわけではなく、③それゆえ現在製品がどの段階にあるのかを決定することが難しく、④むしろ製品ライフサイクルのパターンはマーケティングの結果ではないのか、といった根本的問題があると指摘されたのである。しかし、こうした改善の余地を残した状態ではあるにせよ、「製品ライフサイクル」の概念は、長期間にわたる製品の戦略的管理を行う際に想定される基本的イメージとして、マーケティング・マネジメントにおける重要な概念としての地位を築いていくのである。

2．経営戦略論とマーケティング研究

　現在では経営学の中心的研究分野となっている経営戦略論の登場は比較的

新しく、60年代以降に確立された分野である。

　もともと軍事用語として用いられていた「戦略（strategy）」という用語を経営学に最初に導入したのはChandler〔1962〕であるとされており、彼はそこで、当時の企業成長の方法としての「多角化」という戦略とそれを管理するための組織である「事業部制」との関係を、デュポン、GM、シアーズローバック、スタンダード石油という4つの巨大企業の詳細な歴史的分析によって調べ上げ、「組織は戦略に従う」という有名な命題を提示した。

　また少し遅れてAnsoff〔1965〕も、60年代の多角化の進展という現象の下で、経営戦略の体系的な枠組みを示した。彼は、企業の成長ベクトルという企業の成長の方向性に関して、図表8-1のように製品・市場マトリックスによる、市場浸透戦略、市場開拓戦略、製品開発戦略、多角化戦略という4つの基本的方向を示した。

　この2人によって歩みだした60年代の経営戦略論に共通なテーマは、企業成長の方向性に関する成長戦略だった。しかし、60年代の多角化の高まりが一息つき70年代になると、多角化による複数の事業を全体としていかに管理するかという問題が登場する。この問題に解答を与えるべく提示された手法が、ボストン・コンサルティング・グループ（BCG）によって開発された「プロダクト・ポートフォリオ・マネジメント（PPM）」である。「ポートフォリオ」という言葉は、もともと財務における資産形成において最も適切な投資対象の組み合わせを指していたが、企業における経営資源の諸事業間への効率的配分にも適用されたのである。BCGのPPMは図表8-2のように、縦軸に市場成長率、横軸に相対的市場シェアをとったうえで、それぞれの高低を組み合わせて4つの事業タイプに分け、自社の複数の事業をそこにマッピングして分類し、それぞれに適した経営資源の配分を行うものである。すなわち、高成長・低シェアの問題児（Question Marks）、高成長・高シェアの花形（Stars）、低成長・高シェアの金のなる木（Cash Caws）、低成長・低シェアの負け犬（Dogs）の4タイプであり、それぞれの主たる基本戦略は、育成、保持、収穫、撤退である。この戦略の根底には、前述のPLCと経験曲線の考え方が影響している。経験曲線とは、累積生産量の増加とともに平均生産

図表 8-1　アンゾフの成長ベクトル

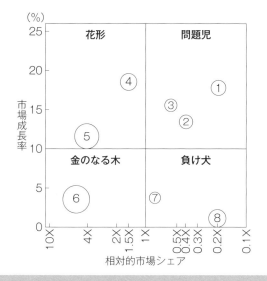

図表 8-2　BCG の PPM

費用が逓減することを示す経験則のことであり、ストラテジック・プランニング・インスティチュートによる大規模な実証研究である PIMS（Profit Impact of Market Strategy）が、利益に最も影響を与えている要因として市場シェアや製品の品質を挙げたことによってますます重要視されるようになった。それゆえ PPM では、経験曲線を根拠にした市場シェアの拡大と PLC を根拠にした高成長市場への参入を過度に重視しすぎるという批判もある。いずれにしても PPM の出現によって、複数の事業の間での最適な資源配分を

追求する企業戦略とでもいえる分野が経営戦略論の重要な領域として形成されていったのである。

さらに、70年代の後半頃からは、競争戦略という新しい分野が登場する。この分野の発展において中心的な役割を果たしたのがPorter〔1980〕である。彼は、ここで産業組織論的見地から企業をめぐる5つの競争要因として、競争業者、新規参入者、代替製品、売り手の交渉力、買い手の交渉力を挙げたうえで、これらの脅威に対処する基本戦略として、コスト・リーダーシップ戦略、差別化戦略、集中戦略の3つを定式化した。

以上のように、経営戦略論は60年代当初の成長戦略をはじめとして、70年代には企業戦略と競争戦略という新たな領域が加わり成熟度を増していったのである。ところで、成長戦略や企業戦略の核心は新たな市場あるいは複数の市場への企業の対応であり、競争戦略は競争者への対応であることを考えると、どちらも企業の外部環境への対応という点で共通の問題構造を持っていることがわかる。そして、この企業の外部環境への対応という問題を伝統的に取り扱ってきたのは、まさにマーケティング研究であったわけで、それゆえ経営学は、経営戦略論を接点として急速にマーケティング論に接近していったといえる。他方で、マーケティング研究においても、マーケティング・マネジメントがマネジリアル・マーケティングという段階に進化しており、全社一丸となって市場に適応していくためにマーケティングが企業のあらゆる活動を統合するという役目を担うこととなり、マーケティングの領域が企業全体の方向性を決める最高経営者の意思決定の問題にまで広がりを見せた。こうしてマーケティング研究が経営学に接近したともいえるだろう。そして、この動向をいち早く察知し、経営戦略論が産声を上げた頃からその成果を大幅に導入して書かれたマーケティングの教科書がKotler〔1967〕であり、改訂の毎に経営戦略論の新たな成果を導入しながら、マーケティング論の全体像を少しずつ変えていき、マーケティング論の中心的教科書の地位を確立したのである。

3．消費者行動研究における新しい展開

　70年代は、消費者行動研究が成熟し本格的な展開が始まった時期である。1969年に消費者行動学会〈Association for Consumer Research〉が設立され、1974年には消費者行動研究の専門学術雑誌である『ジャーナル・オブ・コンシューマー・リサーチ（*Journal of Consumer Research*)』が発刊されるとともに、消費者行動研究はますます学際的な注目を集めるようになり、マーケティング研究の一分野というよりも1つの独立した研究領域として発展しだした。

　戦後、行動科学的研究プログラムの下で消費者行動研究が推進し、行動諸科学からさまざまな概念が借用され、それらの全体像を示すべく、60年代の後半には消費者行動の統合モデルが示されたことはすでに述べた（第5講）。その代表的なモデルである Howard = Sheth モデルに明らかなように、その構造は新行動主義のS-O-R構造を持っており、外界からの刺激（S）によって生活体内部（O）に変化が起こり、その結果、反応としての行為（R）が生じる、という受動的消費者観がその根底にあった。このモデルのOの部分は知覚構成体と学習構成体という大きく2つの部分から構成されていたが、行為に直接かかわるのは学習構成体であり、その中心概念は「態度」であった。それゆえ、Howard = Sheth モデルが提示された後から70年代前半にかけて、この「態度」概念の操作化を中心に、「態度形成」と「態度変容」といった問題を中心に研究が進展した。

　この研究はもともと社会心理学の分野で Rosenberg〔1956, 1960〕、Fishbein〔1963,（ed.）1967〕によって研究が進められており、「期待―価値」（Expectancy-Value）モデルが開発されていた。この「期待―価値」モデルを消費者行動に適用した態度モデルは、多属性態度モデルと呼ばれ、F. M. Bass を中心に用いられた Bass モデルと、やや遅れてアメリカで使われだした Fishbein モデルの2つが提示され、この2つのモデルの妥当性に関してしばらく論争が生じた。どちらも、ブランドの属性ごとに属性評価因子と信念

120

因子を掛け合わせてその総和をそのブランドに対する態度の値とする線形・代償型のモデルであるが、Fishbein モデルでは信念因子がその属性の存在の度合いであるのに対し、Bass モデルではそれがその属性の存在の度合いと満足度の結合値となっており、属性評価因子と重複している点が問題となったのである（より詳しくは小島〔1984〕を参照）。

　この論争においてさまざまな比較テストがなされ、Fishbein モデルのほうが Bass モデルよりも相対的に優れているという結果になったものの、今度は、多属性態度モデルの線形・代償型の構造自体に疑問が提示されることとなった。すなわち、消費者は複数ブランド間での選択において、常に代替案の多数の属性を包括的に評価してブランドを選択しているのではなく、それとは異なったさまざまな選択ルールがありうるという指摘である。そして、人間の情報処理能力の限界から、情報が過剰である「情報過負荷」という状態では線形・代償型による選択は困難となることも問題となった。こうして、線形・代償型の選択ルールとは違った「非線形・非代償型」のさまざまな選択ルールが探求されることとなり、このことは、消費者に流入してくる外部刺激としての多様な属性に注目すれば、結果としてのブランド選択行為が一意的に判明すると考えていた S-R あるいは S-O-R という刺激―反応型の受動的人間観を根本的に変える必要を示唆した。すなわち、消費者は、単に外部刺激に踊らされているわけではなく、問題意識を持って能動的に情報を取得し、一定のルールを採用して情報を処理して選択を決定しているのであり、研究の焦点は、刺激と刺激の蓄積というよりも、能動的な情報処理過程にこそあるという考え方の出現である。

　こうして、70 年代後半に消費者行動研究における新たな研究として急速に注目されだしたのが「消費者情報処理理論」である。この研究は、すでに心理学で 60 年代に登場した認知心理学という大きな潮流からの影響を受け、60 年代後半には Alexis, et al.〔1968〕、Bettman〔1970〕といった研究が早くも登場していたが、Bettman〔1979〕による集大成的モデル化を経て 1980 年代以降の消費者行動研究の方向性を規定するようになった。その意味で、「消費者情報処理理論」の登場は、「刺激―反応パラダイム」から「情報処理パ

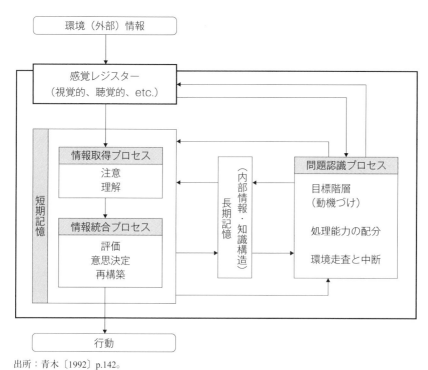

出所：青木〔1992〕p.142。

図表 8-3　消費者情報処理の概念モデル

ラダイム」へのパラダイム・シフトであったといえる。

　消費者情報処理理論は、図表8-3に示されているように、問題認識プロセ
ス、情報取得プロセス、情報統合プロセスという3つのサブシステムから構
成されている。

　問題認識プロセスは、目標階層に基づく処理能力の配分メカニズムと「環
境操作」と「中断」による環境適応・調整メカニズムという2つのメカニズ
ムから構成されており、情報取得プロセスと情報統合プロセスをコントロー
ルし、情報処理行為を駆動し方向づけることになる。そして、ここに刺激—
反応型のモデルとは違った能動的な人間観が示されているといえる。情報取
得プロセスは、感覚レジスターを通して取得した情報を短期記憶として内部

に取り込む「注意」とその知覚符号化を行う「理解」という2つの処理からなるプロセスであり、意思決定が行われる情報統合プロセスの事前処理プロセスとなる。情報統合プロセスは、長期記憶に蓄積されているヒューリスティックスと呼ばれるルールに関する知識に基づいて、あるいは新たなルールを再構築することによって、代替案を評価し選択の意思決定を行うプロセスであり、情報処理プロセスの中核といえる。このプロセスでも、基本的にすでに蓄積されていた長期記憶の知識が処理を駆動するのであり、ここにも能動的人間観が示されている。

　さて最後に、以上のような態度研究と消費者情報処理研究以外で70年代に新たに登場した消費者行動研究の分野としては、産業財市場と組織体の購買行動の研究を挙げねばならない。Robinson, et al.〔1967〕を基礎として、70年代は Webster and Wind〔1972〕、Sheth〔1973〕、Woodside, et al.（eds.）〔1977〕、Bonoma and Zaltman（eds.）〔1978〕といった研究が出現し、購買にかかわる組織の構成員、すなわち購買センターの研究、購買意思決定プロセスの研究、買い手への主要な影響要因の研究などが展開し、マーケティング研究の重要な下位分野となっていった。

4．国際マーケティング論における新しい展開

　60年代に登場した国際マーケティング研究は、当初、多国籍企業が諸外国へ進出する際に直面する市場環境の多様性に関する情報を収集するという側面が強かったが、それらの多様な市場へのマーケティング的対応について議論が進むようになると、国際マーケティングの業務自体に特殊性はないのではないかという疑問が出てくる。すなわち、Bartels〔1968〕が指摘したように、「国内マーケティングと国際マーケティングは異なるものなのか」という問題がこの新しい領域に対して突きつけられることになった。この問題に対して、国際マーケティングの研究者達は、「マーケティングの行動原理は同じだが、適応する環境条件が違うのであり、その比較分析がこの分野独

自のものだ」というやや消極的な回答をし続けた。しかし、諸外国の市場分析をするうちに、「市場のグローバル化」という世界の市場での選好の同質化傾向が指摘され、海外の市場に進出する際のマーケティングの標準化と現地化（適合化）の問題が重要な問題として浮かび上がってきたのであり、この問題はその後の国際マーケティング研究における独自の中心的問題として議論されていくことになる。1960年代は、特に広告の標準化に関して論争が高まり、70年代は標準化の掛け声が少なくなったが、80年代にはLevitt〔1983〕によってこの問題が再提起され、再び議論が高まるのである（詳しくは、大石〔1996〕を参照）。

　国際マーケティング論は、もともと多国籍企業論、国際経営論といった分野との相互交流が強く、特に70年代以降は、これらの分野からの影響が強くなっていく。

　多国籍企業論と国際経営論は、ともに1960年にD. E. Lilienthalがはじめて命名したとされる「多国籍企業」の進出に触発されて登場した研究分野である。50年代から60年代にかけて、アメリカ企業の対外直接投資累積額が倍増（1957–66年の10年間に253億ドルから546億ドルに増加）し、このアメリカの大企業の行動は、「アメリカの乗っ取り」と騒がれ、アメリカの研究者達によって精力的に研究されたのであり、S. M. Hymer、C. P. Kindleberger、R. Vernon、J. Fayerweather、R. D. Robinson、R. N. Farmer、H. Perlmutterといった研究者によって60年代にそのスタートを切ったのである（小林〔2003〕pp.3–4）。

　当初、「多国籍企業はなぜ海外直接投資を行うのか」という点の理論的説明がこの分野の中心的問題であり、Hymerの寡占的優位理論、Vernonの国際プロダクト・ライフ・サイクル論、FayerweatherがA. Penroseの企業成長論を基に展開した経営資源移動理論といった説明が多数出現した（詳しくは大石〔1994〕を参照）。なかでも、注目を集めたのがVernon〔1966〕のPLC論であり、①先進国企業による新製品開発販売、②先進国内市場で、他社による類似品販売、競争激化、③輸出開始、④海外現地企業の国産化、⑤先進国企業の海外直接投資、⑥海外市場から先進国市場への逆進出、といったプロ

124

セスによって生産拠点の移動を説明するものである。これをいち早くマーケ
ティングと結びつけたのが Wells〔1968〕であり、国際マーケティング論に
その後も影響を与え続けるが、この段階的プロセスを踏まない海外直接投資、
たとえば、母国、先進国、途上国での同時生産開始といった行為が出現する
ようになって、その説明力の限界が指摘された。しかし、いずれにしても、
多国籍企業論や国際経営論との密接な交流と国際マーケティング独自の問題
の発見によって、国際マーケティングの研究は80年代以降にさらに成熟化
していくのである。

〈参考文献〉

Alexis, M., G. H. Jr. Haines and L. Simon〔1968〕"Cnsumer Information Processing: The Case of Women's Clothing", AMA Educator Conference Proceeding, AMA, pp.197-205.

Ansoff, H. I.〔1965〕*Corporate Strategy: An Analytic Approach to Business Policy for Growth and Expansion*, McGraw-Hill.

青木幸弘〔1992〕「消費者情報処理の理論」大澤豊編『マーケティングと消費者行動——マーケティング・サイエンスの新展開』有斐閣、第6章。

Bartels, R.〔1968〕"Are Domestic and International Marketing Dissimilar?", *Journal of Marketing*, 32（July）, pp.56-61.

Bettman, J. R.〔1970〕"Information Processing Models of Consumer Behavior", *Journal of Consumer Research*, 7, pp.370-376.

————〔1979〕*An Information Processing Theory of Consumer Choice*, Addison Wesley.

Bonoma, T. V. and G. Zaltman（eds.）〔1978〕*Organizational Buying Behavior*, AMA.

Chandler, A. D. Jr.〔1962〕*Strategy and Structure*, M.I.T. Press.

Cooper, R. G.〔1979a〕"Identifying Industrial New Product Success", *Industrial Marketing Management*, 8（2）, pp.124-135.

————〔1979b〕"The Dimensions of Industrial New Product Success and Failure", *Journal of Marketing*, 43（3）, pp.93-103.

———— and E. J. Kleinschmidt〔1986〕"An Investigation into New Product Process: Steps, Deficiencies and Impact", *Journal of Product Innovation Management*, 3（2）, pp.71-85.

———— and E. J. Kleinschmidt〔1987〕"New Product: What Separates Winners from Losers?", *Journal of Product Innovation Management*, 4（3）, pp.169-184.

Day, G. S.〔1981〕"The Product Life Cycle: Analysis and Applications Issues", *Journal of Marketing*, 45（Fall）, pp.60-67.

Dean, J.〔1950〕"Pricing Policies for New Product", *Harvard Business Review*, 28（November）, pp.45-53.

Fishbein, M.〔1963〕"An Investigation of the Relationships between Beliefs about Object and the

Attitude toward that Object", *Human Relation*, 16, pp.233–240.

───── (ed.)〔1967〕*Readings in Attitude Theory and Measurement*, John Wiley & Sons.

Hass, R. M.〔1965〕*Long-range New Product Planning in Business: A Conceptual Model*, West Virginia University Library.

川上智子〔2005〕『顧客志向の新製品開発──マーケティングと技術のインターフェイス─』有斐閣。

小林規威〔2003〕「多国籍企業研究の成果と課題」多国籍企業研究会編『21世紀多国籍企業の新潮流』ダイヤモンド社、第1章。

Kotler, P.〔1965〕"Competitive Strategies for New Product Marketing over the Life-cycle", *Management Science*, 12（4）, pp.104–119.

───── 〔1967〕*Marketing Management*, Prentice Hall.

小島健司〔1984〕「多属性態度と行動意図モデル」中西正雄編著『消費者行動分析のニューフロンティア──多属性分析を中心に』誠文堂新光社、第2章。

Levitt, T.〔1965〕"Exploit the Product Life Cycle", *Harverd Business Review*, 43（November/December）, pp.81–91.

───── 〔1983〕"The Globalization of Markets", *Harvard Business Review*, 61（3）, pp.92–102.

Maidique, M. A. and B. J. Zirger〔1984〕"A Study of Success and Failure in Product Innovation: The Case of the U.S. Electronics Industry", *IEEE Transactions Engineering Management*, 31（4）, pp.192–203.

大石芳裕〔1994〕「海外直接投資と多国籍企業」竹田志郎編著『国際経営論』中央経済社、第2章。

───── 〔1996〕「国際マーケティング複合化戦略」角松正雄・大石芳裕編著『国際マーケティング体系』ミネルヴァ書房、第6章。

Pessemier, E. A.〔1966〕*New Product Decisions as Analytical Approach*, McGraw-Hill.

Porter, M. E.〔1980〕*Competitive Strategy: Techniques for Analyzing Industries and Competitors*, Free Press.

Robinson, P. J., C. W. Faris and Y. Wind〔1967〕*Industrial Buying and Creative Marketing*, Allyn and Bacon.

Rosenberg, M. J.〔1956〕"Cognitive Structure and Attitudinal Affect", *Journal of Abnormal and Social Psychology*, 53, pp.367–372.

───── 〔1960〕"An Analysis of Affective-Cognitive Consistency", in C. I. Hovland and M. J. Rosenberg（eds.）*Attitude Organization and Change*, Yale University Press, pp.15–64.

Rothwell, R., C. Freeman, A. Hosley, V. T. P. Jervis, A. B. Roberson and J. Townsend〔1974〕"SAPPHO Updated: Project SAPPHO Phase II", *Research Policy*, 3（3）, pp.258–291.

Rubenstein, A. H., A. K. Chakrabarti, R. D. O'Keefe, W. E. Souder and H. C. Young〔1976〕"Factors Influencing Innovation Success at the Project Level", *Research Management*, 19（3）, pp.15–20.

Sheth, J. N.〔1973〕"A Model of Industrial Buyer Behavior", *Journal of Marketing*, 37（October）, pp.50–56.

Vernon, R.〔1966〕"International Investment and International Trade in the Product Cycle", *Quarterly Journal of Economics*, 80（2）, pp.190–207.

126

Webster, F. E. Jr. and Y. Wind [1972] "A General Model for Understanding Organizational Buying
    Behavior", *Journal of Marketing*, 36 (April), pp.12-19.

Wells, L. T. Jr. [1968] "A Product Life Cycle for International Trade?", *Journal of Marketing*, 32
    (July), pp.1-6.

Woodside, A. G., J. N. Sheth and P. D. Bennett (eds.) [1977] *Consumer and Industrial Buying
    Behavior*, Elsevier North-Holland.

第9講

1970年代のマクロ的研究における新しい動向

第8講では、1970年代のマーケティング研究の動向のうち、ミクロ的研究における新しい動向が述べられた。そこでは、戦後のマネジリアル・マーケティングという全社的なマーケティング実践を背景として、①マーケティング諸手段の範囲が決定的に生産に食い込み、新製品開発研究が新たな研究領域として登場し、特に70年代に新製品の成功要因に関する研究が本格的に始まるとともに、新製品の長期的な戦略的管理におけるキー・コンセプトとして「製品ライフサイクル」の概念が定着していったこと、②全社的なマーケティングという展開は、経営学において戦後に登場した経営戦略論とマーケティング研究の接近をもたらしたということ、③消費者行動研究において、消費者情報処理理論が登場し、刺激─反応的視点からのパラダイム・シフトが生じたこと、④国際マーケティング論において、その独自の問題としての「標準化と現地化の問題」が明らかになり、多国籍企業論や国際経営論との相互交流のなかで研究が成熟化したこと、が指摘された。

第9講では、続いて1970年代のマクロ的研究における新しい動向を見ていこう。

1．マクロ的研究の本格的展開

戦後のミクロ的研究の主流化においても、戦前のマクロ的マーケティング研究は、「マーケティング・システムの研究」という新しい衣をまとって展

開したことはすでに述べた（第6講）。そして、60年代後半に高まったコンシューマリズムの高まりのなかで企業の社会的責任が問われるようになり、マーケティング行為の社会への帰結や環境分析への関心が高まるとともに、マクロ的研究への新たな関心領域が出現し、ビジネス・スクールに「経営倫理」に関する講座が設置されるといった動向も生じだす。こうした動向を決定的にしたのが、C. C. Slater による「マクロマーケティング・セミナー」の開催であった。第1回セミナーは、1976年8月15日–18日にコロラド大学で開催され、その後、毎年開催されるようになった。当初、開催校は3大学に限られ限定的な広がりしか持っていなかったが、次第に開催校も増え、参加者が国際的な広がりを持つようになるとともに開催地も国際的に広がっていく。この間、1978年に Slater が逝去し、その翌年の第4回セミナーで Slater の遺志であったマクロマーケティングの専門雑誌の刊行が提起され、1981年に『ジャーナル・オブ・マクロマーケティング』の刊行が実現し、以後年2回の刊行が継続していく（薄井〔1998〕pp.79-81）。こうした専門学会の設立および専門誌の刊行によって、『ジャーナル・オブ・マーケティング』においてもマクロマーケティングのセクション・エディターが任命されることとなり、マクロマーケティング研究は新たに制度化されたといえる。

　マクロマーケティング研究の戦後の新たな展開において、当初問題になったのは、「マクロマーケティング」が意味する研究の内容の多様性と曖昧さであった。前述のように、総体的流通としてのマーケティング・システムの研究以外にも、マーケティング行為の社会への帰結やその責任といった研究もその内容に含められるとともに、非営利組織、特に公共部門のマーケティング、さらには Kotler 流のソーシャル・マーケティング、すなわち社会変容、社会的アイデアのマーケティングといった研究が新たに登場したことにより、これらの研究をマクロ的マーケティング研究とみなすかどうかという点で意見が分かれたからであり、ミクロ―マクロの区分の曖昧さが露呈したためである。

　こうした状況を反映して、マクロマーケティング・セミナーでは第1回からマクロマーケティングの領域と定義が論議された。当初、注目されたのは、

129

Hunt, S. D.〔1976〕において示された「3つの2分割モデル」での見解である。すなわち、Hunt はマーケティングの研究領域を整理するうえで、①営利—非営利、②ミクロ—マクロ、③実証—規範、という3つの軸を提示し、ミクロ—マクロに関してそれを区別する基準として集計水準のみを挙げていた。しかし Hunt 自身、社会的責任論をマクロ的研究と見る場合、集計水準のみでミクロ—マクロは決められないことに気づき、新たに「帰結」という基準を加え、次のような定義を提示した。

> 「マクロマーケティングとは、①マーケティング・システム、②マーケティング・システムの社会への影響と帰結、③社会のマーケティング・システムへの影響と帰結、の研究である。」（Hunt, S. D.〔1977〕p.56）

さらに Hunt は、研究者へのアンケート調査を行い「視点」という基準を新たに追加し、「集計水準」「帰結」「視点」の3つの基準でミクロ—マクロの判断を行うことを提唱した（Hunt, S. D. and Burnett〔1982〕）。しかし、そこで意味する「視点」という基準は、その規範的性格を除けば「帰結」と内容は同じであり、実証—規範という区分は別に設けてあるのであるから、「視点」という基準の追加は余分であるといえる。結局ミクロ—マクロの区別は、研究対象たる分析単位の集計レベルの違いを意味し、複数の分析単位を含んだ研究の場合は、その帰結となる分析単位の集計レベルでミクロかマクロかが判断されるといえるだろう（詳しくは堀越〔1999〕を参照）。

以上のような議論を背景に持ちながら、『ジャーナル・オブ・マクロマーケティング』は、1982年の第1号で「編集者によるマクロマーケティングの作業的定義」を公表するとともに、「マクロマーケティング研究から除外されるべき諸項目」も公表した。それらは、次のとおりである。

定義：
「マクロマーケティングは、①ミクロマーケティング行動の社会に対するインパクトと帰結（マーケティングの外部性）、②社会のマーケティング・

システムと行動に対するインパクトと帰結〔社会的サンクション〕、③集合
的レベルにおけるマーケティング・システムの知識（マクロシステム分析）
を取り扱う。」(Fisk〔1982〕p.3)

除外されるべき諸項目：

①ソーシャル・マーケティングはマクロマーケティングではない。社会的
主張あるいは社会的アイデアのマーケティングは、製品、サービスのマー
ケティングと同様ミクロマーケティング行動である。②非営利マーケティ
ングはマクロマーケティングではない。それもまたミクロマーケティング
行動である。③政府のマーケティングはマクロマーケティングではない。
ここでもまた行為者が変更されているだけであり、それはミクロマーケ
ティング行動である。④国際的ビジネスは、それが単にミクロマーケティ
ングの範囲をより広い市場に拡大しただけであるなら、マクロマーケティ
ングではない。市場規模の拡大は市場行動をマクロ的にするわけではない。
その一方で、多国籍マーケティングを1つのシステムあるいは比較マーケ
ティングとして研究する場合はマクロに焦点を当てている。⑤消費者行動
研究はマクロマーケティングではない。これはシステム基準に適合しない。
さらに消費者はミクロ的主体とみなされている。」(ibid., pp.3-4)

　定義のほうは、Hunt の集計レベルと帰結の2基準による定義にほぼ基づ
いたものでさほど問題はないのであるが、問題は、除外されるべき項目であ
る。これに対しては、②や③に関して、マクロ的研究としての「マクロマー
ケティング管理」という主張が Bartels and Jenkins〔1977〕や、Zif〔1980〕によっ
て主張されており、⑤に関しても、Firat and Dholakia〔1982〕の「マクロ的
消費」という概念によってマクロ的研究の可能性が主張された（詳しくは薄
井〔1998〕を参照）。分析単位としてのミクロ的なマネジメント行為や消費行
為という部分を取り上げて、それをマクロ的ではないとする上記の除外項目
の提示は、定義における「帰結」という基準の意義を無視し、実際の研究内
容における分析レベルの複合性を判断しておらず、かえって定義と矛盾する。

　ミクロ的分析単位を論題に持つ研究であっても、内容的にはマクロである場合がありうる。たとえば、①の社会変革を目的とした社会的主張のマーケティングにおいては、変えようとするマクロ的社会の特性や現状に主たる関心があるであろうし、②における大規模な非営利組織や③においては、Lazer 流のソーシャル・マーケティング以上に、その組織体の行動の社会的帰結こそが主たる関心である場合が多いといえる。④の国際マーケティングにおいても、そこに記されているように、現地および国内のマクロレベルでの市場の特性に関する比較分析がなされなければ、標準化と現地化という問題も生じないわけで、その比較研究が主たる関心であるならそれはマクロ的研究といえるだろう。それゆえ⑤に関しては、当然のごとくマクロ的レベルの研究がありえるだろう。そして、これらのことは、「集計レベル」と「帰結」を組み合わせた定義となんら矛盾することはない。

　実際、『ジャーナル・オブ・マクロマーケティング』の 1990 年の 2 号においては、「マクロマーケティング文献目録」が公表され、見出しのトピックとして、①比較マーケティングと開発、②文化行動と社会変容、③エコロジカル・マーケティング、④マーケティングの倫理、⑤マクロ的消費とマクロ的制度行動の外部性、⑥マクロ的消費、⑦マーケティング・チャネルにおけるマクロ的制度行動、⑧マクロマーケティング管理、⑨マクロマーケティング方法論、⑩マクロマーケティング成果の評価、⑪公共政策とマーケティング規制、が挙げられており（Fisk（ed.）〔1990〕p.41）、除外項目はほぼそこに入っているといえる。これを見ても明らかなように、戦後のマクロマーケティング研究は、それまでのメインの流通研究以外に、マーケティング概念拡張論争（226 号）以後に生じた新たな研究をその領域に包摂して展開していったといえる。Lazer および Kotler 双方のソーシャル・マーケティングや非営利組織のマーケティングといったマーケティング概念拡張論争後の新たな研究がすべてマクロ的研究であるとは言い切れないが、とりあえずこれらの研究をマクロ的研究の新動向として位置づけたうえで、その研究の動向を見ていくことにしよう。

2. 企業のマーケティング行為と社会

　60年代後半に登場したコンシューマリズムは、企業活動に対する社会的関心を呼び起こしたが、これが初めてというわけではなく、歴史的な根を持っていた。そもそも、マーケティング活動が出現した当初から、虚偽広告や社会的無駄というかたちでマーケティング行為に対する告発とそれへの対応という構図は存在していた。さらに1930年代の消費者運動の高まりは再びこの構図を出現させた。こうした歴史的経緯のうえでコンシューマリズムが登場したとはいえ、すでに述べたように（第6講）、コンシューマリズムはまさに主義にまで高められたものであり、それまでの消費者運動とは決定的に異なっていた。すなわちコンシューマリズムは、Kennedy大統領という立役者の支持により政府を巻き込み買手責任から売手責任への法原理の転換を引き起こし、もう1人の立役者である弁護士Ralph Naderの登場により訴訟を中心とした企業告発というより過激なかたちをとるようになったのである。このような状況で企業は莫大な賠償金を払わねばならなくなる危険に直面し、真剣に対応せざるをえなくなった。企業の社会的責任、Lazer流のソーシャル・マーケティングといったマーケティングと社会のかかわりに関する研究は、こうした状況から登場したのであり、いくつかの研究の流れが出現した。

　まず、コンシューマリズム自体に関する研究としては、コンシューマリズムの将来を論じたDay, G. S. and Aaker〔1970〕、それまでの論文を厳選した論文集としてKelley, W. T. (ed.)〔1973〕などがあり、後者のなかでBeem〔1973〕は、消費者運動全般の歴史を詳しく分析している。

　コンシューマリズム自体とともにコンシューマリズムのマーケティング実務への含意を論じたものとして、Day, G. S. and Aaker (eds.)〔1971〕、Kotler〔1972〕、Fornell〔1976〕などがある。Kotler〔1972〕では顧客満足が考察されており、即時的な顧客満足と長期的消費者福祉それぞれの高低から4つの製品類型を導き、即時的な顧客満足とともに長期的な消費者の福祉がともに

高い「願望商品」を生産することがマーケティングの責任であり、企業と社会の利害を均衡させると述べられている。Fornell〔1976〕では、コンシューマリズムに対する企業の対応がより具体的に述べられており、消費者を発信者とし企業を受信者とするコミュニケーション・システムとしての消費者問題担当部の設置とその重要性が実証的に示されている。

　その後、顧客あるいは消費者の満足—不満足に関する研究はそれ自体高まりを見せ、Day, R. L.（ed.）〔1977〕、Hunt, H. K.（ed.）〔1977〕といった論文集が出されており、高齢者や障害者といった人の苦情行動に関する研究や、消費者満足—不満足の尺度の定義や測定といった問題に関心が集まった。

　コンシューマリズムよりも広く社会全般や自然環境に対する企業の対応に関しては、Lazer がそれをソーシャル・マーケティングと称して議論を展開し、その研究成果は、Lazer and E. J. Kelley（ed.）〔1973〕という論文集として結実する。そして、この研究の流れからは、①自然環境や生態系といった部分に焦点を置いた「エコロジカル・マーケティング」あるいは「グリーン・マーケティング」と呼ばれる研究群、②企業活動を評価する際の経済的指標とは異なった社会的指標に関する研究群、③企業の社会的責任やマーケティング倫理のあり方といった倫理問題に関する研究群が識別できる。70 年代においては、①に関する初期の研究としては、ローマ・クラブの指摘を受け継ぎ企業の生態学的考慮の必要性を説いた Fisk〔1974〕があり、80 年代の後半ごろから「グリーン・マーケティング」という言葉が登場したが、内容的には「エコロジカル・マーケティング」との違いは見られない。②に関しては社会指標研究のレビューを丹念に行った Hamburger〔1974〕などが代表的といえ、環境経済学や環境社会学といった分野との交流のなかで展開した。③に関しては早くから Lavidge〔1970〕などがあるが、「～すべし」的な単調な主張から抜け出て、企業の利潤動機との均衡やより具体的なコンティンジェンシー的枠組みといった本格的展開は 80 年代になってからになる。

3．Kotler 流のソーシャル・マーケティングと　非営利組織のマーケティング

　第7講で述べたように、Kotler が概念拡張において考えた新たなマーケティングの領域は、ソーシャル・マーケティングと非営利組織のマーケティングの2つであった。Kotler のソーシャル・マーケティングは Lazer とは違って、社会的アイデアのマーケティング、社会変容、社会運動のマーケティングを意味しており、アイデアという交換される客体における拡張に焦点が置かれている。これに対し、非営利組織のマーケティングという場合は、交換行為をする主体の拡張に焦点が置かれている。これら2つの領域は、異なった観点から特徴づけられているため、当然のごとく重なりを持つが同じではない。社会的アイデアを社会一般に植えつけようとするその行為主体は公共組織をはじめとして非営利組織が圧倒的に多いであろうが、大学や病院のマーケティングといった非営利組織のマーケティングの場合、主たる関心はサービスの提供であって社会的アイデアのマーケティングとはいえず、ミクロ的なサービス業のマーケティングに近い内容といえるだろう。さらに、Lazer のソーシャル・マーケティングは、営利企業が顧客以上に広い範囲を考慮に入れるという意味で、主体はあくまで営利企業のままで交換相手における拡張がなされていると考えられる。それゆえ本来の企業行為の社会的、環境的評価と修正といった主たる内容以上に、より直接的な社会とのかかわりをめざすメセナやフィランソロフィーといった営利企業の行為なども Lazer 流のソーシャル・マーケティングに含まれるといえるだろうが、これらは文化の保護や奉仕という社会的アイデアのマーケティング行為を当然含むだろう。このように、これら3つの領域は互いに重なりを持つのであり、その関係を図に示せば図表 9-1 のようになる。

　Kotler によるソーシャル・マーケティングは、Kotler and Zaltman〔1971〕で提唱され、次のように定義されている。

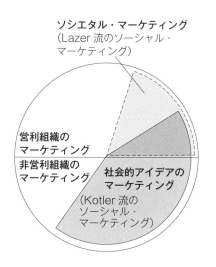

ソシエタル・マーケティング
（Lazer 流のソーシャル・
　マーケティング）

営利組織の
マーケティング

非営利組織の
マーケティング

社会的アイデアの
マーケティング

（Kotler 流の
　ソーシャル・
　マーケティング）

出所：筆者作成。

図表 9-1　非営利組織のマーケティング、ソシエタル・マーケティング、
　　　　　社会的アイデアのマーケティングの関係

「ソーシャル・マーケティングとは、社会的アイデアの需要に影響を与えるように計画されたプログラムの設計・実施および統制であり、それは製品計画・価格設定・コミュニケーションそしてマーケティング・リサーチの考慮を含んでいる。」(p.5)

こうして、新たな領域としてのソーシャル・マーケティングは Kotler を中心に展開し始めるのであるが、70 年代に、Kotler〔1971〕、El-Ansary and Kramer Jr.〔1973〕、Rothschild〔1979〕などがあるものの、マーケティング研究者による研究は少ない。Fox and Kotler〔1980〕では、10 年にわたるこの領域の成果がレビューされ、「ソーシャル・マーケティングの真なる適用――社会広告や社会的コミュニケーションとは区別されるような――が完全なデータ・ベースを提供するにはあまりに少なすぎる。さらに、ソーシャル・マーケティングは、しばしば実験的統制なしで展開されてきたため、活動の変化がソーシャル・マーケティングの努力によるものか他の要因によるもの

136

かを知ることが困難である」（p.27）と述べられている。このように、この領域のマーケティング研究者による研究はこの後 1980 年代を通して少しずつ蓄積されていくのであり、その集大成が Kotler and Roberto〔1989〕に結実する。

　非営利組織のマーケティングに関しては、多くのマーケティング関係者の注目を集め、公共政策、世論研究、社会的コミュニケーション、社会変動研究といった既存の研究分野との交流のなかで進展し、既存の研究分野に「マーケティング」という言葉が浸透していった。非営利組織のマーケティング一般に関しては、Shapiro〔1973〕と Kotler〔1975〕が初期のガイド役を果たし、その後 70 年代後半には、Gaedeke〔1977〕、Lovelock and Weinberg（eds.）〔1978〕などが立て続きに出版された。具体的な適応領域で活発な研究がなされたのは、大学と病院のマーケティングである。特に後者は、1981年に『ジャーナル・オブ・ヘルス・ケアー・マーケティング』といった専門誌ができるほどに高まりを見せていく。しかしながら、これらの研究は教育や健康の考え方に関する社会に対する啓蒙といった社会的アイデアのマーケティングを含むものの、前述のようにその主たる関心は大学および病院組織の顧客に対する提供サービスの管理にあり、基本的にミクロ的研究であるため、ここでは詳細は省略する。

〈参考文献〉

Bartels, R. and R. L. Jenkins〔1977〕"Macromarketing", *Journal of marketing*, 41（October）, pp.17-20.

Beem, E. R.〔1973〕"The Beginnings of the Consumer Movement", in W. T. Kelley（ed.）〔1973〕.

Day, G. S. and D. A. Aaker〔1970〕"A Guide to Consumerism", *Journal of Marketing*, 34（July）, pp.12-19.

———（eds.）〔1971〕*Consumerism: Search for the Consumer Interest*, Free Press.

Day, R. L.（ed.）〔1977〕*Consumer Satisfaction, Dissatisfaction and Complaining Behavior*, Bloomington/Indianapolis: Department of Marketing, School of Business, Indiana University.

El-Ansary, A. I. and O. E. Kramer Jr.〔1973〕"Social Marketing: The Family Planning Experience", *Journal of Marketing*, 37（July）, pp.1-7.

Firat, A. F. and N. Dholakia〔1982〕"Consumption Level at the Macro Level", *Journal of Macromarketing*, 2（Fall）, pp.6-15.

Fisk, G. 〔1974〕 *Marketing and Ecological Crisis*, Harper & Row.

――――― 〔1982〕 "Editor's Working Definition of Macromarketing", *Journal of Macromarketing*, 2 （Spring）, pp.3-4.

――――― （ed.）〔1990〕 "Macromarketing Bibliography", *Journal of Macromarketing*, 10 （Fall）, pp.41-71.

Fornell, C. 〔1976〕 *Consumer Input for Marketing Decisions: A Study of Corporate Departments for Consumer Affairs*, Praeger Publishers.

Fox, K. F. A. and P. Kotler 〔1980〕 "The Marketing of Social causes: The first 10 Years", *Journal of Marketing*, 44 （Fall）, pp.24-33.

Gaedeke, R. M. 〔1977〕 *Marketing in Private and Public Nonprofit Organization: Perspectives and Illustrations*, Goodyear.

Hamburger, P. L. 〔1974〕 *Social Indicators: A Marketing Perspective*, Chicago: AMA.

堀越比呂志〔1999〕「マーケティング研究におけるミクロとマクロ」『青山経営論集』第33巻第4号、pp.103-127。

Hunt, H. K. 〔1977〕 *Conceptualization and Measurement of Consumer Satisfaction and Dissatisfaction*, Marketing Science Institute.

Hunt. S. D. 〔1976〕 "The Nature and Scope of Marketing", *Journal of Marketing*, 40 （July）, pp.17-28.

――――― 〔1977〕 "The Three Dichotomies Model of Marketing: An Elaboration of Issues", in C. C. Slater （ed.）, Macro-Marketing: Distributive Processes from a Societal Perspective （Macromarketing Seminar 1976 Proceedings）, University of Colorado.

――――― and J. J. Burnett 〔1982〕 "The Macromarketing/Micromarketing Dichotomy: Taxonomical Model", *Journal of Marketing*, 46 （Summer）, pp.11-26.

Kelley, W. T. （ed.）〔1973〕 *New Consumerism: Selected Readings*, Grid, Inc.

Kotler, P. 〔1971〕 "The Elements of Social Action", *American Behavioral Scientist*, 14 （May-June）, pp.691-717.

――――― and G. Zaltman 〔1971〕 "Social Marketing: An Approach To Planned Social Change", *Journal of Marketing*, 35 （July）, pp.3-12.

――――― 〔1972〕 "What Consumerism Means for Marketers", *Harvard Business Review*, 50 （May-June）, pp.48-57.

――――― 〔1975〕 *Marketing for Nonprofit Organization*, Prentice Hall.

――――― and E. L. Roberto 〔1989〕 *Social Marketing*, The Free Press.

Lavidge, R. J. 〔1970〕 "The Growing Responsibilities of Marketing", *Journal of Marketing*, 34 （January）, pp.25-28.

Lazer, W. E. and E. J. Kelley （eds.）〔1973〕 *Social Marketing: Perspectives and Viewpoints*, Richard D. Irwin.

Lovelock, C. H. and C. B. Weinberg （eds.）〔1978〕 *Readings in Public and Nonprofit Marketing*, Scientific Press.

Rothschild, M. L. 〔1979〕 "Marketing Communications in Nonbusiness Situations or Why It's So Hard to Sell Brotherhood Like Soap", *Journal of Marketing*, 43 （Spring）, pp.11-20.

Shapiro, B. 〔1973〕 "Marketing for Nonprofit Organizations", *Harvard Business Review*, 51

138

（September-October), pp.123-132.

薄井和夫〔1998〕「アメリカにおけるマクロマーケティング学派の形成」『季刊経済研究』
　　（大阪市立大学経済学会）第 21 巻第 3 号、pp.77-95。

Zif, J.〔1980〕"A Managerial Approach to Macromarketing", *Journal of Marketing*, 44（Winter),
　　pp.36-45.

第10講

4P論的各論における新動向

　第9講では、1970年代のマクロ的研究における新しい動向が述べられた。1970年代は、Kotlerに端を発するマーケティング概念拡張論争を背景に、マーケティング研究の新たな研究領域が出現したが、そのなかでもLazerおよびKotler双方の「ソーシャル・マーケティング」は、マーケティングと社会のかかわりを扱うという点で、マクロ的研究の新たな領域として注目された。このような背景の下、以下のような動向が確認された。①70年代後半からCharles C. Slaterを中心にマクロマーケティング研究者が集い、1981年に『ジャーナル・オブ・マクロマーケティング』が発刊されるに至ってマクロ的マーケティング研究が新たに制度化された。そして、そこでは、前述のような新たな研究領域をマクロ的マーケティング研究とみなすかどうかという点で論争があり、マクロマーケティングの定義が新たに検討された。②コンシューマリズムが高まり、企業の社会的責任がますます追及されるなか、当初は、コンシューマリズムの研究、コンシューマリズムへの企業の対応、顧客や消費者の社会的なレベルでの満足─不満足研究、が出現した。そして、Lazer流の「ソーシャル・マーケティング」が提唱されてからは、より広く生態系や自然環境とマーケティングのかかわりに関する「エコロジカル・マーケティング」や「グリーン・マーケティング」、企業活動を評価する際の社会指標の研究、企業の倫理に関する研究、といった流れが出現した。③Kotler流の「ソーシャル・マーケティング」は、既存の公共政策、世論研究、社会的コミュニケーション、社会変動研究といった研究分野との交流のなかで進展していった。
　第10講では、ミクロ的各論の4P的編成の流れにおいて、すでに述べた（第

140

8講）Product 以外の３つの P の流れを見ていきながら、70 年代までにおいて、戦前からの伝統的各論分野における戦後の新たな展開がどのようにマーケティング論に組み込まれていったのかを考察していく。

1．Price──製品研究に伴う新たな展開

　価格はもともと、売手と買手共通の唯一の決定および判断指標として、価格決定に関する理論が経済学者によって開発されてきた。そこでは、製品の同質性が仮定され、需要関数および費用関数がともに安定的な場合の短期的利益最大化を実現する最適価格決定が想定されていた。こうした経済学理論は、多かれ少なかれ、企業家の意思決定の基本的構図とされてきた。しかし、もともと価格決定は他のマーケティング手段と結合して考察されることが常であり、価格のみの単独の成果というものは少ないし、特にマーケティング研究においては軽視されてきた傾向がある。

　しかし、この経済学理論は現実の状況を過度に単純化したものであったし、時間の経過とともに非価格要素の重要性が増すとともに需要も安定性を失い、技術の進歩とともに費用も変化するようになり、ますます現実との乖離が生じてきた。そして、技術革新を背景に巨大企業が多様な製品を販売するようになった戦後のアメリカにおいては、長期的な利益をも考えた現実の意思決定に利用可能な価格決定法がますます必要となった。戦後のアメリカは、すでに述べたように（第3講、第8講）、技術革新を背景とした新製品開発競争の激化という状況下、マーケティングの意思決定が生産段階にまで食い込んだ時代であり、マーケティング研究における新製品開発という新たな研究の潮流が出現した時期であった。それゆえ、価格決定に関しても新製品の価格決定が中心的問題として取り上げられることとなり、価格研究にもスポットが当てられるようになったのである。

　まず、この点で重要な貢献をしたのが周知のように Dean〔1950〕であり、価格に関する経済理論を実務家のために組み替える口火を切った。そこでは

新製品の価格決定における「上澄吸収価格（skimming price）」と「浸透価格（penetration price）」という2つのタイプが明確にされた。さらに、前述のような複雑な状況要因を考慮したより現実的な価格決定法として、Oxenfeldt〔1960〕が「多段階アプローチ」を提唱した。それは、①市場標的の選定、②ブランド・イメージの選択、③マーケティング・ミックスの構成決定、④価格決定政策の選定、⑤価格決定戦略の決定、⑥特定価格への到達、という価格決定における継起的段階の提唱である。ここで、各段階での意思決定は、それ以後の意思決定を助けるのであり、段階を経るごとに代替案が絞り込まれていくのが特徴である。さらに、販売する製品の種類の増加に伴って、製品ラインにおける複数の製品の最適な価格決定の問題、企業間競争の激化に伴った競争企業の価格変更への対応の問題などが価格決定における重要な問題として取り上げられるようになった。

70年代になると、当時の世界的インフレーションという状況において価格の問題がさらに重要視されるようになり、価格引下げに伴う市場占有率の変化に関するKinberg, et al.〔1974〕、価格変化の効果についての実験的考察に関するNystrom, et.al.〔1975〕といった研究が出現した。

2. Place──チャネル研究の新しい展開

チャネル研究はマーケティング研究の発生とともに古い。その系譜を簡単にたどったうえで、70年代における新しい潮流について述べることにしよう。

マーケティング研究の登場の当初から、マクロ的流通研究とミクロ的な企業行為研究が同時に登場していたことはすでに述べた（第1講）。そして、第2次世界大戦前においては、マクロ的な流通研究が主流であったが、この研究はミクロ的なチャネル政策論とのつながりを持つことになる。

当時のマクロ的流通研究は、社会的流通費の削減を目指して、関与する流通担当者やその連結構造のバリエーションに関する制度的研究がなされていたが、A. W. ShawやR. S. Butlerといったミクロ的マーケティング研究のパ

イオニアにおいて典型的に示されているように、それがミクロ的な企業の
チャネル選択の際の代替案リストというかたちでつながりを見せるのである。
Shaw〔1912〕においては、流通経路のバリエーションの分析とともに、製造
企業における自社販売員と中間商人および広告の選択と組み合わせという問
題が論じられているが、Butler は Shaw よりも早くから一連の研究において
より鮮明にチャネル選択の問題を取り上げており、流通チャネルのバリエー
ションの分析を行ったうえで、個別企業の観点からその垂直的長短選択の問
題とともに、水平的な販売業者の数に関する広狭選択問題も論じている。

　こうしたマクロ的な流通チャネルの構造分析を前提に、個別企業のチャネ
ル選択の問題を取り扱うといったタイプの研究は次第に数を増し、C. S.
Duncan〔1922〕に代表されるように 20 年代、30 年代のマクロ的教科書のな
かでも定着していく。この戦前のミクロ的なチャネル論が、チャネル選択論
とか、チャネル類型選択論といった研究群であり、戦後 D. J. Duncan〔1954〕
に引き継がれ、開放的流通、選択的流通、排他的流通という 3 つのチャネル
タイプが定式化された。

　この研究群においては、チャネルの広狭選択問題や長短選択問題と関連を
持ちながら、Converse〔1927〕のように、特に「排他的代理商」に注目しチャ
ネルの開閉問題が識別され論じられた。また、最寄品、買回品、専門品とい
う製品分類を基にチャネルの広狭選択を論じた Copeland〔1924〕の研究が出
現した。Copeland の研究は多大な影響力を持ち、戦後も長期にわたってこ
の 3 類型に関して論争が繰り広げられるとともに、より広く Aspinwall
〔1958〕、Miracle〔1965〕といった製品類型論を基礎としたマーケティング・
ミックス論の研究へと広がりを見せた。

　以上のように、長短選択、広狭選択、開閉選択といった戦前のチャネル選
択論は戦後にも引き継がれ、ミクロ的マーケティング管理論研究の 4P 的編
成において Place に関する重要な内容を構成することとなったのであるが、
McVey〔1960〕は、このチャネル選択論の非現実性を批判した。すなわち、
チャネル選択論では、製造業者が目の前のさまざまなタイプのチャネル代替
案を自分の思うとおりに選べるような想定があるが、中間商人がすべて製造

業者の提案した製品を受け入れるとは限らないと指摘し、チャネル政策は
チャネル類型を選択するだけで終わるのではなく、その管理こそが重要な問
題であるとし、チャネル研究における新たな問題を示したのである。

　しかし、McVey におけるこうしたチャネル選択論の批判に基づいた新た
な問題の指摘という連続的な流れとは違って、戦後のシステム論の隆盛を背
景に、チャネルをシステムとみなし、しかもチャネル構成員によってその統
一性の維持を目指して操作が行われる操作システムとして認識するという試
みはすでに出現していたのであり、それまでのチャネル選択論とのつながり
をほとんど持たないまま登場していた。そして、こうした研究においては、
チャネル選択の問題以上にシステムの維持という点からチャネル管理の問題
を重要視していたのである。このチャネル・システム論とでも呼べる新たな
チャネル研究の潮流は、Ridgeway〔1957〕に始まり、Berg〔1962〕、Mallen
〔1963〕を経て Stern (ed.)〔1969〕の論文集によって決定的なものとして確
立され、70 年代以降のチャネル研究の主要パラダイムとなった。

　Ridgeway においては「拡張されたシステム」、Berg においては「企業の内
部組織への論理的拡張」、Mallen においては「組織的拡張の概念」というよ
うにチャネルをみなしており、共通してチャネルの協調的側面、すなわち内
部組織的側面を強調し、そのまとまりを乱すコンフリクトの存在とその管理
を論じている。

　Stern は、こうしたチャネルのシステム的把握を、前述の論文集に収めら
れている論文でより社会学的に行った。すなわち、Stern and Brown〔1969〕
において、社会学者の T. Parsons と N. J. Smelser による共著に基づいてチャ
ネルを社会システムであると規定し、Gill and Stern〔1969〕では、システム
としてのまとまりを持つ際にシステム参加者がシステム全体のために果たす
機能、すなわち役割の概念を同じく社会学者の R. K. Merton や P. M. Blau に
依拠してチャネル分析のために導入する。さらに Beier and Stern〔1969〕では、
こうした社会システムとしてのチャネルをより操作的な側面から解明するた
めに、チャネルを積極的に統制する構成員の存在を想定し、その統制力を
チャネル・パワーと呼び、そのチャネル・パワーの基礎に関して、再び社会

学者 J. R. P. French と B. H. Raven の論文に基づいて、報酬、強制、専門性、正当性、同一視という概念を導入する。さらに Stern and Gorman〔1969〕および Stern and Heskett〔1969〕では、Ridgeway、Berg、Mallen によって指摘されていたコンフリクトとその管理の問題が論じられた。社会システム、役割といった概念を中心に論じられる場合には、システム的つながりを持ったマクロ的全体が強調され、マクロ的な流通システム研究とつながりを持ちうるが、パワー、コンフリクトといった概念が中心的に論じられる場合には、システムのメンバーの行為に焦点が当てられ、ミクロ的な行為論、特にシステム維持のための統制的行為論が問題とされる。

　こうして、社会システム、役割、パワー、コンフリクトといった社会学の諸概念によってチャネル研究を行う基礎が築かれ、60 年代における数量化の高まりが後押しとなって、70 年代はこれら諸概念の実証研究が多数輩出された。このような実証研究には、El-Ansary and Stern〔1972〕、Hunt and Nevin〔1974〕、El-Ansary〔1975〕といったパワーの存在とその源泉に関する研究、Lusch〔1976〕、Etgar〔1978〕といったパワーとコンフリクトの関係に関する研究、Rosenberg and Stern〔1971〕、Etgar〔1979〕といったコンフリクトの原因やタイプの研究、Stern, et al.〔1973, 1975〕、Brown〔1979〕といったコンフリクト管理の研究などがあり、前述の社会学的諸概念のうちでもパワーとコンフリクトに集中して研究が展開され、これらの研究は「パワー・コンフリクト論」と総称されるようになり、チャネル研究はチャネル選択の問題からチャネル管理の問題へと完全に問題移動したといえる。しかし、実証研究における概念の操作化と測定方法の多様性とともに取り上げられる組織間関係の多様性が重なって、さまざまな実証的記述はなされるものの、それらの結果を体系的に統合する理論化が進んだとはいえず、かえって研究が拡散することとなり、このパラダイムへの疑問が 80 年代に噴出することとなる。

3．Promotion
——広告研究と販売員研究の位置づけの変化とその動向

　McCarthy〔1960〕によるマーケティング・ミックス要素の定式化である 4P
概念が定着することによって、その 1 つである Promotion は、広告と販売員
以上に、それ以外の販売促進（Sales Promotion）をそのなかに含む、より広義
の意味を持つものとして一般化された。すなわち、その内容として、広告、
人的販売（販売員）、販売促進（前述の狭義の SP：クーポン、懸賞、展示会など
の広告、人的販売以外の促進活動）、そしてパブリック・リレーションとパブ
リシティといった 4 種類がプロモーション・ツールとして認識されるように
なったのである。広告と人的販売のミックスという発想はすでに戦前から議
論され実践されてきており（第 2 講）、そこにそれ以外のプロモーション・
ツールとしての販売促進活動が Promotion の名の下に含められ、さらに
Promotion においてそのコミュニケーション機能に重点が置かれるようにな
るとともにパブリック・リレーションやパブリシティもそこに含められるよ
うになったのである。こうして、戦前の伝統的各論分野であった、広告研究
（そのミクロ的部分）と販売員管理研究は、マーケティング・ミックスを前
提として、さらにその下位のプロモーション・ミックスあるいはコミュニ
ケーション・ミックスの一要素として位置づけられることとなった。

　このような位置づけのなかで、戦前に蓄積されてきたミクロ的な広告研究
は、戦後においてシステム論的関連づけと Rao〔1970〕に示されるような計
量モデルの開発が加わり、さらに進展した。こうしたミクロ的広告研究を管
理論的枠組みから体系的に整理したものとして Aaker and Myers〔1975〕があ
るが、そこでは広告に関する意思決定として、①広告目的および予算決定、
②広告表現意思決定、③広告媒体意思決定の 3 つが挙げられている。これに
広告効果測定を加えた 4 つが、戦後のミクロ的広告研究の主たる下位分野を
形成していくことになる。

　広告目的および予算決定においては Parsons and Bass〔1971〕の最適広告支

出モデル、広告媒体意思決定においては Bass and Lonsdale〔1966〕の線形計画法を用いたモデルに始まり、Aaker〔1968〕のヒューリスティックスと呼ばれる問題解決手順を用いたモデル、Little and Lodish〔1969〕の時間要素を入れた動態的モデルといったように、60 年代後半から 70 年代にかけてモデルの開発と修正が進展した。

　広告表現意思決定においては、コピー・ライティング、レイアウトといった戦前から関心がもたれていた実務家的技法論が受け継がれ、印刷技術や新たな媒体の発展に伴ったアート・ワークが追求された。

　広告効果測定においては、すでに述べたように（第 6 講）、60 年代は Colley〔1961〕による DAGMAR の影響が大きく、その考えを基にさまざまな測定手法が提示されていったのであるが、DAGMAR の特徴であった広告の効果をコミュニケーションにおける心理変容に限定した点、すなわち売上げを広告効果から切り離した点に批判が噴出した。これに答えるがごとく登場したのが Campbell〔1969〕であり、そこでは再び売上げが広告効果に連結されたうえで、実際の測定技法が詳しく紹介された。そして、この考え方は DAGMAR に対抗するがごとく、その原題の頭文字をとって MESPRO と呼ばれた。この双方の間での論争を総括し、それぞれの有用性を認めたうえで、広告全般に関して 80 年代に向かっての展望を述べたのが Ramond〔1976〕である。

　広告のマクロ的な研究は、戦前と同様経済学的分析によって継続したが、特に産業組織論的枠組みによる研究が多く輩出した。ここでは、古くからある広告批判や広告擁護の議論の流れを受けたうえで、広告と産業構造との関係に焦点が絞られた。すなわち、広告と産業における集中度、広告と参入障壁、広告と製品差別化といった関係が実証的に探究された。しかし、戦前の論争と同じように、広告がそれらを促進するという批判的立場とそのような効果は見られないとする擁護派とで、相立する状況が再び出現することとなった。この研究群は前記のようなミクロ的 4P 編成とは独立したかたちで新たな潮流を作ることになったので、ここでは詳述を省略する。

　人的販売に関しては、戦前からの中心的問題であったテリトリー決定など

の販売員編成に関して、Montgomery, et al.〔1971〕、Cravens, et al.〔1972〕、Winer〔1973〕、Fogg and Rokus〔1973〕、Lodish〔1975〕といった研究が70年代に出現し、前述の広告研究と同様にモデル化が進展した。また、Hulbert and Capon〔1972〕、Mathews, et al.〔1972〕のように、コミュニケーションや交渉といった側面への注目もさらに高まった。戦前からの実用的文献において古くから蓄積されてきた販売技術に関しては、行動科学的研究プログラムが主流となるなかで、販売活動を「応用行動科学」とし、販売技術をより学問的に体系化した著書としてBuzzotta〔1972〕が登場した。

　以上まで4回にわたって描かれた、1970年代におけるマーケティング研究の動向の全体像を示したのが図表10-1である。

第Ⅲ部

第10講

148

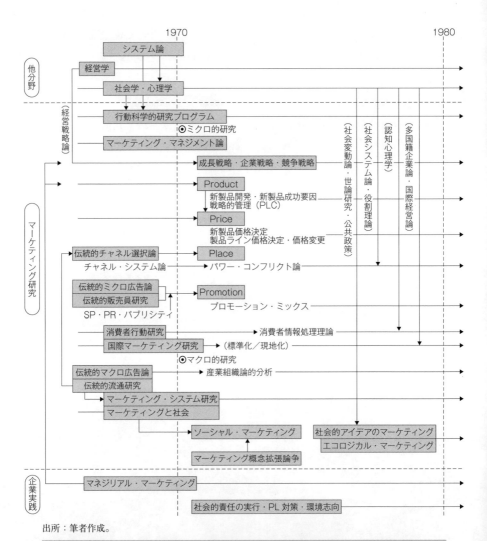

出所：筆者作成。

図表 10-1　1970 年代におけるマーケティング研究の動向

〈参考文献〉

Aaker, D. A.〔1968〕"A Probabilistic Approach to Industrial Media Selection", *Journal of Advertising Research*, 8（September）, pp.46-54.

————— and J. G. Myers〔1975〕*Advertising Management*, Prentice Hall.

Aspinwall, L.〔1958〕"The Characteristics of Goods and Parallel Systems Theories", in E. J. Kelley and W. Lazer（eds.）, *Managerial Marketing*, Richard Irwin, pp.434-450.

Bass, F. M. and R. T. Lonsdale〔1966〕"An Exploration of Linear Programming in Media Selection", *Journal of Marketing Research*, 3（may）, pp.179-188.

Beier, F. J. and Stern, L. W.〔1969〕"Power in the Channel of Distribution", in Stern, L. W.（ed.）〔1969〕, pp.92-116.

Berg, T. L.〔1962〕"Designing the Distribution System", in W. D. Stevens（ed.）*The Social Responsibilities of Marketing*, AMA, pp.481-490.

Brown, J. R.〔1979〕"Methods of Conflict Resolution: Some Empirical Results", in N. Beckwith, M. Houston, R. Mittelslaedt, K. B. Monroe and S. Ward（eds.）*Educator's Conference Proceedings*, AMA, pp.495-499.

Buzzotta, V. R.〔1972〕*Effective Selling through Psychology*, Wiley Interscience.

Campbell, R. H.〔1969〕*Measuring the Sales and Profit Results of Advertising: A Managirial Approach*, Association of National Advertisers.

Colley, R. H.〔1961〕*Defining Advertising Goals for Measured Advertising Results*, Association of National Advertisers.

Converse, P. D.〔1927〕*Selling Policies*, Prentice Hall.

Copeland, M. T.〔1924〕*Principles of Merchandising*, A. W. Shaw Co.

Cravens, D. W., R. B. Woodruff and J. C. Stamper〔1972〕"An Analytical Approach for Evaluating Sales Territory Performance", *Journal of Marketing*, 36（January）, pp.31-37.

Dean, J.〔1950〕"Pricing Policies for New Product", *Harvard Business Review*, 28（November）, pp.45-53.

Duncan, C. S.〔1922〕*Marketing: Its Problems and Methods*, D. Appleton-Century and Co.

Duncan, D. J.〔1954〕"Selecting a Channel of Distribution", in R. H. Clewett（ed.）*Marketing Channels for Manufactured Products*, Richard D. Irwin, pp.367-403.

El-Ansary, A. I.〔1975〕"Determinants of Power-Dependence in the Distribution Channel", *Journal of Retailing*, 51（Summer）, pp.59-74.

————— and L. W. Stern〔1972〕"Power Measurement in the Distribution Channel", *Journal of Marketing Research*, 9（February）, pp.47-52.

Etgar, M.〔1978〕"Intrachannel Conflict and Use of Power", *Journal of Marketing Research*, 15（May）, pp.273-274.

—————〔1979〕"Sources and Types of Intrachannel Conflict", *Journal of Retailing*, 55（Spring）, pp.61-75.

Fogg, C. P. and J. W. Rokus〔1973〕"A Quantitative Method for Structuring a Profitable Sales Force", *Journal of Marketing*, 37（January）, pp.8-17.

Gill, L. E. and Stern, L.W.〔1969〕"Roles and Role Theory in Distribution Channel System", in Stern, L. W.（ed.）〔1969〕, pp.22-47.

150

Hulbert, J. and N. Capon [1972] "Interpersonal Communication in Marketing", *Journal of Marketing Research*, 19 (February), pp.27–34.

Hunt. S. D. and J. R. Nevin [1974] "Power in a Channel of Distribution: Sources and Consequences", *Journal of Marketing Research*, 11 (May), pp.186–193.

Kinberg, Y. A., G. Rao, M. F. Shakun [1974] "A Mathematical Model for Price Promotions", *Management Science*, 20 (February), pp.948–959.

Little, J. D. C. and L. M. Lodish [1969] "A Media Planning Calculus", *Operations Research*, 17 (Jan./Feb.), pp.1–35.

Lodish, L. M. [1975] "Sales Territory Alignment to Maximize Profit", *Journal of Marketing Research*, 12 (February), pp.30–36.

Lusch, R. F. [1976] "Sources of Power: Their Impact on Intrachannel Conflict", *Journal of Marketing Research*, 13 (November), pp.382–390.

Mallen, B. E. [1963] "A Theory of Retailer-Supplier Conflict, Control, and Cooperation", *Journal of Retailing*, 39 (Summer), pp.24–32.

Mathews, H. L., D. T. Wilson and J. F. Monoky Jr. [1972] "Bargaining Behavior in a Buyer-Seller Dyad", *Journal of Marketing Research*, 9 (February), pp.103–105.

McCarthy, E. J. [1960] *Basic Marketing: A Managerial Approach*, Richard D. Irwin.

McVey, P. [1960] "Are Channnels of Distribution What the Teachers Say?", *Journal of Marketing*, 24 (January), pp.61–65.

Miracle, G. E. [1965] "Product Characteristics and Marketing Strategy", *Journal of Marketing*, 29 (January), pp.18–24.

Montgomery, D. B., A. J. Silk and C. E. Zaragoza [1971] "A Multiple-Product Sales Force Allocation Model", *Management Science*, 18 (December), pp.3–24.

Nystrom, H., H. Tamsons and R. Thams [1975] "An Experiment in Price Generalization and Discrimination", *Journal of Marketing Research*, 12 (May), pp.177–181.

Oxenfeldt, A. R. [1960] "A Multi-State Approach to Pricing", *Harvard Business Review*, 38 (July/August), pp.125–133.

Parsons, L. J. and F. M. Bass [1971] "Optimal Advertising: Expenditure Implications of a Simultaneous-Equation Regression Analysis", *Operations Research*, 19 (May/Jun.), pp.822–831.

Ramond, C. [1976] *Advertising Research: The State of the Art*, Association of National Advertisers.

Rao, A. G. [1970] *Quantitative Theories in Advertising*, Wiley.

Ridgeway, V. F. [1957] "Administration of Manufacturer-Dealer Systems", *Administrative Science Quarterly*, 1 (March), pp.464–483.

Rosenberg, L. J. and L. W. Stern [1971] "Conflict Measurement in the Distribution channel", *Journal of Marketing Research*, 8 (November), pp.437–442.

Shaw, A. W. [1912] "Some Problems in Market Distribution", *Quarterly Journal of Economics*, 26 (August), pp.706–765.

Stern, L. W. (ed.) [1969] *Distribution Channels: Behavioral Dimensions*, Houghton Mifflin.

————— and J. W. Brown [1969] "Distribution Channel: A Social Systems Approach", in L. W. Stern (ed.) [1969], pp.6–19.

151

———— and R. H. Gorman〔1969〕"Conflict in Distribution Channels: An Exploration", in L. W. Stern（ed.）〔1969〕, pp.156-175.

———— and J. L. Heskett〔1969〕"Conflict Management in Interorganization Relations: A Conceptual Framework", in L. W. Stern（ed.）〔1969〕, pp.288-305.

————, B. Sternthal and C. S. Craig〔1973〕"Managing Conflict in Distribution Channels: A Laboratory Study", *Journal of Marketing Research*, 10（May）, pp.169-179.

————, B. Sternthal and C. S. Craig〔1975〕"Strategies for Managing Interorganizational conflict: A Laboratory Paradigm", *Journal of Applied Psychology*, 60（August）, pp.472-482.

Winer, L.〔1973〕"The Effect of Product Sales Quotas on Sales Force Productivity", *Journal of Marketing Research*, 10（May）, pp.180-183.

第Ⅲ部

第10講

コラム　第Ⅲ部の時代の日本

　1950年代、60年代を通しての高度経済成長期の日本のマーケティングを支えた大衆消費市場、すなわち標準化されたマス・マーケットの登場は、むしろ日本の経済史の中の1つの例外的な時期であった。本来、日本の市場は、伝統的市場と明治以後の西洋的市場の二重性を持ち、明瞭な四季の移り変わり、地域市場ごとの違い、品質に神経質な顧客といった要因によって、きわめて異質性が高く標準化に向かない市場であったといえる。それが戦後にテレビの登場などによって強烈にアメリカ的生活様式が日本人共通のあこがれとなった。そして、その生活に登場する三種の神器（白黒テレビ・洗濯機・冷蔵庫）などのさまざまな耐久消費財は、戦後日本に開花した新産業だったのであり、とりあえず人々はそれを手に入れることを目標として、標準化された製品にも抵抗がなかったものと思われる。しかしこの状況も、70年代になって日本の消費者がかなりの所得水準になるとともに、崩壊してくる。特に70年代に消費のリーダーになった団塊の世代は、大量生産品には関心を示さず、「気まぐれ市場」を生み出した。

　このようなときに、1971年のドル・ショックに始まり1973年に変動相場制に移行したことによる急激な円高、そして1973年秋の第1次オイル・ショックによって、これまでの高度経済成長の時代は終わりを告げる。円高により価格競争力を失った日本の輸出企業は、やむなく再び異質性を増してきた日本市場に対面し、製品多様化のなかでいかに規模の経済性を実現するかを真剣に考えねばならなくなり、この景気後退期における企業存続をかけた苦闘のなかから生み出されたのが、後に「リーン生産方式」、あるいは「フレキシブル生産システム（FMS）」と呼ばれるようになる生産方式であった。この原型は、トヨタ自動車によって開発され、「トヨタ方式」とか「ジャスト・イン・タイム方式（JIT）」と呼ばれ、1960年代を通して開発された方式であり、

高質な労働力に支えられたきわめて単純な「カンバン方式」のようなシステムからなっていたので、これを高度な情報技術によって改善することは可能であった。それゆえ、1970年代後半に、トヨタの生産システムが日本企業に対して公開されてからは、さまざまなバージョンのFMSが続出することになり、一般化していったのである。

　自動車の生産方式は、フォードによる一車種大量生産、GMによる多車種大量生産という発展を示してきたが、トヨタの生産方式はそれまでにない独特のものであり、多車種ということでGMの方式に似ているが、トヨタ方式における後工程引き取りと小ロット主義は、要素技術を関連付けてまとめ上げる「メタ技術」における改革であった。これは、正確な需要予測に基づく生産量の指示というトップ・ダウン型の大量生産とは違って、多様な製品の選択肢を示したうえで、さまざまな顧客からの注文に応じてその都度生産を行いながらも大量生産的メリットを実現するというボトム・アップ的方向を持った生産方式なのである。

　そして、このFMSの確立は、日本企業に本格的な製品多様化による適応的マーケティング・システム（AMS）を執らせることとなった。前述のように、日本の市場は本来異質性が高く、高度経済成長期に登場した同質的市場においても、日本のマーケティングにおける市場への微調整は失われてはいなかった。しかし、70年代になって日本の市場がその異質性を増してくるとともに、企業は本格的な製品多様化を必然的に行うようになる。これは、似通った企業間での競争が激しくなるなかで、成長期に形成されたシェア拡大の効果が意識されたため、各企業が最大シェアを維持して成長し続けるためには、小規模のセグメントといえど無視できず、ライバル企業がそれらのセグメントに飛びつく限り、自分も対抗して同様のフルライン戦略をとらざるを得なくなったためである。しかし、このFMSは、大量生産者の製品と価格上で競争できる場合に有効なのであり、まさにFMSの確立がAMSを可能にさせたといえる。

　こうして、FMSとAMSの融合によって、日本的マーケティングが意識的に展開されていくのであるが、これは国外市場における日本企業の競争力を

高めることとなり、日本企業は積極的に海外市場に進出しだすようになる。こうして、ドル・ショック、2度のオイル・ショックにもかかわらず、日本企業はそのグローバル化を進展させ、70年代の後半には自動車を中心とする輸出ラッシュが到来する。これは、海外市場、特にアメリカ市場が、高い価格弾力性があり多様な顧客層が出現していたにもかかわらず、アメリカ企業はそれに気が付かず、特定のセグメントへの海外からの参入を容易にしたためであった。こうしたアメリカの油断は他の市場にも出現しており、まさに、日本企業のマーケティングは、アメリカ市場にきわめてよくマッチしたのであり、激烈な競争を勝ち抜いてアメリカ市場を席捲していったのである。

第 **IV** 部

1980 年代以降における

マーケティング研究の動向

1980年に、アメリカはインフレ率、失業率ともに10%を超え、経済はマイナス成長となった。81年に大統領となったR. W. Reaganは、物価安定のための厳しい金融政策と、内需拡大を目指した大型減税を実施した。いわゆるレーガノミクスである。その結果、確かにインフレ率は下がり内需も拡大したが、2桁の金利上昇によりドル高となって輸入が拡大し、減税のうえに「強いアメリカ」を印象づけるための巨額の防衛支出によって財政赤字となり、双子の赤字状態が現出した。次のG. H. W. Bush政権下の1991年には、一時的に貿易赤字は解消したが財政赤字はさらに拡大した。それを引き継いだW. J. Clinton政権下では、1998年に財政赤字は解消したものの貿易赤字は再び拡大し、次のG. W. Bush政権下ではイラク戦争の戦費拡大などによって再び財政赤字となり、双子の赤字が継続することになる。

この間、世界の政治情勢は大きく転換した。1985年にソ連の書記長に就任したM. S. Gorbachevは、ソ連の政治経済の抜本的改革を目指してペレストロイカ（改革）とグラスノスチ（情報公開）を断行した。それによって、市場経済化を推し進め、1990年には強力な権限を持つ大統領制を導入し、自身が大統領に就任した。1991年に守旧派のクーデターが起きて軟禁されたが、民衆の抵抗にあって短期間でクーデターは失敗に終わった。この間、バルト3国をはじめほとんどの共和国がソ連から離脱し、同年12月にロシア共和国大統領のB. N. Yeltsinを中心に、11の共和国が独立国家共同体を結成する。ここに連邦国家ソ連は消滅することとなり、Gorbachevもソ連の大統領を辞任する。これ以前、1989年11月にはベルリンの壁が崩壊しており、戦後長く続いた東西冷戦構造は終結することとなった。

このような世界情勢のうねりの中で、80年代以後のアメリカ経済は、前述の双子の赤字を抱えながら、レーガン政権下の82年の不況、91年の父親Bush政権下の不況、2001～02年の息子Bush政権下の不況、そしてリーマンショック後に起きた2009年のObama政権下の不況と、4回の不況を経験しつつも、80年代の低成長から抜け出し、90年代以降は回復の兆候を示してきた。特に90年代のClinton政権下では不況はなく、アメリカ史上最長の景気拡大、株価上昇を記録し、失業率もイン

フレ率も低下する「繁栄の 90 年代」を実現した。ここには、さまざまな
要因が影響している。90 年には統一ドイツができて周辺の需要の高まり
によってアメリカからの輸入も増える一方、日独両国の対アメリカ輸出は
減り、87 年から 91 年にかけて貿易収支の赤字は半減した。バブル崩壊
後の日本の破綻した銀行やレジャー施設などをアメリカのヘッジ・ファン
ドが買いあさり、巨額の利益を上げた。90 年代後半からは IT 革命によ
る設備投資が盛り上がり、経済成長を押し上げた。IT 景気は 2000 年頃
には崩壊したが、2002 年頃からは民間の住宅投資が好調となる。この
後リーマンショックが起きるが、Obama 政権の適切な対応によって V
字回復に近い急激な回復を見せた。

　こうしたアメリカの経済の潮流の中で、マーケティング行為にも変化が
現れる。第 1 に、サービス企業のマーケティングへの関心の高まりであ
る。1970 年代に第 3 次産業の就業者が急増してそのシェアが最大になっ
て以来、80 年代以降は、産業別 GDP 構成比におけるサービス生産部門
比率が急激に増大し、特に金融・保険・不動産とその他サービスの構成比
の増加が目立っていく。こうした動向とともに、さまざまなサービス企業
では、サービス業特有である顧客との直接的対面の場におけるマーケティ
ングの重要性が認識されていった。第 2 に、そうしたサービスへの注目
とともに、80 年代の景気低迷の中、顧客維持のための関係性の構築に対
する関心が高まった。そこでは、ロイヤルティの高い顧客と、そうした顧
客の再購買の継続による顧客生涯価値が問題の中心となった。第 3 に、
90 年代以降の ICT の発展によって、さまざまな新しいマーケティング手
法と新しいビジネス・モデルが生み出されていくことになった。

第11講

マーケティング研究の方法に関するメタ論争
──マーケティング方法論論争

第10講では、1970年代におけるマーケティング研究の動向のうち4P論的各論における新動向について、既述のProductを除く他の3つの各論における動向が述べられた。そこでは、以下のような動向が確認された。① Priceの問題は、新製品開発研究との関連で新たに浮上し、そしてもともと価格決定は他のマーケティング手段と結合して論じられるのが常であったが、70年代の世界的インフレーションにおいては価格の問題がさらに重要視された。② Placeでは、戦前におけるチャネル選択論とは別に、戦後のシステム論の隆盛を背景に、チャネル選択後のチャネル管理の問題が浮上し、70年代は、L. W. Sternによって「パワー・コンフリクト論」が新たな研究動向を作り上げた。③ Promotionでは、プロモーション・ミックスの名の下に、戦前の広告と販売員研究が引き継がれ、狭義のSP、そしてパブリック・リレーションとパブリシティもそこに位置づけられることとなり、伝統的研究領域である広告および販売員研究は、ともに戦後の管理論的志向と数量化の潮流の下で、モデルの開発と修正が進展した。

第11講からは、第Ⅳ部として5回にわたり、80年代以降の新たな研究の潮流に焦点が当てられる。まずは、これらの動向に大きな影響を与えたと思われるメタレベルでの方法論争について論じていく[1]。

---

1)　以下の論述は、堀越〔2005〕第7章からの抜粋である。

1. 第1次マーケティング方法論論争

　戦後まもなくに展開されたマーケティング・サイエンス論争、70年代の
マーケティング概念拡張論争に続いて、80年代になってから90年代中頃ま
で高まりを見せたメタ論争がマーケティング方法論論争である。そこでは、
マーケティング・サイエンス論争におけるマーケティング研究の方法に関す
る問題が再度論議されたが、科学哲学における科学方法論の成果をベースに
したより詳細な議論が展開された。これが、この論争を「方法論争」ではな
く「方法論論争」と呼ぶ理由である。この論争の全体像を示したものが図表
11-1（堀越〔1997〕p.93）である。

　Hunt〔1976a〕は、「マーケティングの性質と領域」と題された論文によって、
当時ちょうど高まりを見せていた「マーケティング概念拡張論争」を整理す
べく、①営利−非営利、②ミクロ−マクロ、③実証的−規範的という3つの
軸の組み合わせからなるモデルを提唱した。このモデルの提唱は、より以前
のメタ論争である「マーケティング・サイエンス論争」の解決ということも
意図されていた。すなわち彼の解答は「もしマーケティングの適切なる領域
が、少なくとも実証的次元を含むように拡大されるなら、それらの現象の説
明、予測、理解は科学でありうる」とし、その実証的な領域の研究が、「①
実在世界から引き出された特異な研究対象をもち、その記述と分類がなされ、
②その研究対象に関して一様性と規則性があるという仮定があり、③その研
究対象を研究するうえでの科学的方法の採用」（Hunt〔1976a〕p.27）があれば
科学であるとし、現在のマーケティング研究は、この3つの条件を満たして
いるがゆえに科学といえる、というものであった。しかし、この科学の条件
のうち最も重要なのは③であるとしながらも、「科学的方法の詳細な説明は
この論文の領域を超えており、別の機会に議論される」（ibid., p.26）とした
のであった。

　この残された課題に答えるべく執筆されたのが彼の初めての著書『マーケ
ティング理論』（Hunt〔1976b〕）であり、そこで彼は、「本書の哲学的志向は、

第
１
次
マ
ー
ケ
テ
ィ
ン
グ
方
法
論
論
争

Hunt〔1976a〕, Hunt〔1976b〕
『マーケティング理論』

Bush & Hunt（eds.）〔1982〕
「マーケティング理論：科学哲学的視点」

『ジャーナル・オブ・マーケティング』1983 秋季号
Anderson〔1983〕, Deshpande〔1983〕, Peter & Olson〔1983〕, Hunt〔1983〕

Anderson & Ryan（eds.）〔1984〕
「マーケティングにおける科学的方法」

第
２
次
マ
ー
ケ
テ
ィ
ン
グ
方
法
論
論
争

客観性論争	実在論論争	実証主義論争
Hirschman〔1986〕	Anderson〔1986〕	Firat〔1985〕
Hudson & Ozanne〔1988〕	Cooper〔1987〕	Fullerton〔1987〕
Belk, Sherry & Wallendorf〔1988〕	Anderson〔1988a〕	Kumcu〔1987〕
	Siegel〔1988〕	Monieson〔1988〕
Holbrook〔1987〕	Anderson〔1988b〕	Dholakia〔1988〕
Kernan〔1987〕		Hunt〔1989b〕
Calder & Tybout〔1987〕	Hunt〔1990〕	Monieson〔1989〕
Holbrook & O'Shaughnessy〔1988〕	Peter〔1992〕	Hunt〔1991b〕
		Levin〔1991〕

Zinkhan & Hirschheim〔1992〕
Hunt〔1992〕

Hunt〔1983〕, Hunt〔1989a〕

出所：筆者作成。

図表 11-1　マーケティング方法論論争の展開

現代の科学哲学を支配しているとみられる、今日的、現代的な経験主義ある
いは論理経験主義として描きうる」（Hunt〔1976b〕、訳、p.2）と述べ、本格的
な科学哲学的成果のマーケティングへの導入を開始したのである。そして、
これが「マーケティング方法論論争」の幕開けであった。
　しかし、前述のように、実質的論争が開始されたのは、80 年代になって
からのことである。これは、科学哲学という分野の成果に他の論者が追いつ
くためには、しばらくの学習時間が必要だったということかもしれない。と
もかく、その当初の状態は、Hunt と対立する論者が自分の学習した科学観

を一方的に提示するという段階であった。すなわち、P. F. Anderson、J. P. Peter、J. C. Olson、R. Deshpande といった Hunt とは違った科学観を主張する論者の顔ぶれが出揃った、いわば論争の舞台作りの段階であった。この段階は、1982 年の「マーケティング理論：科学哲学的視点」と題された AMA 主催の会議の議事録（Bush and Hunt〔1982〕）から始まり、翌 1983 年の『ジャーナル・オブ・マーケティング』の秋季号における特集を経て、1984 年の P. F. Anderson が編者となった「マーケティングにおける科学的方法」と題された議事録（Anderson and Ryan〔1984〕）あたりまでであり、この 80 年前半の論争を、ここでは「第 1 次マーケティング方法論論争」と呼ぶ。

　1982 年の議事録で、Hunt は自分の当初の立場である論理経験主義の立場を微妙に修正しだし、自らの立場を科学的実在論と公言するようになる。この議事録において、P. F. Anderson、J. P. Peter、J. C. Olson といった Hunt の科学観とは対立する論者が登場するが、その科学観が明示されたのは 1983 年の『ジャーナル・オブ・マーケティング』の秋季号においてであり、それらに対する Hunt の返答が 1984 年の議事録に掲載されるというふうに論争のかたちが出来上がるのである。

2．第 2 次マーケティング方法論論争

　80 年代の後半になって、さらに多くの論者が論争に参加し、しかも相手の主張を受けたうえで、それに対する批判が述べられるというかたちで、論争が本格的に展開した。そして、この論争は、消費者行動研究という具体的な領域における方法論論争を主軸とし、『ジャーナル・オブ・コンシューマー・リサーチ』誌上での活発な論争が加わることになった。この 80 年代後半以後の論争の段階を、ここでは第 2 次方法論論争と呼ぶことにする。

　第 2 次方法論論争は、その論争の焦点となる問題から大きく 3 つの論争群が識別できる。第 1 は、Anderson〔1986〕、Cooper〔1987〕、Anderson〔1988a〕、Siegel〔1988〕、Anderson〔1988b〕という『ジャーナル・オブ・コンシューマー・

リサーチ』誌上での論争を中心に、これを受けての Hunt〔1990〕、Peter〔1992〕、Zinkhan and Hirschheim〔1992〕、Hunt〔1992〕という『ジャーナル・オブ・マーケティング』誌上での論争へとつながる論争群であり、ここではこれを「実在論論争」と呼ぶ。第 2 に、Hirschman〔1986〕、Hudson and Ozanne〔1988〕、Belk, et al.〔1988〕らによって提唱された、人文主義的研究、解釈的研究、自然主義的研究といった研究方法の強調の流れとともに、『ジャーナル・オブ・コンシューマー・リサーチ』誌上で繰り広げられた、Holbrook〔1987〕、Kernan〔1987〕、Calder and Tybout〔1987〕、Holbrook and O'Shaughnessy〔1988〕という論争および、これを受けた Hunt〔1989a, 1993〕という論争群であり、これを、「客観性論争」と呼ぶ。そして第 3 は、上述の 2 つの論争で用いられた「実証主義（positivism）」という用語の誤用と、そこから発生した実証主義の物象化（reification）に関する論争群で、Firat〔1985〕、Fullerton〔1987〕、Kumcu〔1987〕といったマーケティング史研究を強調する研究者達による実証主義批判の高まりを受けた Monieson〔1988〕、Dholakia〔1988〕、Hunt〔1989b〕、Monieson〔1989〕、Hunt〔1991b〕、Levin〔1991〕、Zinkhan and Hirschheim〔1992〕、Hunt〔1992〕といった論争群であり、これらを「実証主義論争」と呼ぶ。

　この第 2 次方法論論争では、実在→真理→客観性→実証主義ではない経験主義という連関を是認する Hunt と、実在の多様性あるいは否定→真理の多様性あるいは否定→主観化の是認→相対主義という連関を主張する反論者達の間で、このプロセスの各段階でのより詳細な議論が展開されたといえる。

　まず、実在論論争においては、「身体外的な外部世界として実在を認めるかどうか」ということと、「実在と知識の対応をどう取り扱うか」ということが主たる問題として論じられ、実在→真理という関連を主張する Hunt と、実在の多様性あるいは否定→真理の多様性あるいは否定という関連を主張する反対者という構図が見てとれた。論争の経過とともに、この問題に関しては、実在をそのまま正確に写しとれるとするような素朴な古典的経験主義の立場はどちらもとらないということが確認され、観察、事実、データなどに対する理論の認識論的先行性としての理論負荷性については、その程度の違いはあれ共有されている。すなわち、ここでは両陣営の類似点が以前以上に

明らかになってきている。

　このような類似点が明らかになってくると、理論負荷性の度合いをどのように評価するのかということが、新たな問題として登場してくる。そして理論負荷性を過度に強調し、共約不可能性を主張する時に、そこに相対主義が生じてくるのであり、そこから、さらに客観性批判と経験主義批判が生じてくる。共約不可能性を主張する相対主義は客観性や経験における共通性や普遍性を認識できないことになるからである。こうなると、それまで共通の方法論的根拠であるとされてきた経験主義や実証主義に対する批判が生じうるのであり、それに替わる方法として、主観主義的方法や、歴史的方法が主張されることになり、前者の方法を擁護する動きから客観性論争が生じ、後者の方法を擁護する動きから実証主義論争が展開されたといえる。

３．３つの論争群の思想的背景

　まず、実在論論争の背景には、科学哲学におけるポスト経験論の台頭とそれによる伝統的な科学観のゆらぎがある。ここで、科学哲学の展開を簡単に述べておこう。

　科学哲学が追究する問題は、人間の正確なあるいは真なる知識の性格づけという問題であり、その意味で科学哲学の問題は哲学の成立とともにあったといえる。しかし、この知識の性格づけに関する研究は、16 世紀から 17 世紀にかけてのいわゆる科学革命が起こった後で、科学的知識の性格づけの問題として展開していくこととなる。それゆえ、科学哲学は最広義には、R. Descartes の合理論と J. Lock の経験論を経て I. Kant によって統合された 18 世紀の認識論以後の研究、広義にはいわゆる科学方法論というかたちで議論を展開した 19 世紀の新カント派以後の研究を指す場合もあるが、一般的には 20 世紀の 10 年代に発生した分析哲学以後の研究を意味するのが常である。

　分析哲学は、かなり広い範囲の諸哲学を包括しており、大きく、①ケンブリッジ分析学派、②論理実証主義（ウィーン学派）、③再構成主義、④日常言

語学派（オックスフォード学派）の４つからなる。このうち、大きな影響力を持ったのが、論理実証主義であり、ケンブリッジ分析学派の B. Russel、前期 L. Wittgenstein における論理的原子論および還元的分析理論を基に、E. Mach の感覚論的実証主義を受け継いで、M. Schlick が中心となって形成された。この立場の特徴は、「意味の検証理論」あるいは「検証（verification）」という科学と形而上学の境界設定基準にある。

　この論理実証主義の境界設定基準のなかに、帰納論理の再現を見てとったのが K. R. Popper であり、彼は帰納の論理があり得ないことを示し、新たな境界設定基準として「反証（falsification）」と、反証の決定に際しての「方法論規則」という考えを中心とした批判的合理主義を提唱したのである。この Popper の批判に対して、論理実証主義の構想を「確証」（Confirmation）という弱められた基準として追究しようとする再構成主義の R. Carnap らによる論理経験主義という流れが継続したにもかかわらず、Popper の主張は、決定的に重要な側面を持っており、「かつての少数批判者が理性的吟味を通じて多数意見に転ずる、という栄光を Popper は担いつつある」（伊東（編）〔1971〕p.469）と言える。

　しかし、Popper の主張は、論理実証主義や論理経験主義との対決という問題状況においてはほぼ完全な勝利をおさめたにもかかわらず、科学史という別の側面からの批判を浴びることとなった。それを行ったのが T. Kuhn である。この Kuhn やそれ以前に「観察の理論負荷性」を強調した N. R. Hanson らの登場以後、Popper まで保持されてきた科学の特徴づけとしての経験主義の側面が批判され、科学哲学は「ポスト経験論」あるいは「新科学哲学」と呼ばれる新たな局面を迎えることとなる。

　Kuhn と Popper との相違は、第１にその中心的概念である「パラダイム」という用語の提出とともに主張された「通常科学」の指摘である。この通常科学における科学者のなすべきことは、特定の準拠枠としてのパラダイムを保持したうえでの、その応用的な精緻化としての「パズル解き」である。これは、常に理論を危険にさらしていくという Popper の態度とは相容れない。しかし Kuhn はこの主張を、単なる歴史記述的主張として以上に、科学的進

歩の条件として述べているのである（Kuhn〔1970〕p.237）。それゆえ、両者の対立は決定的となる。次に、Popper の主張との類似点が多く見られると思われる、Kuhn が「異常科学」と呼ぶところの科学の側面であるが、ここにおいても Popper との重要な相違点が存在する。すなわちそれは、「共約不可能性」の主張であり、そこから生じる理論選択における相対主義的、非合理的色彩である。

　この、「通常科学」と「共約不可能性」という Kuhn における Popper との相違点を中心に、いわゆる「Popper ／ Kuhn 論争」がなされたわけであり、この論争のなかから登場したのが、I. Lakatos であり P. K. Feyerabend である。すなわち、「通常科学」および「共約不可能性」という点と知識の進歩という点をどのように調停するかという問題に対して、Lakatos は科学的研究プログラムの方法論（M. S. R. P）、Feyerabend はアナーキズムという解答を提示したのであった。Lakatos においては、研究プログラム間の比較が可能であるとし科学における合理性を保持したが、Feyerabend は「なんでもかまわない」という徹底的に相対主義的な科学観を提示したのであり、これまでの科学観における客観性や合理性という特徴が大幅に揺さぶられることとなった。まさに、こうした科学哲学における新たな展開を背景に、マーケティング研究の方法に関して議論がなされたのが実在論論争だったのであり、マーケティング方法論論争の中心に位置しているといえる。

　次に、客観性論争であるが、この論争の背後には、西欧の古くからの知的潮流を形作っている解釈学的潮流と、それと結びついた新カント派の方法二元論が存在する。これは、前述の実在論論争と深く結びついており、ポスト経験主義の相対主義的科学観の出現によって正統的な科学観が揺さぶられた下でこそ出現したといえる。

　解釈学は、科学的知が出現する前から西欧の知的伝統を形作っていた。それは、聖書や古典的文献を読み解く技法論として展開されていたのであり、その個別分野として神学的解釈学、文献学的解釈学、法学的解釈学などが確立していた。これらの個別分野を統合して一般解釈学を樹立しようとする試みは 17 世紀頃に生まれるが、一般解釈学の樹立は 19 世紀のドイツにおいて

F. E. D. Schleiermacher によってなされたとするのが常である。Schleiermacher においては聖書解釈の延長として一般解釈学が提唱されたのであるが、それを受け継いだ W. Dilthey においては、その当時の知的な問題状況に対する回答として一般解釈学が提唱されることとなる。すなわち、Dilthey の解釈学への関心は、「人文学的な認識や歴史認識に固有なものを規定すること、およびそうした領域に特有な主題と目的と方法を明らかにすること、しかも、自然科学のみが『客観的認識』を供給しうるという確信に対抗し、それに挑むというしかたで、明らかにすること」（Bernstein〔1983〕、訳、p.250）という問題から生じていたのである。前述の新カント派におけるドイツ西南学派においても、この問題は共有されていたのであり、Dilthey はこの西南学派の W. Windelband との論争のなかで彼の一般解釈学を確立するのである。このように、解釈学はもともと自然科学をモデルとした経験主義的科学観に対する反動として展開したという歴史を持っているのである。そして、この解釈学は、Dilthey から M. Heidegger を経て、1960 年に H. G. Gadamer が『真理と方法』を発表するに至って再び脚光を浴びることとなる。そして、ほぼ同時期、1958 年には P. Winch の『社会科学の観念およびその哲学との関係』が出版されており、後期の Wittgenstein との関連を持ちながら、正統的な自然主義的科学観とは違った社会科学固有の方法の復権が主張されている。さらに、科学哲学における Kuhn の『科学革命の構造』が出版されたのが 1962 年であり、前述のように科学哲学における経験主義的科学観に揺さぶりがかけられたのである。これらの流れが同時に進行し、多くの論者を巻き込んで論争が展開されるとともに、1970 年代以後に正統的な経験主義的科学観に対する反動はさらに大きなうねりとなっていく。まさにこの知的潮流の影響の下に、消費者行動研究においても、主流派の自然科学的な実証的研究とは違った研究として、消費経験の解釈的研究の意義が叫ばれたのであり、その方法論的妥当性に関して客観性論争が展開されたといえる。

　最後に実証主義論争であるが、この論争の背後には、経済学において 19 世紀のドイツに登場したドイツ歴史学派の歴史的研究の強調と、同時期のドイツの哲学に登場した前述のドイツ西南学派の方法二元論的科学観、さらに

マルクス経済学的観点が存在している。

　ドイツ歴史学派は、ドイツにおいて古典派経済学批判というかたちで登場した。W. G. F. Roscher、K. Knies、B. Hildebrand といった前期歴史学派と、G. Schmoller、A. H. G. Wagner、W. Sombart といった後期歴史学派があり、後者は、膨大な歴史研究を具体的に生み出し、ドイツ社会政策学会を立ち上げ改良的政策を積極的に提言した点が前者と異なるが、社会科学において歴史的研究を重視する点では共通している。しかし、歴史的研究を重視する度合いは論者によって異なっており、理論的研究の無意味さを強調する Knies、Hildebrand、Schmoller といった過激派と、その意義をある程度認めている Roscher、Wagner、Sombart といった穏健派が混在している（馬渡〔1990〕p.135）。すでに述べたように（第 1 講）、ドイツ歴史学派はマーケティング研究が登場する際に大きな影響を与えた知的背景であり、それが 1980 年代の実証主義論争においてまた復活したといえるが、その理由は、1983 年にマーケティング史学会（Conference on Histrical Research in Marketing and Marketing Thought）が設立されてからの 80 年代以降における歴史的研究の高まりであった。さらに、ドイツ西南学派は、解釈学の時と同様にドイツ歴史学派に影響を与えていたのであり、実証主義論争においてもその方法二元論的主張が再現されている。そして、Monieson〔1988〕が、マーケティング研究が実証主義的な研究による見せかけの数学化や適切さを欠いた厳密性の追究という本物ではない研究の推進によって主知化していると指摘し、その主知化を物象化（reification）であると述べるとき、そこにはマルクス経済学的背景が見受けられるのである。

　以上のように、方法論論争が展開し始めた 80 年代は、解釈学や新科学哲学の台頭、社会科学方法論の復活によって、正統派的経験主義の科学観への批判が大きなうねりとなった 1970 年代の余韻が残っていた時期であり、その援護を受けてマーケティング研究において方法論論争が展開したといえる。そして、戦後のマーケティング・サイエンス論争を発端に、マーケティング研究の科学化に向かって研究が推進されるとともに、研究の画一化とそれによる停滞感が少なからず感じられ始めたのも 80 年代だったのであり、マー

ケティング方法論論争は、この状況を打ち崩し、新たなタイプの研究動向を
生み出すきっかけとなったといえる。

〈参考文献〉

Anderson. P. F.〔1983〕"Marketing, Scientific Progress and Scientific Method", *Journal of Marketing*, 47（Fall）, pp.18-31.

―――― and M. J. Ryan（eds.）〔1984〕*Scientific Method in Marketing*, AMA.

――――〔1986〕"On Method in Consumer Research: A Critical Relativist Perspective", *Journal of Consumer Research*, 13（Sept.）, pp.155-173.

――――〔1988a〕"Relative to What-That is the Question: A Reply to Siegel", *Journal of Consumer Research*, 15（June）, pp.133-137.

――――〔1988b〕"Relativism Revidivus: In Defense of Critical Relativism", *Journal of Consumer Research*, 15（Dec.）, pp.403-406.

Belk, R. W., J. F. Sherry, Jr. and M. Wallendorf〔1988〕"A Naturalistic Inquiry into Buyer and Seller Behavior at a Swap Meet", *Journal of Consumer Research*, 14（March）, pp.449-470.

Bernstein. R. J.〔1983〕*Beyond Objectivism and Relativism: Science, Hermeneutics, and Praxis*, University of Pennsylvania Press.（丸山高司・木岡伸夫・品川哲彦・水谷正彦訳〔1990〕『科学・解釈学・実践――客観主義と相対主義を超えてI・II』岩波書店）

Bush, R. F. and S. D. Hunt（eds.）〔1982〕*Marketing Theory: Philosophy of Science Perspective*, AMA.

Calder, B. J. and A. M. Tybout〔1987〕"What Consumer Research Is . . .", *Journal of Consumer Research*, 14（June）, pp.136-140.

Cooper, L. G.〔1987〕"Do We Need Critical Relativism? Comments on 'On Method in Consumer Research'", *Journal of Consumer Research*, 14（June）, pp.126-127.

Deshpande, R.〔1983〕"Paradigms Lost on Theory and Methodo in Research in Marketing", *Journal of Marketing*, 47（Fall）, pp.101-110.

Dholakia, N.〔1988〕"Interpreting Monieson: Creative and Destructive Tensions", *Journal of Macromarketing*, 8（Fall）, pp.11-14.

Firat, A. F.〔1985〕"Ideology vs. Science in Marketing", in N. Dholakia and J. Arndt（eds.）, *Changing the Course of Marketing: Alternative Paradigms for Widening Marketing Theory*, JAI Press, pp.135-146.

Fullerton, R. A.〔1987〕"The Poverty of Ahistorical Analysis: Present Weakness and Future Cure in U.S. Marketing Thought", in A. F. Firat, N. Dholakia and R. P. Bagozzi（eds.）, *Philosophical and Radical Thought in Marketing*, Lexington Books, pp.97-116.

Hirschman, E. C.〔1986〕"Humanistic Inquiry in Marketing Research: Philosophy, Method and Criteria", *Journal of Marketing Research*, 23（August）, pp.237-249.

―――― and M. B. Holbrook〔1992〕*Postmodern Consumer Research: The Study of*

Consumption as Text, Sage Publications.

Holbrook, M. B.〔1987〕"What is Consumer Research?", *Journal of Consumer Research*, 14（June）, pp.128-132.

──── and J. O'Shaughnessy〔1988〕"On the Scientific Status of Consumer Research and the Need for and Interpretive Approach to Studying Consumption Behavior", *Journal of Consumer Research*, 15（Dec.）, pp.398-402.

堀越比呂志〔1997〕「マーケティング方法論論争の展開とその知的背景──その1」『青山経営論集』32巻2号、pp.91-108。

────〔2005〕『マーケティング・メタリサーチ──マーケティング研究の対象・方法・構造』千倉書房。

Hudson, L. A. and J. L. Ozanne〔1988〕"Alternative Ways of Seeking Knowledge in Consumer Research", *Journal of Consumer Research*, 14（March）, pp.508-521.

Hunt. S. D.〔1976a〕"The Nature and Scope of Marketing", *Journal of Marketing*, 40（July）, pp.17-28.

────〔1976b〕*Marketing Theory: Conceptual Foundations of Research in Marketing*, Grid, Inc.（阿部周造訳〔1979〕『マーケティング理論』千倉書房）

────〔1978〕"A General Paradigm of Marketing: In Support of the '3-Dichotomies Model'", *Journal of Marketing*, 42（April）, pp.107-110.

────〔1983〕"General Theories and the Fundamental Explananda of Marketing", *Journal of Marketing*, 47（Fall）, pp.9-17.

────〔1984〕"Should Marketing Adopt Relativism?", in Anderson and Ryan〔1984〕, pp.30-34.

────〔1989a〕"Naturalistic, and Interpretive Inquiry: Challenges and Ultimate Potential", in Hunt〔1991a〕, pp.412-434.

────〔1989b〕"Reification and Realism in Marketing", *Journal of Macromarketing*, 9（Fall）, pp.4-10.

────〔1990〕"Truth in Marketing Theory and Research", *Journal of Marketing*, 54（July）, pp.1-15.

────〔1991a〕*Modern Marketing Theory: Critical Issues in the Philosophy of Marketing Science*, South-Western.

────〔1991b〕"Positivism and Paradigm Dominance in Consumer Research: Toward Critical Pluralism and Rapprochement", *Journal of Consumer Research*, 18（June）, pp.32-44.

────〔1992〕"For Reason and Realism in Marketing", *Journal of Marketing*, 56（April）, pp.76-91.

────〔1993〕"Objectivity in Marketing Theory and Research", *Journal of Marketing*, 57（April）, pp.76-91.

──── and J. J. Burnett〔1982〕"The Macromarketing/Micromarketing Dichotomy: Taxonomical Model", *Journal of Marketing*, 46（Summer）, pp.11-26.

──── and P. S. Skeck〔1985〕"Does Logical Empiricism Imprison Marketing?", in N. Dholakia and J. Arndt（eds.）, pp.27-35.

伊東俊太郎（編）〔1971〕『現代科学思想事典（講談社現代新書267）』講談社。

Kernan, J. B. 〔1987〕 "Chasing the Holy Grail: Reflections on What is Consumer Research?", *Journal of Consumer Research*, 14 （June), pp.133-135.

Kuhn, T. S. 〔1962〕 *The Structure of Scientific Revolutions*, University of Chicago Press. （中山茂訳 〔1971〕『科学革命の構造』みすず書房)

———〔1970〕 "Reflections of my Critics", in I. Lakatos and A. Musgrave （eds.), *Criticism and the Growth of Knowledge*, Cambridge University Press. （森博監訳 〔1985〕『批判と知識の成長』木鐸社)

Kumcu, E. 〔1987〕 "Historical Method: Toward a Relevant Analysis of Marketing System", in A. F. Firat, N. Dholakia and R. P. Bagozzi （eds.), *Philosophical and Radical Thought in Marketing*, Lexington Books, pp.117-133.

Levin, M. 〔1991〕 "The Reification: Realism-Positivism Controversy in Macromarketing: A Philosopher's View", *Journal of Macromarketing*, 11 （Spring), pp.57-65.

馬渡尚憲 〔1990〕『経済学のメソドロジー——スミスからフリードマンまで』日本評論社。

Monieson, D. D. 〔1988〕 "Intellectualization in Macromarketing: A World Disenchanted", *Journal of Macromarketing*, （Fall), pp.4-10.

———〔1989〕 "Intellectualization in Macromarketing Revisited: A Reply to Hunt", *Journal of Macromarketing*, 9 （Fall), pp.11-16.

Peter, J. P. 〔1983〕 "Some Philosophical and Methodological Issues in Consumer Research", in S. D. Hunt （ed.) *Marketing Theory: The Philosophy of Marketing Science*, Richard D. Irwin, pp.382-394.

———〔1992〕 "Realism or Relativism for Marketing Theory and Research: Comment on Hunt's'Scientific Realism'", *Journal of Marketing*, 56 （April), pp.72-79.

——— and J. C. Olson 〔1983〕 "Is Science Marketing?", *Journal of Marketing*, 47 （Fall), pp.111-125.

Siegel, H. 〔1988〕 "Relativism for Consumer Research? （Comments on Anderson)", *Journal of Consumer Research*, 15 （June), pp.129-132.

Winch, P. 〔1958〕 *The Idea of a Social Science and its relation to Philosophy*, Routledge & Kegan Paul. （森川真理雄訳 〔1977〕『社会科学の理念——ヴィトゲンシュタイン哲学と社会研究』新曜社)

Zinkhan, G. M. and R. Hirschheim 〔1992〕 "Truth in Marketing Theory and Research: An Alternative Perspective", *Journal of Marketing*, 56 （April), pp.80-88.

第Ⅳ部

第11講

第12講

マーケティングの研究の対象における焦点の変化
──関係性マーケティング

> 　第11講では、1980年代以降におけるマーケティング研究の動向のうち、マーケティング研究の方法に関するメタ論争が述べられた。それは、S. D. Huntを中心に、科学哲学の成果をベースにしたマーケティング研究の方法に関する本格的論争であり、80年代前半に論争の形が出来上がった前哨戦としての第1次方法論論争と、論点が定まりそれぞれの立場が明確になった80年代後半から90年代にかけての第2次方法論論争からなり、後者は実在論論争、客観性論争、実証主義論争の3つから構成されていた。第2次方法論論争では、科学哲学におけるポスト経験論の台頭を背景に実在論論争が展開し、その相対主義的な科学観による正統的な科学観の揺さぶりの下で、解釈学的方法の提唱によって客観性論争が、そして歴史的研究の高まりから生じた主流の実証主義的研究の批判によって実証主義論争が展開されたことが指摘された。こうして80年代は、主流の行動科学的研究プログラムにおける実証主義とは違った研究方法の提唱によって幕を開けたといえる。
> 　80年代は、この方法における新しい潮流の出現とともに、研究対象における焦点の変化も生じ始める。第12講では、この点に関する展開を考察していこう。

1．マーケティングの特殊研究分野における関係性の認識

　マーケティング研究の中心は、消費財のマーケティングにあり、産業財や

サービスのマーケティングはあくまでそれを補完する特殊研究分野として位置づけられていた。しかしこの2つの特殊分野における研究から、マーケティング研究全体に影響を与える視点の変換が生じることとなる。

　まず、産業財マーケティングは、産業財の流通過程の研究というマクロ的研究として古くからマーケティング研究において登場していたのであり、1920年代にはその種の研究が登場し始め、1930年代には、Frederick〔1934〕、Elder〔1935〕とともにミクロ的な Reed〔1936〕などの先駆的な専門書が相次いで出版された。こうした研究に根を持ちながら、ミクロ的研究においては、消費財との製品特性の違いから生じる産業財マーケティングの特殊性を明らかにする研究がなされ、第2次大戦後も、この種の消費財マーケティング・ミックスを基本とした補完的研究がしばらく続くことになる。しかし1960年代後半以降になると、消費者行動研究の興隆に伴って、産業財市場の分析が組織購買行動論として展開する。Robinson, et al.〔1967〕や Webster and Wind〔1972〕などがその代表的研究であり、さまざまな購買に関与する組織構成員や他部門からの影響の分析を中心に一連の購買プロセスが論じられた。しかし、この組織購買行動論も基本的には消費財に関する消費者行動論の拡張的な分析であり、個々の製品ごとの単発的意思決定や取引が想定されていた。しかし、次第にこの拡張的な分析と実際の産業財マーケティング行動との食い違いが明らかになってくる。すなわち、実際の産業財取引においては、継続的な長期的関係のうえで意思決定がなされる場合が多く、取引される製品も複数の製品に関する包括的取引となる場合が多いのである。

　この産業財マーケティングの長期的かつ包括的取引関係という点に注目した研究は1980年代頃から登場し始めるのであり、しかも北欧諸国を中心に研究が展開していく。スウェーデンの H. Håkansson を中心とした北欧の研究者を中心に広くヨーロッパの研究者が集い、IMP（Industrial Marketing and Purchasing）という研究集団が結成され、産業財市場の売り手と買い手の関係に関して大規模な調査研究プロジェクトが実施された。このプロジェクトは、1976年から1982年までの第1期と、1986年以降の第2期に分けられ、産業財取引における関係性に関する多くの実証的研究を生み出した。第1期にお

ける成果は、産業財取引における関係性の存在を実証的に確認したことであり、継続的相互作用プロセスのなかで製品仕様が取り決められていく際に、そこに形成される関係性が重要な要因となる点を指摘し、その関係性形成の規定因として経営資源や戦略などが考察された（Håkansson（ed.）〔1982〕）。また第2期においては、売り手と買い手の関係が、より大きな企業間ネットワークに埋め込まれているという発見がなされ、より広い関係性の分析が展開した（Håkansson and Snehota〔2000〕。南〔2005〕も参照）。

　次にサービス・マーケティングであるが、サービスの研究自体、歴史はさほど長いものではない。経済学では、人間の生活にとって重要なのは有形財であり、サービスを無形財として区別したうえで軽視したため、積極的に研究されることはなかった。流通サービスをその研究対象にした初期のマーケティング研究においてさえ、有形財の流通の補助的活動として各種サービス、たとえば金融や保険といったサービス業が研究されるだけであった。第2次大戦後も、医療、教育、福祉といった分野でサービスの研究が部分的になされていたが、マーケティング研究における本格的サービス研究の始まりは、Regan〔1963〕とするのが常であり、その後70年代、80年代にかけて多くの文献が発刊された。

　サービス・マーケティングの展開の詳細なレビュー論文である Fisk, et al.〔1993〕によれば、サービス・マーケティング研究は、1980年より前の「這い這い（crawing out）の時代」、1980-1985年の「よちよち歩き（Scurrying about）の時代」、1986年以後の「直立歩行（walking erect）の時代」の3期に分けられている。

　第1期は、John Bateson、Leonard Berry、Stephen Brown、John Czepiel、Pierre Eiglier、William George、Christian Grönroos、Eugene Johnson、Eric Langeard、Christopher Lovelock、Lynn Shostack といったその後のサービス・マーケティングの中心的研究者が論文や著書を書き始めた時期であり、従来のマーケティング行為のサービス分野への適用可能性や相違点に関する「物財マーケティング対サービス・マーケティング論争」が展開した。この論争において、サービスの特性がさまざまに議論され、無形性、消費と生産の非

分離性、品質の変動性、消滅性というおなじみの特徴を中心にさまざまな特徴づけがなされたが、MSI（Marketing Science Institute）の組織した研究グループによって、これらサービスの諸特徴は無形性に集約されると指摘された（Bateson, et al.〔1978〕）。

　第2期は、サービス・マーケティングは物財マーケティングとは異なるという主張が前面に出て、サービス・マーケティングの専門研究者が急激に増加するとともに、AMA の後援の下で多くの会議が開催されるようになり、1980 年に *Services Industries Journal*、1985 年に *Journal of Professional Service Marketing* と、2つの新しい専門誌が登場した。

　第3期は、サービス・マーケティングの特別な問題が認識されるようになり、その理論的研究が進んだ時代である。サービスの質とその測定、サービス・エンカウンターとサービス経験、サービス・デザイン、顧客維持と関係性マーケティング、インターナル・マーケティングといった問題が概念化され、研究がさらなる高まりを見せた。1987 年には *Journal of Services Marketing*、1990 年には *International Journal of Service Industry Management* の2つの専門誌が新たに発刊となった。

　以上のようなサービス・マーケティング研究の展開において、関係性マーケティング（relationship marketing）という用語を初めて使ったのは Berry〔1983〕であり、これは 1982 年に AMA の開催したサービス・マーケティングの会議での報告論文であった。この会議は、Christian Grönroos を中心とする北欧の研究者たち、Adrian Payne を中心とするイギリスの研究者たちに多大な影響を与え、この2つの地域がその後のサービスにおける関係性マーケティング研究の中心となる。なかでも北欧では 80 年代の終わりになるまで関係性マーケティング（relational marketing）という用語は特に用いられなかったのであり（南〔2005〕p.9）、関係性マーケティングという用語の下での研究の高まりは前述の第3期であったといえるだろう。サービスは、その提供者と顧客の直接的な接触による相互作用のプロセスで形成されるのであり、提供者と顧客の関係、さらにはそれにかかわる人々との関係がサービスの内容に大きく影響することを考えれば、サービス・マーケティング研究の中心

問題として関係性の分析が進展していくのはごく自然なことであったといえる。

2．チャネル研究における関係性と関係性マーケティング研究の確立

チャネル研究は、もともと製造業者の外部に存在する流通業者との企業間関係がその研究の主題であったが、それは統制的関係に力点を置いたものであり、協調的関係の研究が注目されるようになるのは80年代も後半になった頃からであった。

前述のように（第10講）、70年代を通してパワー・コンフリクト論がチャネル研究の中心となったが、そこではチャネルをパワーによって管理するというリーダーと服従者の統制的関係が研究の中心にあった。そして、社会システム、役割、パワー、コンフリクトといった社会学的概念を中心に多くの実証的研究が輩出されたが、それらの諸概念の操作化の多様性とともに、それら諸概念間の関係やチャネル成果との因果関係においても正反対の多様な結果が確認されるのみで、その理論的統合化は困難を極めた。それは、パワー・コンフリクト論が、行動的統制に主眼を置いており、その行動的統制が経済的なチャネル成果やその配分にどのようにかかわるのかが明確に論じられていなかったためであった（高嶋〔1994〕p.48）。

パワー・コンフリクト論の推進者であった Stern 自身もこの点に気がつき、Stern and Reve〔1980〕では、パワー・コンフリクト論の行動論的成果とチャネル成果や成果配分の経済的研究の結合を目指して、政治経済的アプローチが提唱された。Arndt〔1983〕もこの主張に賛同し、チャネル研究の焦点は、パワー・コンフリクト論に欠落していた経済学的分析へとシフトすることになる。このシフトの背景には、経済学における新制度派経済学の台頭による理論的革新の動きがあり、なかでもノーベル経済学賞を受賞した R. Coase を始まりとして O. Williamson によって新たに展開された取引費用分析が経

済学を超えて広く注目されだした時期であった。特に、マーケティング研究においては、E. Anderson や J. Heide らを中心として取引費用分析が広範なマーケティング研究に取り入れられ、その枠組みを基に多数の実証研究が生み出された。

　取引費用分析においては、当初、取引費用の比較による統治構造としての市場と組織の二者択一が論じられ、特に階層的組織による取引関係の統制の経済的帰結に焦点が当てられていた。しかし、そのどちらでもない中間的な統治構造が日本的経営の卓越性として注目されるようになるとともに、ハイブリッドな統治構造としての中間組織論が大々的に展開されるようになる。これを受けてマーケティング研究においても、長期的・継続的な取引関係に注目が集まり、Arndt〔1979〕の「飼育された市場」という先駆的な指摘に始まり、90年代に入ると、前述の産業財マーケティング研究における IMP の中心人物である Håkansson がアメリカのチャネル研究者と共同研究を行うようになり、企業間関係における協調的関係にチャネル研究の焦点がシフトしていく。Arndt〔1979〕においては、中間組織的な「飼育された市場」を指摘したにもかかわらず、そこではまだ統制的関係が分析の焦点になっていたが、北欧の産業財研究者からの影響の下、90年代になってチャネル研究における協調的な関係性に関する研究の道が開けたといえる。さらに企業間関係だけでなく消費者も含めた売手と買手一般における協調的関係性に注目した Dwyer, et al.〔1987〕を経て、Webster〔1992〕、Morgan and Hunt〔1994〕などによって、チャネル関係を超えたさまざまな顧客との協調的関係形成の戦略的重要性が指摘されて、関係性マーケティング研究が独立した研究分野としてまとまりを見せていく。Morgan and Hunt〔1994〕では、供給業者パートナーシップ（財の供給業者、サービス供給業者）、水平的パートナーシップ（競争者、非営利企業、政府）、買手パートナーシップ（最終顧客、中間顧客）、内部パートナーシップ（機能部門、従業員、事業単位）という4タイプ、10の関連パートナーが挙げられている（p.21）。さらに、Hunt and Morgan〔1995, 1997〕、Hunt〔1997〕などによって、関係性マーケティングを基礎づける競争の一般理論として、「比較優位理論（Comparative Advantage Theory）」あるいは「資源

優位理論（Resource-Advantage Theory）」が提唱されるに至る。この Hunt の提唱した競争の一般理論は、新古典派の競争理論に変わる新しいパラダイムであるとされ、経営戦略論や経済学の研究者たちにも注目され、論争が展開された。

　以上のような展開のなかで、いよいよマーケティング研究の本拠地アメリカで関係性マーケティングへの関心が高まり、Sheth と Parvatiyar によって、関係性マーケティングの会議が開催され、その結果は Sheth and Parvatiyar（eds.）〔2000〕にまとめられた。そこでは、関係性マーケティングの理論的系譜を整理し、統合と再構築が試みられ、前述の Morgan and Hunt〔1994〕とは違い、関係性の範囲を企業とその顧客に限定し、協調的関係に焦点を当てる傾向が見られる。いずれにしても、2000 年代に入って、関係性マーケティング研究は独立した研究分野として確立されたといえる。

3．関係性概念のパラダイム化とマーケティングの定義の変更

　以上のようなアカデミックな場における関係性への注目以上に 1980 年代以降、特に 1990 年代に入ってから実際の企業行動においては急激な変化がすでに生じていた。すなわち、これまでのパワーマーケティング特有の管理者からの一方的指令といったかたちとは違った、双方向的な対話型のコミュニケーションをベースにした協調的な戦略同盟や共創的チーム形成が盛んに実施されるようになってきたのである。これは、従来の階層型の調整機構の崩壊と新たな非階層的な調整機構の必要性を示唆しており、企業実践の現場でパートナーシップや協調的関係性の重要性が認識されてきたためといえる。

　このような企業行動の変化を導いたのは、成熟化とともに多様化しニーズが読みにくくなった市場の急激な変化である。市場ニーズが単純であり商品などに関する情報格差が売手と買手の間に存在し、物が相対的に不足した時代から、買手の商品知識も増え市場が個性化し、商品の多様化とともに幅広く流動的品揃えをする大型流通業者の出現した時代を経て、1990 年代以降は、

さまざまな情報の取得がきわめて容易になるとともに売手と買手の間の情報格差は少なくなり、むしろ市場側が情報を発信し供給サイドに注文を出すといった状況に変化しつつある。嶋口〔1995〕は、こうした市場の変化に対応した企業行動の変化を、「イナクトメント（enactment）」、「フィットネス（fitness）」、「インタラクション（interaction）」の3つに類型化した。買い手が不十分な情報しかないため売り手からの一方向的な対応となる「イナクメント」から、市場ニーズを読めることを前提とした適応型の「フィットネス」へと変化し、現在はさらに市場ニーズの読めない時代に変わってきたために「インタラクション」が必要となっていると指摘する（pp.17-19）。市場が読めない時代においては、顧客との対話を通じて財やサービスを形成・提供し、確実に顧客の信頼を得て長期的に安定した取引を確保することが必要となるのである。

　そして、こうした市場および企業行動の変化を導いたのは、コンピューターを中心とした IT（information technology）の進展であった。かつて、Alvin Toffler が「第3の波」と称して、農業革命、産業革命に続く第3の革命として情報革命を位置づけたように、現在われわれの世界はドラスティックに変化している。食料、工業製品を超えて情報財という高次の欲求を満たす財をより豊富に享受できる時代になるとともに、決定的にわれわれの知識に変化が生じ、行動が変化するのである。そして、こうした生活の変化に対応して企業が「インタラクション」を行うことを可能にさせたのも大量の顧客データベースを迅速にしかも安価で構築・処理できる情報技術の進展であった。特に、1990 年にインターネットの商業利用が開始され、クリントン政権の後押しもあって、インターネットが急速に普及してからは、企業の利用によるeビジネスの拡大、ブロードバンドの進展による映像や音楽といったさまざまな情報の入手、ネット・コミュニティの出現といった具合に生活シーンは急激に変化したといえる。

　以上のような IT 化の進展による生活の変化、それによる市場の変化、それに対応した企業行動の変化は 2000 年代に入ると無視できない事実となり、マーケティング行動においても、根本的な考え方の転換が必要となる。それ

が、これまでの統制的関係づくりから協調的関係づくりへの転換であったのであり、マーケティングのあらゆる領域において関係性が注目されるとともに、関係性マーケティングは、マーケティング研究全体のパラダイム・シフトとしての意味合いを持つようになった。こうした、パラダイム・シフト的な発言は、Levitt〔1983〕における結婚後の夫婦関係にたとえた関係性マネジメントへのシフトの提唱を初めとして、ハイテク業界での経験を基に新しいマーケティング・パラダイムの必要性を提唱した McKenna〔1991〕などを経て、Peppers and Rogers〔1993〕におけるワン・トゥ・ワン・マーケティングの提唱につながっていく。

こうした動向に呼応して、AMA のマーケティングの定義が改訂された。当時の AMA の CEO であった Dennis Dunlap の指示で、Robert Lusch が中心となって定義の書き換え作業が進められ、2004 年の 8 月に新たなマーケティングの定義が公開された。1985 年の定義改訂から 19 年ぶりであるが、以前の改訂と比べると格段に早い定義改訂であり、それだけこの間の変化の速さを物語っている。それは以下のとおりである。

「マーケティングとは、組織とステークホルダーにとって有益となるように、顧客に対し価値を創造、伝達、提供し、顧客との関係性を管理するための、組織的な機能であり、一連のプロセスである。」

（Marketing is an organizational function and a set of processes for creating, communicating and delivering value to customers and for managing customer relationships in ways that benefit the organization and its stakeholders.）

一見して明らかなように、関係性マーケティングへのパラダイム・シフトの影響がはっきりしており、より長期的・戦略的な定義になったといえる。しかし、この定義にはすぐさま批判が噴出し、2006 年には定義の見直しを行う委員会が立ち上げられ、2008 年には早くもマーケティングの新定義が公開されることになる。

これは、2004 年の定義ではマーケティングがミクロ的活動に偏り、マク

182

ロ的領域の研究者から不満が出されたことと、ミクロ的領域の研究者からも、顧客との関係性を管理することばかりを不適切に強調しすぎているという批判が出たためであった。2008年に公開されたAMAの新定義は以下のとおりである。

「マーケティングとは、顧客、依頼人、パートナーそして社会全体に対して価値のある提供物を創造、伝達、提供、交換するための活動、一連の制度、そしてプロセスである。」

（Marketing is the activity, set of institutions, and processes for creating, communicating, delivering, and exchanging offerings that have for customers, clients, partners, and society at large.）

それにもかかわらず、2004年の定義改訂という事実は、いかに関係性マーケティングがマーケティング研究の中心的関心として注目されるようになったのかを物語っているといえよう（以上の定義の変遷に関し、詳しくは堀越〔2016〕を参照）。

〈参考文献〉

Arndt, J.〔1979〕"Toward a Concept of Domesticated Markets", *Journal of marketing*, 43（Fall）, pp.69-75.
──── 〔1983〕"The Political Economy Paradigm: Foundation for Theory Building in Marketing", *Journal of Marketing*, 47（Fall）, pp.44-54.
浅井慶三郎〔2000〕『サービスとマーケティング──パートナーシップマーケティングへの展望』同文舘出版。
Bateson, J., P. Eiglier, E. Langeard and C. Lovelock〔1978〕"Testing a Conceptual Framework for Consumer Service Marketing", *MSI Report*, 78-112（August）.
Berry, L. L.〔1983〕"Relationship Marketing", in L. L. Berry, G. I. Shostack and G. D. Upan（eds.）*Emerging Perspectives on services Marketing*, AMA, pp.25-28.
Dwyer, F. R., P. H. Schurr and S. Oh〔1987〕"Developing Buyer-Seller Relationships", *Journal of Marketing*, 51（April）, pp.11-27.
Elder, R. F.〔1935〕*Fundamentals of Industrial Marketing*, McGraw-Hill.
Fisk, R. P., S. W. Brown and M. J. Bitner〔1993〕"Tracking the Evolution of the Services

Marketing Literature", *Journal of Retailing*, 69 (Spring), pp.61–103.

Frederick, J. H. [1934] *Industrial Marketing*, Prentice Hall.

Håkansson, H. (ed.) [1982] *International Marketing and Purchasing of Industrial Goods*, John Wiley & Sons.

———— and I. J. Snehota [2000] "The IMP Perspective: Assets and Liabilities of Business Relationships", in J. N. Sheth and A. Parvatiyar (eds.), *Handbook of Relationship Marketing*, Sage Publications.

堀越比呂志 [2016]「AMA マーケティング定義の変遷とマーケティング研究の焦点」『経営経理研究』(拓殖大学経営経理研究所) 第 106 号、pp.273–301。

Hunt. S. D. [1997] "Competing through Relationships: Grounding Relationship Marketing in Resource-Advantage Theory", *Journal of Marketing Management*, 13, pp.431–445.

———— and R. M. Morgan [1995] "The Comparative Advantage Theory of Competition", *Journal of Marketing*, 59 (April), pp.1–15.

———— and R. M. Morgan [1997] "Resource-Advantage Theory: A Snake Swallowing Its Tail or a General Theory of Competition?", *Journal of Marketing*, 61 (October), pp.74–82.

Levitt, T. [1983] "After the Sales is Over...", *Harvard Business Review*, September/October, pp.87–93.

McKenna, R. [1991] *Relationship Marketing: Successful Strategies for the Age of Customer*, Perseus Books.

南知恵子 [2005]『リレーションシップ・マーケティング』千倉書房。

Morgan, R. M. and S. D. Hunt [1994] "The Commitment-Trust Theory of Relationship Marketing", *Journal of Marketing*, 58 (July), pp.30–38.

Peppers, D. and M. Rogers [1993] *One to One Future*, Doubleday. (井関利明監訳／ベル・システム訳 [1995]『ワン・トゥ・ワン・マーケティング』ダイヤモンド社)

Reed, V. D. [1936] *Advertising and Selling Industrial Goods*, Ronald Press.

Regan, W. J. [1963] "The Service Revolution", *Journal of Marketing*, 27 (July), pp.57–62.

Robinson, P. J., C. W. Faris and Y. Wind [1967] *Industrial Buying and Creative Marketing*, Allyn and Bacon.

Sheth, J. N. and A. Parvatiyar (eds.) [2000] *Handbook of Relationship Marketing*, Sage Publications.

嶋口充輝 [1995]「インターラクティブ・マーケティングの成立条件と課題」『一橋大学ビジネス・レビュー』42 巻 3 号、pp.14–29。

Stern, L. W. and T. Reve [1980] "Distribution Channel as Political Economies: A Framework for Comparative Analysis", *Journal of Marketing*, 44 (Summer), pp.52–64.

高嶋克義 [1994]『マーケティングチャネル組織論』千倉書房。

Webster, F. E. Jr. [1992] "The Changing Role of Marketing in the Corporation", *Journal of Marketing*, 56 (October), pp.1–17.

———— and Y. Wind [1972] *Organizational Buying Behavior*, Prentice Hall.

対象の構造化と方法における
4つの研究プログラム

　第12講では、1980年代以降におけるマーケティング研究の動向のうち、マーケティング研究の対象における焦点の変化——関係性マーケティング——が述べられた。そこではまず、産業財マーケティングとサービス・マーケティングという2つの特殊研究分野において、ともにその現象における関係性の研究が重要視されていった経緯が描かれた。産業財マーケティングはそれまで研究の中心であった消費財マーケティングの短期的で単発的な取引とは違って、長期継続的で包括的な取引がその特徴であり、そこから繰り返しの取引のなかで形成された関係性の重要さに注目が集まったのであった。また、サービス・マーケティングにおいては、提供者と顧客の関係、さらにはそれにかかわる人々との関係が製品としてのサービスに大きく影響するがゆえに、きわめて自然に関係性の分析が当初から進展していった。さらに、マーケティング研究のメインともいえるチャネル研究はもともと企業間関係をその研究の中心に置いていたといえるが、パワー・コンフリクト論におけるように統制的関係に重点を置いた研究から協調的関係に研究の重心が移ることによって関係性構築の問題に注目が集まっていった。こうした各論的研究における焦点の変化とともに、80年代以降、特に90年代になってからのICTの進展による双方向的な対話型のコミュニケーションの進展が、それをベースにした協調的な企業間関係形成という、企業行動における急激な変化を引き起こした。そして、むしろ研究がこの状況に追いつくべく、2004年には19年ぶりにAMAのマーケティングの定義が関係性という新たな焦点を明示したものへと改訂された。その後2008年に再びこの定義が改訂されたものの、80年代以降に高まった関係性への注

目という動向はマーケティング研究全体に浸透したといえるだろう。

　第13講では、前講までで述べられたような、80年代以降に出現したマーケティング研究の方法と対象というメタレベルにおける変化が、マーケティング研究の構造をどのように変えたのかを明らかにしていこう。

1．マーケティング研究の対象における新たな構造化

　すでに述べたように（第1講）、マーケティング研究が出現した当初から、その研究対象はマクロ的な流通とミクロ的な生産者の流通への進出行為という2つが並存していた。第2次世界大戦前に研究の主流であったマクロ的研究は、戦後はマーケティング・システム研究として継続し、マーケティング・システムの比較研究、さらにマーケティングの社会・環境への帰結という研究領域を新たに包摂し展開してきた。また、ミクロ的研究は、戦前に出現した広告論、販売管理論、チャネル論、マーチャンダイジング論といった各個別領域ごとの展開が、消費者志向の理念の下でその統合的管理というかたちで体系化され、戦後はさらにマネジリアル・マーケティングというかたちで発展し、4Pというコア概念の下にマーケティング諸行為のさらなる統合化が進められた。そして、全社的統合管理もその領域としながら経営戦略論的研究もその体系に組み入れられることとなる。さらに、消費者行動研究と国際マーケティング研究という新たな研究の展開を包含した後に、産業財マーケティング、サービス・マーケティングといった特殊研究領域の発展から、関係性の研究が浮上してきたのであった。

　以上のようなこれまでに述べられてきたマーケティング研究の展開を見ると、80年代以降に出現した関係性の研究への焦点のシフトという出来事は、マーケティング研究の対象における重要な変化であるといえる。なぜなら、関係性という研究対象は、ミクロ的な企業あるいは消費者の行為と、マクロ的な行為集合あるいは行為連鎖としての流通とは異なった次元の研究対象であり、それは、ミクロ的な行為とマクロ的な行為集合を結ぶ重要な研究の次

元になりうるからである。

　これまで、マーケティング研究において、そのマクロ的研究成果とミクロ的な研究成果のつながりは明確ではなく、分断されてきた感がある。もちろん、初期の研究者の多くが想定していたように、大規模製造業者の流通進出が流通全体のコストを下げるという考えや、ミクロ的な製造業者の行為としてのチャネル選択においてマクロ的な流通制度分析がその選択の代替案としてつながりを持つというかたちで、ミクロとマクロが接合されるような場合もあった。しかしそこにおいても、大規模製造業の行為が他のチャネル内行為者にどのように影響を与え、多くの行為をパターン化させ、流通全体としての費用が下がるのかという詳しいプロセスに関する分析はあまりなされなかった。また、製造業者のチャネル選択の意思決定がチャネル参加者の行為をどのように引き出して製造業者にとってどの程度の成果を生み出すのかに関する分析は、戦後においても手薄であったといわざるをえない。これは、これまでのミクロ的な研究においては、消費者志向を掲げながらも、売り手と買い手それぞれの単発的行為とそれを引き起こしたそれぞれの心理に分析の焦点が置かれ、その両者のつながり方に分析のメスが入らず、あたかも行為に対する他の行為主体の反応がほとんど自動的に生じるがごとく想定されていたためだと考えられる。

　こうした単発的な行為のみに焦点を置いた研究からいくらか抜け出た対象上の変化は、1970年代のマーケティング概念拡張論争の結果、マーケティングの研究対象上の焦点が交換にあるという認識が再び強く覚醒されることによって芽生えたといえる。交換パラダイムにおいては、少なくとも企業の出すマーケティング行為は受け手の行為を導きだすための行為であり、他の行為主体の反応がどのように出るのか、企業行為の相手とのマッチングはどの程度かといった問題がメインの問題となる。しかし、交換という概念だけでは、行為を向ける相手の反応の重要性は指摘できるものの、相手の反応が実際どのように出されるのかは確定できない。交換はあくまで結果であり、交換行為を双方が決定するまでのプロセスを明らかにするには、この概念だけでは不足である。

そこで重要となるのが、最終的な交換を実現するための取引である。取引においては、双方の要望が調停されて、納得が得られる点で双方のなすべきことが取り決められる。まさにこの双方のなすべき行為に関する取り決めが取引であり、取引とは交換を実現させるための双方の行為ルールの決定プロセスであるといえるだろう。そして、この取引プロセスの結果生じた行為ルールの遵守によって双方が行為を行う場合、そこには関係性が存在しているといえる。関係性とは暗黙あるいは明示的に当事者間で形成された行為ルールなのである。

　マーケティング研究においては、通常、相手の行為を期待して自分の要求された行為をなすことが継続的になされている場合に関係性が存在すると考えるのが一般的であるが、単発的な売買あるいは交換の場合にもこの考え方は拡張できる。すなわち関係性自体は、単発的なものから長期的なものまで、その持続期間にかかわりなく存在するといえる。そして、この行為ルールの結果としての行為が実り多い帰結を生み出すということが知られて伝達されるとともに、行為ルールは模倣され、より広範な行為集合におけるパターン化が生じることによって、より上位のマクロ的な集合的行為を生み出すことになるだろう。こうしたプロセスこそが、ミクロ的行為とマクロ的集合行為現象をつなぐ図式なのであり、その要は行為ルールとしての関係性の研究にあるといえる。それゆえ、マーケティング研究の対象における関係性への焦点の変化は、マーケティング行為の管理論的研究成果や消費者行動研究といったミクロ的な行為研究の成果と、さまざまな行為の集合的結果であるマクロ的な流通研究や環境システムの研究の成果を架橋する可能性があると考える。

　さて、以上で指摘した関係性、すなわち行為ルールとは、別の言葉で示すならば「制度」と言い換えることができる。「制度」という言葉は、社会科学においては頻繁に使われる用語であり、マーケティングの初期のマクロ的研究においても「制度的アプローチ」といったかたちで登場する。しかしその意味内容は多義であり、さまざまな用いられ方をしている。少なくとも、①実態的な物理的施設とそこに集う人々の総体としての機関、②そこから生

み出される集合的行為パターン、③それらの集合的行為を生み出すルール、といった3つの使われ方があるようである。前述のような初期のマーケティング研究における使われ方は、①および②の意味で使われる場合が多く、③の意味での使われ方は少ない。これに対し、経済学においては、最近③の意味での制度分析に注目が集まり、新しい理論的展開が進展してきている。新制度派経済学といわれる一連の経済学研究の動向がそれである。それは、Coase〔1937〕にその道を開かれWilliamson〔1967, 1975〕によって新たな展開が示された取引費用理論、Jensen and Meckling〔1976〕やFama〔1980〕たちにより展開されたエージェンシー理論、Alchian〔1965〕やDemsetz〔1967〕たちにより展開された所有権理論をその中核として含み、それぞれ取り扱う状況やアプローチにおいて微妙な相違があり多様な展開が見られるが、制度を③の意味で捉え、その生成プロセスに問題の中心を置くという点では共通しているといえるだろう。すなわち、取引費用理論においては組織を市場と並ぶ資源配分のルールとしての制度ととらえ、エージェンシー理論では組織におけるプリンシパルとエージェントの関係においてエージェントの行為をプリンシパルの望む方向に導くルールとして制度が問題とされ、所有権理論においては取引を貫徹するための基礎として不完全な契約を補完するために所有権を明確にするルールとして制度の発生が問題とされるのである。

　こうした経済学における制度への注目は、それまでの新古典派における形式的な市場行為の均衡理論とは違った、より現実に近づいた経済理論を生み出してきているのである。新古典派において、売り手と買い手は自動的に結び合わされるが、実際の状況では、売り手と買い手の双方によって形成される何らかのレベルの制度が存在しなければ両者は結び付けられないのである。マーケティングにおける関係性への注目という事態は、経済学における制度への注目という動向と一致するのであり、また、関係という対象が役割とともに中心的な研究対象として取り扱われてきた社会学のことも考えれば、成熟した社会科学として、研究対象における共通の構造を持つに至ったといえるだろう。すなわち、その研究対象における共通の構造とは、さまざまな社会科学で研究されてきたさまざまな対象のレベルのことであり、意識や集合

190

出所：筆者作成。

図表 13-1　社会科学における研究対象の構造

意識といった対象も組み入れてそれらを列挙して示せば、図表 13-1 のように
なるだろう。マーケティング研究において、ミクロ的研究としての企業行
為の管理論的研究や消費者行動研究ではもっぱら意識としての心理と行為の
次元を対象に研究が進められ、一方マクロ的研究においては流通というマク
ロ的集合行為現象がその研究対象となっていたが、そこにようやく制度とし
ての関係性といった研究次元が加わったといえる。

2．個別的事象への歴史的関心と 2 つの新たな研究プログラム

　以上のように示された 5 つの次元からなる研究対象を前にして、これらの
うちどれに焦点を置き、どのように結びつけ、どのような側面から研究を進
めるのかによって、その研究成果の内容は変わってくるといえる。この構想
こそが対象を整序していくアプローチ、方法なのであり、ここではそういっ
た構想の総体を研究プログラムと呼ぶことにしよう（堀越〔2005〕の第 5 章
を参照）。
　さて、80 年代以降に生じた方法論論争（第 11 講）においては、その背後
に解釈学と歴史的研究という 2 つの研究プログラムが存在していた。この 2
つの研究プログラムの台頭は、ポスト経験論という科学論における新たな研
究プログラムの登場をその背後に持っており、具体的な個別事象に対する関
心を共有している。解釈学においては Dilthey、歴史的研究においては Knies、

Hildebrand、Schmoller といった過激なドイツ歴史学派において見られるように、自然科学の方法とは違った、社会科学あるいは人文科学特有の方法を主張する方法二元論的主張をともに持っているのである。そこでは、タイプ的因果的連関を明らかにしようとしてその法則的一般化に関心が持たれるのではなく、むしろそれらを前提として、個別的な出来事のさまざまな側面を記述することに関心が持たれるのである。

　マーケティング研究における解釈学的潮流は、Holbrook〔1980〕での萌芽的なアイデアの表明に始まり、Holbrook and Hirschman〔1982〕および Hirschman and Holbrook〔1982〕における消費経験論あるいは快楽的消費研究という新たな研究領域の指摘から始まった。消費経験あるいは快楽的消費とは、製品やサービスの使用経験に焦点を当てた研究であり、これまでの消費者行動研究がもっぱら製品やサービスの選択行動に焦点を当ててきたことを指摘し、消費者行動研究における新たな研究領域として選択後の消費経験という領域を指し示し、その研究の必要性を主張したのである。またこの研究においては、消費者心理の情動的側面を取り扱い、それへの文化的影響を重視し、特に芸術や娯楽の鑑賞といった無形財に焦点を当てるという点で、これまでの消費者行動研究とは異なっているとされる。この新しい領域に関する研究は、第1に、こうした消費経験の文化的、あるいは個人的意味を探求する意味研究、第2に、特に快楽的意味に焦点を置いて芸術鑑賞や遊びにおける快楽経験を明らかにしようとする研究、第3に、感情という側面に焦点を置き、快楽も含んだ感情全般を検討する研究、といった大きく3つの流れが確認できるが、それぞれが相互関連を持って進展してきたとはいいがたい（詳しくは堀内〔2001〕を参照）。しかし、意味、快楽、感情というように異なった概念が用いられてはいるものの、当然のごとくこれら3つの流れは相互関連があり、消費経験の感情的側面での意味を研究対象としたのが感情研究であり、そのなかでも快楽的意味に焦点を置いた下位分野が快楽消費研究であると解すれば、概念上の統合化は可能であろう。こう考えると、解釈学的研究においては、図表13-1の対象のうち、個人的意識の感情的側面の記述に決定的に焦点が置かれているのであり、それとの関連で文化的ルールとしての制度

や集合的行為に共通して存在すると想定される集合意識が問題とされているといえる。

さらに、こうした新しい研究領域に対しては、これまでのマーケティング研究の主流であった実証的方法とは異なった方法が提唱されている。Mick〔1986〕における記号論的（semiotics）方法、Hirschman〔1986〕における人文主義的（humanistic）方法、Belk, et al.〔1988〕における、ありのままの記述という意味での自然主義的（naturalistic）方法、というようにさまざまな名称の方法が提唱された。記号論的方法では、直感的アブダクションによって個人的無意識あるいは集合無意識に還元した解釈を提示するのに対し、人文主義的方法や自然主義的方法では追体験による他者の感情の直接的把握が提唱されるか、解釈学的循環を通して解釈者の時代の先入見との関係で解釈を提示するといったGadamer的方法が提唱されるという点での相違が認められる（詳しくは松尾〔2005〕を参照）。しかし、個人の置かれた状況において、解釈対象者の文化的状況（記号論的理解）、個人的状況一般（追体験）、解釈する研究者側の歴史的状況（Gadamer的理解）のどれに重点を置くのかの違いがあるにせよ、そうした状況に置かれたときの研究者自身の感じた主観的解釈を重視するという点では共通しており、その意味での「理解の方法」という点で一致している。

このように、これまでの経験科学的客観性とは異なって、主観的解釈がその主観的確信に基づいて提出されるということの正当性が主張されたが、その方法における秘伝的・神秘的主張と、個人的意識が他者と共有されるプロセスに関する考察の欠如のために、研究者自身の感じた主観的解釈がはたして妥当なものなのかどうかという、解釈の妥当性の問題が解決されているとはいいがたい。すなわち、それぞれの正しいと思った直感によって提出された、同等にありえそうな解釈のなかからの妥当な解釈の選択の問題が残されたままなのである。その意味で、この研究プログラムは妥当性の文脈における方法を開発する必要があるのであり、このままでは実り多い成果を出せるとはいえない。

次に、マーケティング研究における歴史的研究の潮流は、Savitt〔1980〕に

よるマーケティング研究における歴史的研究の重要性の指摘に始まって、1980年代以降に高まりを見せた。この動向の中心にあるのが、S. C. Hollander を中心に組織されたマーケティング史学会（Conference on Historical Research in Marketing and Marketing Thought）であり、1983年に創設されて以来、ミシガン州立大学に事務局を置いて、隔年の5月に全米規模の研究大会が開催され続けており、その議事録が発刊されている。マーケティング研究における歴史的研究には実践史と研究史の双方が含まれるが、後者はメタレベルの研究であり、経験的マーケティング現象の研究に関する研究プログラムとしての歴史的研究は前者、すなわち狭義のマーケティング史研究を意味している。

　マーケティング史研究の先駆的業績としては、Barger〔1955〕、Converse〔1959〕、Shapiro and Doody〔1968〕、Porter and Livesay〔1971〕などがあり、1958年の経済史学会、1962年、63年、64年のAMAの冬季大会などで、マーケティング史に関するセッションが開かれるなどして、1950年代および60年代にかけてマーケティング史研究への高まりが生じかけたが、70年代にはその動きが停滞し、80年以降に前述のような新たな高まりが再び生じたのである。この80年代以降のマーケティング史研究に特徴的なのは、20世紀のアメリカにおけるマーケティングの展開のみに研究を限定せず、時代的にも地理的にもその研究対象を拡大してきたという点である。時代的拡大においては、資本主義段階にとどまらずそれ以前の商品交換にまで拡大するだけではなく、商品交換以上に自給や再分配といったニーズ充足手段が主であった時代にまで拡大するという主張を含んでいる。一方の地理的拡大では、単にアメリカ以外の国におけるマーケティングの展開を記述するという主張以上に、アメリカでのマーケティングの展開の優越性を相対化し、それぞれの地域にとって独自で最適な展開がありうるという考えが基礎にあるといえる（より詳しくは薄井〔1997〕を参照）。しかし、こうした研究動向に対しては「①歴史研究とはいえかなりの広がりをもっており大変まとまりに欠けており、マーケティングをあまりにも広範、多様にとらえすぎている嫌いがあること、②実態史（ないし実践史）では、一次資料の駆使による検討という、

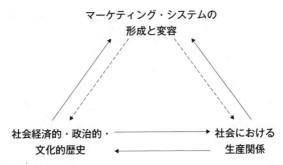

出所：Kumcu〔1987〕p.128.

図表 13-2　マーケティング・システムに関する歴史的視点のフレームワーク

本来的な歴史的研究方法をとるものが大変限られていることである」とし、「歴史的に捉えればそれでよいとする安易な姿勢がありすぎていると評価せざるを得ないが、歴史的研究そのものが端緒についた現状ではこれらをとりあえず認めざるを得ないのかもしれない」（小原〔2000〕p.29）という評価が妥当であるといえるだろう。

　さて、以上のように広範な対象を含んで展開されてきたマーケティング史研究ではあるが、図表 13-1 の対象の構造と照らし合わせてみると、さまざまな売り手と買い手に関する行為の次元と、流通システムに関する集合的行為の次元の記述に決定的に焦点が置かれているといえる。しかしその歴史的説明を意図した研究もありうるのであり、その点に関して、Kumcu〔1987〕は図表 13-2 のようなフレームワークを示しており（p.128）、そこでは集合的行為としてのマーケティング・システムの形成と変容を生み出すものとして社会経済的・政治的・文化的歴史とマルクス経済学的な生産関係が挙げられている。これらは、ともにさまざまな行為を集合的行為にまとめ上げる行為ルールとしての制度と考えられるのであり、その意味で、行為ルールとしての制度のレベルがその研究対象として不可欠であることを主張しているといえる。

　そして、研究プログラムとしての歴史的研究の方法的特徴は、意識、および集合意識に焦点を置く解釈学的研究プログラムとは違って、行為、制度、集合的行為といった非心理的な次元とそれらの関連に焦点を置く点にあり、

意識的要素をできるだけ排除し、それを生み出した状況的要因に置き換えていく状況分析がその方法の中心となる。個別的事象に関心を持ち、そのさまざまな側面を記述し説明するという研究プログラムとしては、歴史的研究プログラムのほうが解釈学的研究プログラムよりも客観的なテストが行いやすく、状況に関する事実をより実り多く明らかにできるという点で優位にあるといえるだろう。

3．タイプ的事象への理論的関心と 伝統的な 2 つの研究プログラム

さて、前述のように、解釈学と歴史的研究の 2 つは、ともに具体的な個別事象に関心を持っていた。これとは別に、理論的な関心、すなわち生の事象のタイプとしての一側面を因果的に説明する法則の探求に関心を持つ研究も存在する。この点に関して、科学哲学者 K. R. Popper は、次のようにより詳しく説明している。少し長いが以下に引用しておこう。

　「〔われわれが先に挙げたのと類似な〕論理的図式で、理論家の手続きを次のように書き表せる。

$$U0 \quad U0 \quad U0 \quad \cdots$$
$$U1 \quad U2 \quad U3 \quad \cdots$$
$$\underline{I1} \quad \underline{I2} \quad \underline{I3} \quad \cdots$$
$$P1 \quad P2 \quad P3 \quad \cdots$$

　この場合、U0 は検討に付されている普遍法則、普遍理論である。それはテストのあいだずっと一定に保たれ、さまざまな予測 P1、P2……を導出するために、さまざまな他の法則 U1、U2……およびさまざまな他の初期条件 I1、I2……と一緒に用いられる。ついでこれらの予測が観測可能な現実的事実と比較される。

歴史家の手続きは、次の図式で表せる。

$$U1 \quad U2 \quad U3 \quad \cdots$$
$$I1 \quad I2 \quad I3 \quad \cdots$$
$$\underline{I0 \quad I0 \quad I0} \quad \cdots$$
$$P1 \quad P2 \quad P3 \quad \cdots$$

この場合、I0 は検証またはテストされるべき歴史的仮説、歴史的叙述である。これはテストのあいだずっと一定に保たれ、さまざまな予測 P1、P2 などを導出するために、さまざまな（大部分は自明な）法則 U1、U2……および対応する初期条件 I1、I2……と組み合わされる。」（Popper〔1972〕、訳、p.395）

このように、同じ経験科学ではあっても、関心の違いから、2つの異なったタイプの研究が出現しうるのであり、マーケティング研究においても、前項で述べた個別的事象への関心による研究とともに、理論的関心に基づいた研究も存在している。

初期のアメリカのマーケティング研究者は、当時制度化されていた教育プログラムとしての経済学の影響を受けていたし、また実際、経済学者として教育された人が多い。しかしながら、彼らに共通した特徴は、主流派経済学への批判とそこからの離脱であった。そして、すでに述べたように（第1講）その思想的基盤がドイツ歴史学派とプラグマティズムにあり、そこからは、より現実に近づいた事実の記述という研究動向が生じたのであった。しかし、第2次世界大戦後は、戦前の研究の反省としてマーケティング・サイエンス論争がなされ、記述のみの研究から抜け出た理論探求型の研究動向が生じることとなる。しかも、脱経済学的な研究伝統は受け継がれ、Alderson の構想を中心に、行動科学的研究プログラムに基づいた研究が主流となったのであった（第4講）。

この行動科学的研究プログラムは、すでに述べたように帰納主義、学際主義、心理学主義という3つの方法的特徴を持ち、さまざまな行動諸科学にお

いて提出されてきた諸概念を学際的にかき集め、そのなかでも特に心理学的概念を中心に選択した諸概念をマッピングした一般的図式を基に、統計的手法によって加工されたデータから発見的にその無色の命題に積極的な意味内容を与え、そうして構築したモデルの実証のために再び統計的データを導き出すというふうに、帰納主義的に研究が展開される点に特徴がある。しかしこの研究プログラムのこれまでの展開を見てみると、ミクロ的研究においては、企業のマーケティング行為——その影響としての消費者心理——その結果としての消費者行動、といった対象に焦点が置かれるだけでマクロ的研究との断絶が存在し、統計的手法による実証というアプローチからは、理論的仮説を洗練化するというエネルギーが消失していったといえる。すなわち、当初の理論開発という点では停滞し、面白みのない仮説の実証的記述ばかりが肥大化していったのである。こうした停滞状況を前にし、ポスト経験主義的科学観の後押しもあって出現したのが方法論論争であった。この方法論論争において、この研究プログラム内に実証とは異なった反証主義的動向が生み出され、さらに関係性の研究の登場によってミクロとマクロのリンクが生み出される兆しはあるものの、そこでの帰納主義の影響力は強く、事実に振り回されて低レベルの仮説が多数提出されるという事態が続いているのが現状である。

　この行動科学的研究プログラムと同様に理論的一般化に関心を持ち、マーケティング研究における脱経済学的研究伝統にもかかわらず絶えず存在し続け、その内部での新たな理論的革新とともに注目を浴びてきているのが、経済学的研究プログラムである。そこでは、前述のように制度を研究対象として含み、形式的な新古典派的理論をより現実に近づける理論的工夫が推進されてきたのである。この理論的成果は、関係性マーケティング研究の高まりとともに、特に80年代以降マーケティング研究に導入されてきたのであるが、行動科学的研究プログラムの場合と同じように、そのマーケティング研究内での理論的洗練化よりも実証的記述のほうが先行している感がある。しかし、経済学内での理論的洗練化は現在進行形であり、マーケティング研究への影響は理論化の推進という点で今後とも大きなものがあるといえる。

198

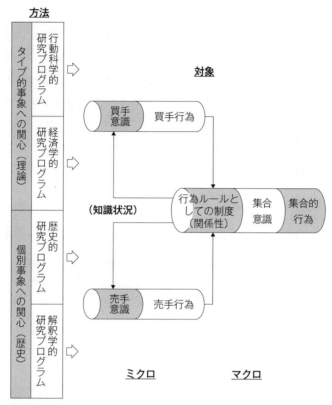

出所：筆者作成。

図表 13-3　マーケティング研究の現状

　以上述べてきたように、現在のマーケティング研究では、関係性あるいは制度というレベルも取り込んだ研究対象を前にして、4つの研究プログラムが並存している状態であるといえる。この点を図示したのが図表13-3である。

〈参考文献〉

Alchian, A. A.〔1965〕"Some Economics of Property Rights", *Il Politico*, 30, pp.816-829.

Barger, H.〔1955〕*Distribution's Place in the American Economy since 1869*, Princeton University Press.

Belk, R. W., J. F. Sherry, Jr. and M. Wallendorf〔1988〕"A Naturalistic Inquiry into Buyer and Seller Behavior at a Swap Meet", *Journal of Consumer Research*, 14（March）, pp.449-470.

Coase, R. H.〔1937〕"The Nature of the Firm", *Economica*, 4, pp.386-405.

Converse, P. D.〔1959〕*Fifty Years of Marketing in Retrospect*, Bureau of Business Research, University of Texas.

Demsetz, H.〔1967〕"Toward a Theory of Property Rights", *American Economic Review*, 57, pp.347-359.

Fama, E. F.〔1980〕"Agency Problems and the Theory of the Firm", *Journal of Political Economy*, 88, pp.288-307.

Hirschman, E. C.〔1986〕"Humanistic Inquiry in Marketing Research: Philosophy, Method and Criteria", *Journal of Marketing Research*, 23（August）, pp.237-249.

───── and M. B. Holbrook〔1982〕"Hedonic Consumption: Emerging Concepts, Methods and Propositions", *Journal of Marketing*, 46（Summer）, pp.92-102.

堀内圭子〔2001〕『「快楽消費」の追究』白桃書房。

Holbrook, M. B.〔1980〕"Some Preliminary Notes on Consumer Esthetics", *Advances in Consumer Research*, 7, pp.104-108.

───── and E. C. Hirschman〔1982〕"Experiential Aspects of Consumption: Consumer Fantasies, Feeling and Fun", *Journal of Consumer Research*, 9（September）, pp.132-140.

堀越比呂志〔2005〕『マーケティング・メタリサーチ──マーケティング研究の対象・方法・構造』千倉書房。

Jensen, M. C. and W. H. Meckling〔1976〕"Theory of the Firm: Managerial Behavior, Agency Costs and Ownership Structure", *Journal of Financial Economics*, 3, pp.305-360.

小原博〔2000〕「マーケティングへの歴史的視角」光澤滋朗先生還暦記念論文集編集委員会編『マーケティングへの歴史的視角』第2章、同文舘出版。

Kumcu, E.〔1987〕"Historical Method: Toward a Relevant Analysis of Marketing System", in A. F. Firat, N. Dholakia and R. P. Bagozzi（eds.）, *Philosophical and Radical Thought in Marketing*, Lexington Books, pp.117-133.

松尾洋治〔2005〕「マーケティング研究における解釈的アプローチの方法論的背景」『三田商学研究』第48巻第2号、pp.129-155。

Mick, D. G.〔1986〕"Consumer Research and Semiotics: Exploring the Morphology of Signs, Symbols, and Significance", *Jounal of Consumer Research*, 13（September）, pp.196-213.

Popper, K. R.〔1972〕*Object Knowledge: An Evolutionary Approach*, Oxford University Press.（森博訳〔1974〕『客観的知識──進化論的アプローチ』木鐸社）

Porter, G. and H. C. Livesay〔1971〕*Merchant and Manufacturers: Studies in the Changing Structure of Nineteenth Century Marketing*, Johns Hopkins University Press.（山中豊国・中野安・光澤茂朗訳〔1983〕『経営革新と流通支配』ミネルヴァ書房）

Savitt, R.〔1980〕"Historical Research in Marketing", *Journal of Marketing*, 44（Fall）, pp.52-58.

Shapiro, S. J. and A. F. Doody〔1968〕*Readings in the History of American Marketing: Settlement*

第Ⅳ部 第13講

200

to Civil War, Richard D. Irwin.

薄井和夫〔1997〕「マーケティング史研究の原状と課題に関する一考察——日米における研究動向の比較をふまえて」『社会科学論集』（埼玉大学経済学会）第 90 号、pp.13-44。

Williamson, O. E.〔1967〕*The Economics of Discretionary Behavior: Manegerial Objectives in a Theory of the Firm*, Markham.（井上薫訳〔1982〕『裁量的行動の経済学——企業理論における経営者目標』千倉書房）

———〔1975〕*Markets and Hierarchies: Analysis and Antitrust Implications*, Free Press.（浅沼萬里・岩崎晃訳〔1980〕『市場と企業組織』日本評論社）

第14講

4P 論的各論における新動向

　第13講では、1980年代以降におけるマーケティング研究の動向として、対象の構造化と方法における4つの研究プログラムの存在が指摘された。

　そこではまず、関係性という次元の研究が登場することによって、これまで分断されてきた感のあるマクロ的な行為集合に関する研究とミクロ的な行為に関する研究を架橋する可能性が出てきたことが指摘された。関係性とは、さまざまな行為をパターン化する行為ルールの出現と考えられるのであり、それゆえそれは「制度」と言い換えられる。マーケティング研究における関係性の研究の高まりは、経済学における制度研究の高まりと一致しており、マーケティング研究においても、意識—行為—制度（関係性）—集合意識—集合的行為というミクロからマクロにいたる研究対象の連鎖構造を持つに至ったといえる。

　さらに80年代以降に高まりを見せた方法論論争において、解釈学と歴史的研究という2つの研究プログラムが登場し、これらはともに個別的な出来事のさまざまな側面をより詳しく明らかにすることに関心を持っていることが示された。

　そして、マーケティング研究の主流である行動科学的研究プログラムおよび復活の兆しのある経済学的研究プログラムの2つは、ともに一般化に関心を持つ伝統的な研究プログラムであり、前述の2つにこれら2つを加えた4つの研究プログラムが、前述の対象の連鎖を前にして、それぞれ多様な研究成果を生み出しているというのが、マーケティング研究の現状であるとされた。

　第14講では、80年代以降のミクロ的各論分野での動向をより詳しく眺めながら、以上のようなマーケティング研究の動向を確認していこう。

1．Product

　戦後のマネジリアル・マーケティングの展開においては、技術革新を背景
とした新製品開発競争が激しさを増し、製品にかかわる問題がマーケティン
グ研究の重要な領域となった（第3講）。こうした動向を受けて、特に70年
代には大規模な事例収集による新製品開発の成功要因に関する発見的研究が
進展した（第8講）。

　その後、80年代には発見された諸要因のより詳細な研究が蓄積されてい
き、90年代以降それらの研究の総括が行われるようになった。Montoya-
Weiss and Calantone〔1994〕では、47の実証研究から18個の新製品の成功要
因が導き出され、それらが「戦略要因」、「市場環境要因」、「開発プロセス要
因」、「組織要因」の4つに整理された。この研究では、この4つの要因にお
ける関係や重要性は特に語られていないが、企業側の能力や資源としての戦
略要因と、市場環境要因とのマッチングが成功を導き、そのマッチングを実
現するのが開発プロセス要因と組織要因であると考えれば、新製品開発にお
いてより重要な要因は開発プロセス要因と組織要因であるといえるだろう。
また Krishnan and Ulrich〔2001〕では、新製品開発研究において「マーケティ
ング」「組織」「工学設計」「生産管理」という4つの視点があることが示され、
これらの視点ごとに研究者のコミュニティが分断されていることが問題視さ
れた。新製品開発は、まさに複数の研究分野にまたがる学際的な問題であり、
企業内においても複数の職能にかかわる問題であることが改めて確認された
といえる。

　以上のような総括的研究で判明したように、新製品開発研究においては、
企業内の諸部門の連携を図るための開発プロセスと組織の問題、諸部門間で
のコミュニケーションと情報や知識の共有化の問題の2つが中心的問題であ
るといえる（より詳細には川上〔2005〕を参照）。特に、Wind〔1981〕で指摘
されたように、新製品開発プロセスの多くの段階でマーケティング部門と研
究開発部門が中心的な責任を担っており、この両者の連携および統合の問題

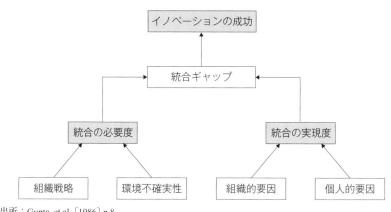

出所：Gupta, et al.〔1986〕p.8.

図表 14-1　マーケティングと R&D とのインターフェイスに関する研究のため
　　　　　のモデル

第IV部

第14講

が Gupta, et al.〔1986〕などを中心に精力的に研究されてきている。80 年代
以降、マーケティング部門と研究開発部門の統合とその成果との関係につい
て実証研究が進展することによって、その正の影響関係が新たに確認された
り、統合を実現するための具体的なマネジメント手法の研究が展開されたり
したが、この問題に関する新たな概念的モデルが提示された点が最も重要な
展開である。Gupta, et al.〔1986〕では、図表 14-1（p.8）が提示され、統合の
必要度と実現度の間のギャップの程度が新製品の成功に影響するということ
が指摘され、新製品開発のための高度な統合の必要性という単一的見解は後
退した。そこでは統合の必要度に応じた統合の実現という観点が示されてい
るのであり、統合の必要度を決める要因として、組織戦略と環境不確実性の
2 つが挙げられ、前者が攻撃的であるほど、また後者が高いほど、統合の必
要性は高まるとされている。統合の必要度という概念の導入によって、統合
と新製品開発の成功という単純な相関以上の視野を持った理論化の進展が示
唆されているといえるだろう。

　いずれにしても、新製品開発研究においては、Morgan and Hunt〔1994〕の
指摘した内部パートナーシップ、すなわち企業内部での部門間の関係性が研

究の焦点となってきたのであり、企業内部の諸行為を取りまとめる新たな
ルール、制度が模索されているといえる。

　以上のような主流ともいうべき新製品開発研究とともに、80年代の中頃
から90年代にかけて急激な高まりを見せたのがブランド研究である。

　アメリカやイギリスでは、折からの企業買収の増加に伴い、買収先の企業
が持つブランドを評価する必要が出てきたことがブランド研究の高まりの1
つの背景であった。特にイギリスでは会計上でブランド価値を無形資産とし
て計上できたことから、ブランド価値を計上するためのより具体的な手法が
議論された。こうした企業評価および会計的関心とともに、もう1つの大き
な背景としては、景気の低迷と読みづらくなった市場に直面し、顧客を安定
的かつ長期的に囲い込む手段としてブランドが注目されたということがある。

　日本では、より直接的に小売企業のプライベート・ブランドの台頭への対
処としてメーカーが真剣に自らのブランド戦略を考えざるをえなくなったと
いう経緯もあるが（池尾〔1997〕p.13）、80年代半ばのDCブランドの流行か
らバブル期の高級舶来ブランドブームを経験し、バブル崩壊後にアメリカか
らの影響もあって、あらためて安定的な顧客を確保するためのブランドの重
要性に気づいたという点が特に大きな要因であったといえるだろう。このよ
うに、ブランド研究の高まりは、マーケティング研究における関係性への注
目と同様の読みづらくなった市場への対処という背景を持っているのであり、
両者は密接なかかわりを持ちながら、製品管理研究者とともに、戦略、消費
者行動、チャネル、広告、流通といった幅広いマーケティング研究者の共通
の研究課題として関心が寄せられたのである。

　ブランドの重要性を指摘した先駆的な研究としては、Gardner and Levy
〔1955〕があり、早くも長期的投資によるブランドの育成の重要性が述べら
れている。しかしなんといってもブランドを企業の重要な資産とみなし、そ
の戦略的手段としての重要性を強調して90年代以降のブランド研究の高ま
りを導いたのは、Aaker〔1991〕である。そこでは、ブランド・エクイティ（brand
equity）という概念が提唱され、その構成要素として、①ブランド・ロイヤ
ルティ（brand loyalty）、②ブランド知名度（brand awareness）、③知覚品質

出所：Keller〔1998〕、訳、p.132。

図表 14-2　ブランド知識の要約

（perceived quality）、④ブランド連想（brand associations）の４つを取り上げ、ブランド拡張やグローバルブランドについての実例を挙げながら、その管理手法が述べられている。その後、Aaker は、Aaker〔1996〕、Aaker and Joachimsthaler〔2000〕を出版し、この分野の主導的立場になったが、概して、事例とこれまでの手法を再整理したという側面が強く、その点での貢献は認められるものの一連の著作で提示された鍵概念間の不統一さが見られ、概念的体系性という点では成功しているとはいいがたい。

　この新分野における概念的整理という点では、Keller〔1998〕の貢献が大きい。図表 14-2 のように、そこでは、顧客ベースのブランド・エクイティ論という点で一貫性が保たれており、ブランド・エクイティをブランド知識によって引き起こされる差異的消費者反応と規定し、その中心的概念であるブランド知識をブランド認知とブランド・イメージ（ブランド連想の反映としての知覚）の２つに大別したうえで諸概念が整理されており、Aaker よりも概念的体系性を有している。実際、この本は多くの大学院で使用され、「ブランド論」と名づけられた講座の出現を促したといえる。

　以上のようなブランド研究において、中心的問題は強力なブランドの構築という点にあるのであり、そこでは、消費者との頻繁なコミュニケーションにより強力なブランド認知やブランド・イメージを作り上げることによって、消費者との長期的な交換関係を形成し、非価格競争において勝利を収めるということが目指されているのである（田中〔1997〕p.437）。この点から明らかなように、ブランド研究は、いわゆる B to C における関係性形成の問題と深くかかわっているといえる。

2．Price と消費者行動研究

　価格に関する研究は、もともと他のマーケティング手段と結合して考察されることが多く、戦後は新製品開発競争の激化という背景から新製品価格の問題として出現し、その後 70 年代の世界的インフレーションの下で、価格変更の問題が浮上した（第 10 講）。

　この 2 つの問題とともに価格研究で重要な 3 つ目の問題として価格調整の問題がある。この問題には、地域別価格設定や割引といった伝統的な問題とともに、顧客タイプ、製品タイプ、立地などによって同一製品に複数の価格をつける差別的価格設定の問題や、価格帯設定、抱き合わせ製品価格、キャプティブ製品価格といった製品ミックスにおける価格設定問題など、戦後の競争激化における製品多様化とともに特に重要性の増してきた問題が含まれる。

　以上のような価格設定、価格変更、価格調整という 3 つのマネジメント的問題に関して、これまで多くのモデルが開発されてきたが、70 年代までは大部分がミクロ経済学的なモデルであった。そこでは、価格の決定要素として、コスト、需要、競争状況（競合企業の価格）の 3 つが考察されているが、消費者の反応がきめ細かく考察されてはいない。需要関数や需要の価格弾力性といった概念は組み込まれているものの、それは需要という消費者の数量的結果であり、その結果をもたらす過程で価格や製品の品質がどのように知

覚されたのかという点は捨象されている。そこでは、完全情報が仮定されているため、正確で一意的な品質知覚と予算制約的な価格意識しか存在しないのであり、品質や価格が消費者によって異なって知覚される可能性は想定されていないのである。それゆえ、価格のプロモーショナルな機能や広告による品質知覚の操作の余地はなく、あったとすれば、それは不適切な価格と虚偽広告ということになってしまう。

　この点を補完するべく、行動科学的消費者行動論の展開からの影響もあって、80年代以降は、消費者の心理的反応を組み入れたモデルが多く出現する。そしてこの価格の心理学的研究においては、主として、①価格と品質の関係、②消費者が製品に対して持っている価格イメージとしての参照価格、の2つの問題に焦点が当てられてきたといえる（より詳細にはRao〔1993〕および清水〔1995〕を参照）。

　心理学的研究においては、経済学的な完全合理的な消費者の認知からのズレを描くことに主眼があるといえるが、そうした不完全な消費者の実情を記述する以上に、その不完全性における合理性を説明する理論的努力も見られるようになってきている。この理論的基礎を提供したのが、2002年にノーベル経済学賞を受賞したD. KahnemanがA. Tverskyとともに開発したプロスペクト理論である（古川〔2001〕p.94）。これは、意思決定において評価の際の心的構成（フレーミング）によって意思決定が異なるというフレーミング効果を基礎に置き、それを、「レファレンス・ポイント（参照点）」と「価値関数曲線」によって説明するものである。図表14-3のように、参照点とはフレーミング下での心理的に中立な点であり、「価値関数曲線」では同額であれば参照点よりもプラスであった満足度と比べて参照点よりマイナスであった悔しさのほうが大きいという、それまでの完全合理性に基づいた経済学理論からの偏向として、「損失回避」的性向がその形状に示されており、この理論の前提となっている。この理論によって、80年代以降に経済心理学あるいは行動経済学といった新たな分野が急速に進展し、価格理論に少なからず影響を与えてきている。

　この流れとは異なり、基本的には経済学的枠組みの下でその完全情報や完

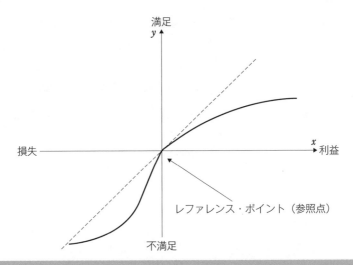

満足

損失 ――――――――――――― 利益

不満足

レファレンス・ポイント（参照点）

図表 14-3　カーネマンとトベルスキーのプロスペクト理論における価値関数

全合理性の仮定を緩めたうえでの理論的展開も経済学内部で進展し、情報の経済学などが価格モデルに導入されるという動向も 80 年代以降に出現した（より詳しくは Nagle〔1984〕を参照）。

　以上のように、価格研究においては、もともと経済学的視点が主流であったが、80 年代以降は、消費者の反応に焦点を置いた心理学的研究が進展し、どちらも近隣諸学科からの影響を受けて理論的展開が進みだしていることがわかる。そして、このような価格研究での理論化の動向は、その基礎である消費者行動研究にも同様に生じているといえる。

　すでに述べたように（第 5 講、第 8 講）、消費者行動研究は、戦後になって多くの研究者を動員しマーケティング研究の独立した新たな研究領域として登場したのであり、そこでは戦後のマーケティング研究の主流となった行動科学的研究プログラムが積極的に取り入られて、いわばマーケティング・サイエンスの典型として展開することとなった。しかし、さまざまな行動科学からの概念の借用とその実証に明け暮れるなかで研究の成果は拡散し、Howard = Sheth モデルを代表にいくつかの統合モデルが提示されたが、なかなか研究の焦点が定まらない状態が続く。しかし、そのモデルの新行動主義

的 S-O-R 構造が指摘され議論されるとともに、そのモデルの中心概念として態度概念が取り上げられるようになり、70 年代は態度研究にエネルギーが注がれるようになる。しかし、このモデルの根底には、刺激—反応型の受動的人間観があるのであり、この受動的人間観とは異なり、能動的な人間観に基づいて消費者の情報処理過程に焦点を当てた研究が 70 年代後半に登場することとなる。それが「消費者情報処理理論」であり、J. R. Bettman を中心に 80 年代を通して消費者行動研究の新たなパラダイムとなったのであった。

この消費者情報処理理論は、問題認識プロセス、情報取得プロセス、情報統合プロセスの 3 つのサブシステムからなっているが、問題認識プロセスが情報処理を駆動するスタートであり、その問題解決プロセスを大きく支配するのが長期記憶であり、行動を導き出す情報統合プロセスにおいても、すでに蓄積されていた長期記憶がこのプロセスを駆動するという点で、刺激−反応型の受動的人間観とは違った能動的人間観が前提となっている。それゆえ、このモデルで中心的役割を果たしているのは、刺激によって形成された態度ではなく、すでに消費者が保持していた長期記憶であり、折からの認知心理学や人工知能研究の隆盛もあって、研究の焦点はその長期記憶内の知識に焦点が当てられることになる。

この消費者の長期記憶内の知識としては、製品知識などの概念的知識や時空的なタグのついた個人的体験（エピソード）としての知識からなる宣言的知識（declarative knowledge）、ヒューリスティックスと呼ばれる問題を解く手順に関する知識である手続き的知識（procedural knowledge）、そしてこれら 2 つの知識を結び合わせて適切な問題状況を作り上げるメタ知識、の 3 つが考えられている（より詳しくは三浦〔1989〕を参照）。ここで重要な点は、手続き的知識であるヒューリスティックスには、多属性態度モデルにおいて想定されていたような、期待効用理論に基づいた最適解を求めるための加算型あるいは線形代償型と呼ばれるヒューリスティックス以外の選択決定スタイルも考えられている点である。そして、90 年代は、J. R. Bettman、J. W. Payne、E. J. Johnson といった研究者が中心となって、さまざまなヒューリスティック

スの検討とともに、それら特定のヒューリスティックスがどんな条件とメカニズムで採用されるのかといった問題が探求されることとなった。そしてこうした研究動向に決定的な影響を与えているのが、前述のプロスペクト理論の提唱者である A. Tversky であり、価格研究と同様、消費者行動研究においても経済心理学や行動経済学といった分野の成果が影響を与えてきているといえる。

　価格研究の場合と少し違うのは、消費者行動研究においては当初から行動科学的視点が主流で経済学的視点の研究がなかなか注目されなかった点である。しかし、経済学的視点の研究も Lancaster〔1971〕を中心とする新需要理論の展開や Stigler〔1961〕を端緒とする情報の経済学の進展とともに次第にマーケティング研究者の注目を集めるようになる（詳細は池尾〔1991〕を参照のこと）。

　新古典派的ミクロ経済学では、消費者の効用は製品全体を対象とした効用が想定されており、完全情報による確実性下の消費者の意思決定が問題とされていた。これでは、製品差別化のあるブランド間の選択や、広告活動などによる消費者の行動の変化といったマーケティング的状況は初めから除外されているといってよい。まず、こうした伝統的経済理論をマーケティングの問題にも適用できるような道を切り開いたのが新需要理論である。そこでは、製品特性空間という概念を導入することによって、伝統的理論における製品全体に対する効用概念を、製品が有するさまざまな特性に対して消費者が感じる効用に翻訳することに成功したのである。さらに、完全情報の仮定に関しては、不完全情報下における不十分な知識での意思決定をも取り扱う「不確実性の経済学」が進展するとともに、不確実性をいくらかでも減ずるための知識、すなわち情報が意思決定に果たす役割に研究の焦点が移動して、きわめて自然に「情報の経済学」が登場することになる。

　情報の経済学では、当初関与する経済主体が均等に不確実であるような情報の不完全性を想定し、前述の Stigler〔1961〕のように情報探索活動の費用を考慮に入れたうえで新たな均衡価格を探求するという研究が展開されたが、Akerlof〔1970〕を端緒として 70 年代以降中心的な問題として取り上げられ

たのが「情報の偏在」あるいは「情報の非対称性」という情報の不完全性の新たな局面であった。そこでは、逆選択やモラル・ハザードという「市場の失敗」が指摘されたのであり、こうした状況を回避して均衡を導くための方法が問題とされ、主として3つの道が提示された。第1に、何らかの価格以外の情報をシグナルとして発信し、そのうえで契約内容を検討した取引をすることによって市場均衡を補完しようとする道である。第2に、シグナルを越えて、なんらかの社会レベルでの関係性の確立、すなわち見えざる制度によって市場の失敗を回避しようとする道である。最後に、公共機関が私権を制限して取引や契約に介入してルールを設定するという、目に見える制度を設計する道である（宮澤〔1988〕pp.50-53）。これらの3つにおいて取引契約、社会的協調、法制定というレベルの違いがあるにせよ、どれもが経済主体の行動を規制するルールの設定が問題とされているのであり、こうした状況から研究の焦点は広い意味での制度に向けられることとなり、「組織あるいは制度の経済学」の分野とのつながりを持つことになったといえる。

　以上のように、「新需要理論」、「不確実性の経済学」、「情報の経済学」、「組織あるいは制度の経済学」といった新たな研究の潮流が相互に関連しあって経済学の新たな展開を生み出してきたのであり、この新たな潮流における成果は80年代頃から特にマーケティング研究者の関心を引き始め、消費者行動研究だけでなくマーケティング研究のさまざまな分野の理論化に大きな影響を与えている。

3．Place と経営戦略論

　チャネル研究において、80年代頃から新制度派経済学のうちでも特に取引費用分析の成果が導入されるようになり、中間組織という統治形態の発見とともに次第にチャネル内での協調的な関係に研究の焦点がシフトしたことはすでに述べた（第12講）。ここでは、チャネル内の企業間関係の研究と経営戦略論の新たな展開との関連について述べておこう。

212

　経営戦略論は、Chandler と Ansoff の 2 人の先駆者によって 60 年代に企業の成長の方向性に関する成長戦略として登場し、70 年代には複数の事業への経営資源の効率的配分に関する企業戦略としてのプロダクト・ポートフォリオ・マネジメント、Porter による競争戦略という 2 つの新たな領域が加わり展開した（第 8 講）。これら 3 つの戦略論は、ともに市場と競争者という企業の外部環境に焦点を当てている点が共通していたが、80 年代になると企業自身が保持している経営資源に焦点を当てた戦略論が展開されることとなる。これは、それまでの戦略論のように外部環境に焦点を当てすぎた場合、自分の能力以上に競争企業や新たな市場に対応することによって事業を拡大して、むしろ自らの強みを見失ってしまう場合が生じるという、いわゆる「多角化の罠」に気がつき始めたためである。Wernerfelt〔1984〕は、Penrose〔1959〕の主張をもとに、他者からのキャッチアップを困難にさせる自社の資源ポジションを創造することの重要性を指摘し、それを資源ベースの視点と呼んだ。Penrose において資源は生産能力を規定するものと考えられていたが、Wernerfelt において資源は当該企業の強みや弱みのすべてとより広く定義された。90 年代以降、この資源ベースの経営戦略論は、Barney によって精力的に展開された。Barney〔2002〕は、経営資源の異質性と固着性こそが競争優位の源泉であるとし、経営資源として財務資本、物的資本、人的資本、組織資本を挙げ、組織資本のなかに自社と他企業の関係も含めている。

　こうした戦略上の優位性としての経営資源を指す言葉としては、コア・コンピタンス（core competence）とケイパビリティ（capability）があるが、どちらも資源ベースの経営戦略論に属する研究として位置づけられる。コア・コンピタンスは、一見関連のない事業へ参入していく際の個々の技術と生産スキルの組み合わせを指し、技術的側面を強調する。これに対しケイパビリティは、企業の潜在的な中核的能力の重要性を認識させた点は同じであるが、コア・コンピタンスよりも広く、調達、生産、マーケティング、財務といったバリュー・チェーン全体にわたるスキルや経験などにおける超過能力を指している。マーケティングとの関連では、もちろん広い意味での経営資源が考えられているのであり、それゆえ Wernerfelt の立場やケイパビリティ概念

が用いられることが多く、特にチャネルにおける独自の企業間関係はもちろんのこと、あらゆる関係性が経営戦略論の観点から語られることが多くなった。

そしてそこでは、関係性を通しての競争が語られるのであり、すでに述べた関係性マーケティング研究の基礎としての競争理論が示唆されている。これに気づいたのが Hunt であり、第12講で述べたように新古典派経済学の競争理論における均衡概念を否定し、競争の一般理論として「比較優位理論」あるいは「資源優位理論」を提出したが、そこには常に競争を通じて不均衡を創造するのがマーケティングであるという考えが根底にあり、その意味でマーケティング研究の基礎理論をも目指しているといえるかもしれない。この Hunt の競争理論は経済学者や経営学者も含めて多くの注目を集め、それゆえ多くの批判もされているが、Hunt 自身は、既存の経済学、経営戦略論、組織論の成果からの影響は認めつつ新しい理論の提示であることを強調しており、新たなマーケティング研究の理論化を促す可能性を秘めている。

4．Promotion

広告研究は、その効果という側面から初期の頃から消費者行動との関連で研究が展開されてきた。特に戦後は、消費者行動研究が1つのまとまった領域として精力的に展開されたことと、広告効果測定の研究への関心が高まったこと（第6講）によって、この傾向がより明白となった。それゆえ、広告研究は、戦後の消費者行動モデルの展開に対応して発展してきたのがわかる。すなわち70年代中頃までは、消費者行動研究における多属性態度モデルへの関心の高まりに対応して広告と態度の関係が盛んに議論され、70年代後半からは、情報処理モデルの登場に対応して、情報処理過程と広告、特に認知と広告の関係に関心が集まった。

80年代になると、このミクロ的消費者行動プロセスにおける感情の側面と広告の関係に注目が集まるようになった。これは、認知を中心とした広告

研究への批判の現れでもあった。すなわち、それは、それまでの認知＝高関与、感情＝低関与という図式への疑問である（岸〔2001〕p.107）。この一連の研究において、当初は Peterson, et al.（eds.）〔1986〕のように反認知的色彩が強かったが、Cafferata and Tybout（eds.）〔1989〕のように、しだいに認知と感情を対立的には捉えずに、感情の認知への影響を考えるようになってきている。

80年代以降に関心を集めたそのほかの研究としては、「広告への態度（Aad）」の研究がある。この概念は Mitchell and Olson〔1981〕および Shimp〔1981〕によって提唱されたもので、「低関与下における広告への単純な好意がブランドへの態度に転移するメカニズムを説明する概念」（岸〔2001〕p.107）であったが、Brown and Stayman〔1992〕では、Aad の認知への反応も指摘され、Aad →ブランド認知→ブランド態度というプロセスを指摘する「二重媒介仮説」が支持されている。

90年代以降になると、購買前の消費者の心的状況と広告との関係よりも購買という行動自体と広告の関係に関心が集まるようになる。この流れに沿った研究としては、購買時点における「記憶」との関連での広告効果に関する研究があるが、行動効果を重視した研究として90年代以降の広告研究における最も注目すべき動向は、なんといっても IMC（integrated marketing communications：統合型マーケティング・コミュニケーション）であろう。

IMC は80年代末にアメリカの広告業界で出てきた概念であり、Schultz, et al.〔1993〕が発売されるやたちまち反響を呼び、90年代を通しての大きな関心事となった。しかし、この統合という概念は、マーケティング・ミックスやプロモーション・ミックスという用語が古くから存在しているように、それが手段的統合を単に指しているならば、マーケティングにおいてなんら新しい内容を示すものではない。それゆえ当初、IMC はなんら新しい概念ではないという意見があったのも事実である。しかし、IMC 登場の背景には、アメリカの広告業界の特有の構造問題があったのであり、広告主、メディア、広告代理店が新しい相互関係を模索するという意味での組織間統合の問題として登場したといえる。80年代のアメリカの広告業界の構造は、当時広告

会社が日本の大手広告会社のような広告以外の総合サービスをアピールしたにもかかわらず、その実態はマス広告のみのサービスであり、広告主はやむなく SP や PR といった広告以外のツールをそれぞれ個別の専門会社に発注するという状況だったのであり、これと比べて、日本の広告会社と広告主の関係は IMC の実現において若干先行していたといえるだろう。このように、IMC とは「広告主と広告会社の両者にとってコミュニケーションの統合という視点からそれぞれの組織を問い直す新しい問題提起」（小林〔1997〕p.4）であったのである。

　しかし手段的統合という意味においても、2000 年になってからは、さまざまな IMC の新たな定義のなかに若干異なる意味が確認されてきた（亀井〔2005〕pp.215-217）。すなわち、単に手段的統合を指摘する以上に、その目的が明示化されたのであり、その目的とは、強力なブランドを構築するためのブランド・コミュニケーションの実現と、消費者あるいはあらゆるステークホルダーとの関係性の構築である。こうした動向は、前述のブランド研究の高まりに対応していることはいうまでもない。こうして広告・プロモーション研究は、IMC 研究を媒介としてブランド研究および関係性マーケティング研究と密接な関係を持ちながら、確実な購買行動を生み出す手段探索として展開していくことになる。

〈参考文献〉

Aaker, D. A. 〔1991〕 *Managing Brand Equity: Capitalizing on the Value of a Brand Name*, Free Press.（陶山計介・中田善啓・尾崎久仁博・小林哲訳〔1994〕『ブランド・エクイティ戦略——競争優位を作り出す名前、シンボル、スローガン』ダイヤモンド社）

————〔1996〕 *Building Strong Brands*, Free Press.（陶山計介・小林哲・梅本春生・石垣智徳訳〔1997〕『ブランド優位の戦略——顧客を創造する BI の開発と実践』ダイヤモンド社）

———— and E. Joachimsthaler 〔2000〕 *Brand Leadership*, Free Press.

Akerlof, G. 〔1970〕 "The Market for 'Lemons': Quality Uncertainty and the Market Mechanism", *Quarterly Journal of Economics*, 84 （August）, pp.488-500.

Barney, J. B. 〔2002〕 *Gaining and Sustaining Competitive Advantage*, 2nd ed., Prentice Hall.（岡田正大訳〔2003〕『企業戦略論——競争優位の構築と持続』ダイヤモンド社）

Brown, S. P. and D. M. Stayman〔1992〕"Antecedents and Cosequences of Attitude toward the Ad: A Meta-Analysis", *Journal of Consumer Research*, 19（1）, pp.34-51.

Cafferata, P. and A. M. Tybout（eds.）〔1989〕*Cognitive and Affective Responses to Advertising*, Lexington Books.

古川一郎〔2001〕「プライシング研究の進展」日本マーケティング協会監修／池尾恭一編『マーケティングレビュー』同文舘出版、8章。

Gardner, B. B. and S. J. Levy〔1955〕"Product and Brand", *Harvard Business Review*, 33（March-April）, pp.33-39.

Gupta, A. K., S. P. Raji and D. Wilemon〔1986〕"A Model for Studying R&D-Marketing Interface in the Product Innovation Process", *Journal of Marketing*, 50（April）, pp.7-17.

亀井昭宏〔2005〕「広告マネジメントの新展開」亀井昭宏・疋田聰編著『新広告論』日経広告研究所、第8章。

川上智子〔2005〕『顧客志向の新製品開発——マーケティングと技術のインターフェイス』有斐閣。

岸志津江〔2001〕「広告のコミュニケーション効果」日本マーケティング協会監修／池尾恭一編『マーケティングレビュー』同文舘出版、第9章。

小林保彦〔1997〕「現代の広告人を考える——知識の文化から統合へ」社団法人日本広告主協会編『新価値創造の広告コミュニケーション——21世紀に向けての新たな広告の意味と戦略可能性を求めて』、第1章。

池尾恭一〔1991〕『消費者行動とマーケティング戦略』千倉書房。

————〔1997〕「消費社会の変化とブランド戦略」青木幸弘・小川孔輔・亀井昭宏・田中洋編著『最新ブランド・マネジメント体系』pp.12-31。

Keller, K. L.〔1998〕*Strategic Brand Management: Building, Measuring, and Managing Brand Equity*, Prentice Hall.（恩蔵直人・亀井昭宏訳〔2000〕『戦略的ブランド・マネジメント』東急エージェンシー）

Krishnan, V. and K. T. Ulrich〔2001〕"Product Development Decisions: A Review of the Literature", *Management Science*, 47（1）, pp.1-21.

Lancaster, K. J.〔1971〕*Consumer Demand: A New Approach*, Columbia University Press.（桑原秀史訳〔1998〕『消費者需要』千倉書房）

Mitchell, A. A. and J. C. Olson〔1981〕"Are Product Attribute Beliefs the Only Mediator of Advertising Effects on Brand Attitude?", *Journal of Marketing Research*, 23（August）, pp.318-332.

三浦俊彦〔1989〕「『知識』概念による消費者情報処理研究の再構成」『商学論纂（中央大学）』第31巻第2号、pp.25-59。

宮澤健一〔1988〕『制度と情報の経済学』有斐閣。

Montoya-Weiss, M. M. and R. J. Calantone〔1994〕"Determinants of New Product Performance: A Review and Meta-Analysis", *Journal of Product Innovation Management*, 11（5）, pp.397-417.

Morgan, R. M. and S. D. Hunt〔1994〕"The Commitment-Trust Theory of Relationship Marketing", *Journal of Marketing*, 58（July）, pp.30-38.

Nagle, T. T.〔1984〕"Economic Foundation for Pricing", *Journal of Business*, 57（January）, pp.S3-S26.

Penrose, A. 〔1959〕 *The Theory of the Growth of the Firm*, Oxford University Press.

Peterson, R. A., W. D. Hoyer and W. R. Wilson（eds.）〔1986〕 *The Roll of Affect in Consumer Behaviour*, Lexington Books.

Rao, V. R. 〔1993〕 "Pricing Models in Marketing", in J. Eliashberg and G. L. Lilien（eds.） *Handbooks in Operations Research and Management Science*, 5, North-Holland.

Schultz, D. E., S. I. Tannenbaum and R. F. Lauterborn 〔1993〕 *New Marketing Paradigm: Integrated Marketing Communications*, NTC Business Books.（電通 IMC プロジェクトチーム監修／有賀勝訳〔1994〕『広告革命——米国に吹き荒れる IMC 旋風』電通）

Shimp, T. A. 〔1981〕 "Attitude toward the Brand as a Mediator of Consumer Brand Choice", *Journal of Advertising*, 10（2）, pp.9-15.

清水聰〔1995〕「消費者と価格の心理」上田隆穂編『価格決定のマーケティング』有斐閣、第 2 章。

Stigler, G. J. 〔1961〕 "The Economics of Information", *Journal of Political Economy*, 69（June）, pp.213-225.（神谷傳造・余語将尊訳〔1975〕『産業組織論』東洋経済新報社、pp.218-242）

田中洋〔1997〕「ブランド・エクイティ研究の展開」青木幸弘・小川孔輔・亀井昭宏・田中洋編著『最新ブランド・マネジメント体系』pp.436-445。

Wernerfelt, B. 〔1984〕 "A Resource-Based View of the Firm", *Strategic Management Journal*, 5, pp.241-254.

Wind, Y. 〔1981〕 "Marketing and the Other Business Functions", in A. Ghosh and C. A. Ingene （eds.） *Spatial Analysis in Marketing: Theory, Methods and Applications*, JAI Press, pp.237-264.

第15講

マーケティング研究の基本動向と課題

　これまでの第Ⅴ部で描かれた、80年代以降のマーケティング研究の全体像を示したのが図表15-1である。

　最終講では、これまでの考察を基に、対象と方法の変遷という観点から、マーケティング研究の今後の基本的動向のポイントと、特に2000年代以降に顕著となった重要な動向について簡単にまとめて総括としたい。これまでに述べたことから推測されるマーケティング研究の基本的動向としては、①隣接諸科学における理論的進展の影響下でのマーケティング研究の理論化の進展、②関係性マーケティング研究のさらなる発展とそれによるミクロ的研究とマクロ的研究のリンクの可能性、③個別的事象に関する研究の深化とそれによるマーケティング理論およびマーケティング実践へのヒューリスティックな貢献の3つが予想される。

　そして、これらの基本的動向を基礎に、2000年代以降に顕著となった重要な動向のうち、新たな研究対象の出現として、④ICTとマーケティング研究、新たな研究方法の提言として、⑤サービス・ドミナント・ロジックの展開、そして最後にマーケティング研究と知識研究の関係について、⑥マーケティング＝マーケティング・コミュニケーション、と題して、若干詳しく触れておくことにする。

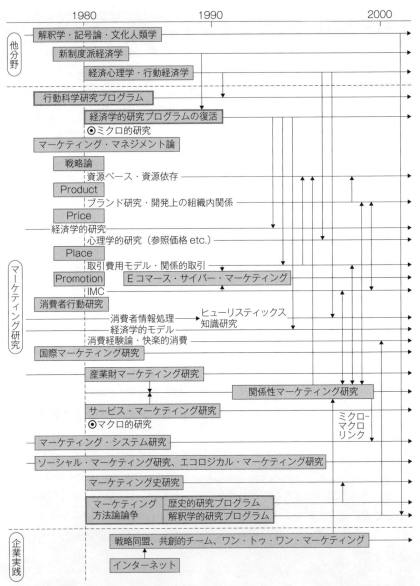

出所：堀越比呂志「戦後マーケティング研究の潮流と広告研究—最終回—」『日経広告研究所報』
　　　234 号、p.57 をもとに若干の修正。なお、図中の縦の矢印の位置は年代とは無関係であり、
　　　単に分野間の影響関係を示しているにすぎない。

図表 15-1　1980 年代以降のマーケティング研究の動向

1. 隣接諸科学からの影響下での
　　マーケティング研究の理論化の進展

　第13講で明らかになったように、現在のマーケティング研究においては、行動科学的研究プログラム、経済学的研究プログラム、歴史的研究プログラム、解釈学的研究プログラムの4つが存在していると思われるが、このうち理論化に関心を持つ前2者にかかわる経済学と行動諸科学において新たな理論的展開が80年以降に急激に進展した。

　まず、経済学では新需要理論、不確実性の経済学、情報の経済学、組織あるいは制度の経済学が相互に関連しあって、急激に理論的発展を示してきている。もともと新古典派的なミクロ理論においてマーケティングの余地はなかったといえるが、経済学自身がマーケティングに接近してきているといえる。またマーケティングの研究伝統は経済学の批判とそこからの離脱であったが、このような状況を前にしてマーケティング研究にこうした経済学での成果が積極的に導入されるようになってきている。そこには、経営学の組織論や経営戦略論における経済学とのコラボレーションが大きく作用しており、マーケティング論、経営学、経済学の学科横断的な研究が、今後ますます増えていくものと思われる。

　もう一方の行動諸科学においては、既述の Kahneman and Tversky〔1979〕によって提唱されたプロスペクト理論が行動科学的意思決定論の基礎を提供しつつあり、行動諸科学全体の理論的基礎として研究の方向性を指し示したといえる。プロスペクト理論は、もともと主流派経済学の効用関数の批判から出発したものであり、経済学的な合理的行動から逸脱するアドホックな心理学的多様性に代わって、心理的偏向の一般性を明らかにしたという点でより理論的展開を進めたといえる。そして、Thaler〔1985〕の心理会計のように、これをミクロ経済学理論と結び付けようとする試みも出現してきている。マーケティング研究において、行動諸科学の諸概念は、マーケティング現象のさまざまな記述に貢献することはあっても、それらの記述に一貫した説明

力を持って体系的理論化を進めるという点では無力であったといわざるをえ
ない。さまざまな表層的記述が実証研究の名の下に拡散的に積み上げられる
のみで、その一般化は停滞していた。プロスペクト理論の登場により、合理
的な人間行動からの心理学的な一般的逸脱という観点から、より理論的に面
白みのある仮説の出現が期待され、実証研究もその理論的工夫を刺激するか
たちで、そうしたより一般的な仮説の下での反証を重視した研究へと転回す
ることが期待される。

２．関係性マーケティング研究とミクロ‐マクロ・リンク

　2004 年における AMA によるマーケティングの定義変更に象徴されるよ
うに、マーケティング研究において関係性に関する研究はあらゆる下位分野
で関心の中心となってきている。すなわち第 14 講で指摘したように、
Product の分野では、新製品開発において企業内部門間の関係性が関心の中
心となっているとともに、ブランド研究では消費者との安定的な関係性構築
が主題である。また同様に、Place の分野では、もともとチャネルにおける
企業間関係を取り扱っていたが、特にその協調的関係性が競争上の優位性と
して研究の焦点となっている。そして、Promotion の分野では、IMC におい
て広告関連企業間の関係性構築とブランド研究とを連携したうえで、消費者
との関係性構築が関心を集めている。今後とも、実践的問題とのかかわりに
おいても、関係性の研究はマーケティング研究の中心を占めていくものと思
われる。
　そして、この関係性の研究の進展によって、マーケティングにおけるさま
ざまな売り手および買い手行動が連携し、よりマクロな集合的行為現象にま
とまっていく過程が明らかにされる可能性があるのであり、マーケティング
研究においてミクロ的マーケティング研究の成果とマクロ的流通研究の成果
の長年の分断を解消する糸口になりうる。すなわち、その過程とは、交換当
事者間での取引がルーティン化して、そこに安定的な関係が出来上がり、そ

の関係の効率性に気づいた他者がそれを模倣することによって広範な制度として定着し、そこからより上位の行為集合のパターン化が現出し、社会的構造を生み出していく、という制度発生の過程である。関係性の研究は、こうした一連の過程の要であり、それが制度研究と結びつくことにより、マーケティングにおいても、さまざまな売り手と買い手の行為が連携し、よりマクロな流通における集合的行為現象を生み出していく様子が明らかになることが期待される。

3．個別的事象に関する研究の進展とその貢献

前述のマーケティング研究における4つの研究プログラムのうち、歴史的研究プログラムと解釈学的研究プログラムの2つは、80年代以降に登場したまだ新しい研究プログラムであり、ともに一般化よりも、具体的な個別的マーケティング事象のさまざまな側面を詳細に明らかにすることに関心を持っている。

解釈学的プログラムは、80年代以降に精力的に多くの研究成果を排出してきており、これまでのマーケティング研究では取り扱われてこなかった諸相にメスを入れたという点ではきわめて意義があるものの、その研究方法における思弁的偏向によって、研究の衰退を招いているといえるだろう。解釈する対象の心理的状態へ飛び込むという秘儀的な方法の観点から抜け出し、そうした心的情報を作り上げた外的状況の構成に研究の重心を移動させることにより経験主義を復活させるという、方法における視点転換が必要であると思われる。その実現によってこそ、研究の客観性の向上による新たな理論的研究への発見的な貢献とともに、マーケティングへの実践的含意と貢献も増すであろう。

歴史的研究は、アメリカおよび日本の双方において学会が成立し、研究者間の連合が高まってきてはいるものの、他の学科における歴史研究と比べると一次資料を発掘した本格的な研究が進展しているとはいいがたい。しかし、

この研究プログラムの方法においては、マーケティング行為の状況的事実に重点が置かれているので、それに関する豊富な研究蓄積は理論との食い違いを気づかせ新たな理論的研究を刺激するうえで、今後ますます重要性が増すと思われる。そして、理論的研究を刺激するという点では、これまでの大量観察による統計的実証研究から抜け出て、理論と食い違った事例を歴史的研究のアプローチによって徹底的に調べ上げるといったケース研究の重要性がさらに高まると思われる。理論に肯定的な事例よりも、それと食い違った事例を調べることによって、旧理論を新たな理論に置き換える探究が刺激されるのであり、これは経験的方法における実証主義から反証主義への移行を意味している。さらにこの点において解釈学的研究がメスを入れたマクロ的な文化現象や時代精神的な発見に歴史的研究のより具体的な状況分析がリンクしていく可能性がある。このような動きは、前述のように解釈学的研究プログラムの方法的欠陥を修正しプログラムの活性化を生み出すことになるだろうし、新たな理論化の方向を気づかせると同時にマーケティング実践への新たな具体的示唆を提供することにもつながるだろう。

　個別的事象への関心を持つこれら2つの研究プログラムを広義の歴史科学と呼ぶならば、歴史科学と理論科学の相互の連携のなかでこそ双方の発展が生じるのであり、真に実りある実践への示唆もそこから生じるといえる。

4．ICT とマーケティング研究

　IT（Information Technology）の進展に関しては、第12講で関係性マーケティングを浸透させた原因として若干言及したが、2000年以降にブロードバンド（広帯域高速回線）が普及し始めてからは、マーケティング活動への影響は革命的に変化し、さまざまな新しい現象が出現した。日本でも、総務省が2004年にIT を ICT（Information and Communication Technology）と言い直してその概念の拡張を行ったように、その技術の進歩はわれわれの生活を大きく変えることとなった。ブロードバンドは、当初の ADSL という一般家庭に

あるアナログの電話回線を利用する高速デジタルデータ通信技術から始まったが、2005年頃からは光回線が普及し始めることにより、その高速通信と常時接続という2つの特性が飛躍的に進歩した。その結果として、情報、通信、放送の融合が加速し、商取引やマーケティング活動におけるさまざまな革新とともに新たなビジネスモデルが次々と登場した。かくしてここに、こうした現象を研究対象とする「インターネット・マーケティング」あるいは「サイバー・マーケティング」などと呼ばれる新たな研究領域が登場することになった。

Hanson〔2000〕によれば、マーケティングに応用可能なインターネットの特性として、①デジタル、②ネットワーク、③インディビデュアル（個別対応）という3つがあるという（訳、pp.34-35）。

①のデジタルでは、デジタル化された情報の「低コスト」、物理的な空間の制約を取り払った「バーチャルな空間」、ばらばらに存在していた情報の「結合性」という3つの派生的特性が挙げられている（訳、pp.48-70）。②のネットワークでは、誰でもどこでもすぐにアクセスできる「自在性」、ネットワークの評判に対する自己達成の「期待」とその拡大、そうしたやり取りのオープンな「共有」、その結果としての「専門化」の進展、より高い付加価値を生み出す「バーチャル・バリュー・アクティビティ」の増大という5つの派生的特性があるという（訳、pp.84-101）。最後に③のインディビデュアルでは、企業間、企業－消費者間、消費者間において、「直接の対話」、顧客が価値を最大化するための主体的な「個々の選択」、そのための「使いやすい技術」という3つの派生的特性が生み出されるとされる（訳、pp.127-138）。

これらの特性を持つインターネットの普及によって、まず基本的な流通取引上の変化としてEC（Electric Commerce：電子商取引）が出現する。ECには企業間の「B to B EC」、企業と消費者の間の「B to C EC」、消費者間の「C to C EC」があり、それぞれの情報流、商流、物流の3つの側面において多くの革新が生まれている。

B to B ECでは、まず情報流の革新としてEDI（Electric Data Interchange：電子データ交換）が生まれ、その標準化の進展とともに、商流においては企業

間の生産と販売の取引の統合として SCM（Supply Chain Management）、そして
コンピューターのデル社に代表される BTO（Build To Order）あるいは CTO
（Configure To Order）と呼ばれる手法が登場した。それらは、延期の原理と
投機の原理を兼ね備えた、在庫リスクを減らし、かつ生産コストも抑える受
注生産方式として発展していった。

　B to C EC では、情報流の変化として企業側の情報にも精通したプロ
シューマーなどの出現やそこから発信される情報の拡散と共有によって、企
業と消費者の間の情報格差が縮小される傾向が生じ、それによる取引上のリ
スクの軽減によって商流におけるバーチャル直販と、それに伴う電子決済や
電子マネーが普及していく。

　C to C EC においては、情報流において、SNS（Social Networking Service）と
いう消費者間でのグローバルでリアルタイムなコミュニケーション・ツール
が生まれるとともに、商流面ではそれをベースにメルカリのようなフリマア
プリや、ヤオフクのようなネット・オークションという新たな取引形態が生
み出された。

　これら 3 つの取引形態に共通した物流面では、以上のインターネットを取
り入れた商流上の変化から出現した多頻度小口配送に対する対応が遅れたが、
ヤマト運輸に代表されるような物流方式が進展し、現在ではフィジカル・イ
ンターネットという方式がしだいに注目を集めるようになっている。これは、
従来のように大量の荷物を常に自社の倉庫と自社の車両で配送するのではな
く、自社所有のものに限らずに、最も効率的なルート上にある車両や施設を
シェアして利用する方式であり、情報流と商流の変化の下で、物流もそれに
追いつきつつあるといえる。

　以上のような流通取引上の変化を背景に、ミクロ的なマーケティング・マ
ネジメントも変化を余儀なくされている。

　戦略的なマネジメントにおいて、セグメンテーションやターゲッティング
にかかわる市場対応戦略では、その基礎となる市場調査技法においてイン
ターネット調査という新しい技術分野が登場した。インターネット調査は、
①調査コストが安価、②データ回収が早い、③音声や動画なども活用できる、

などの利点があるが、収集されたデータがパソコンに親しんだ人に偏りやすく、無作為抽出が困難といったことから生じるバイアスの問題が指摘されており、この点の統計技術的解決が模索されている（井上哲弘〔2007〕）。

　ポジショニングにかかわる競争対応戦略では、規模の経済性よりも関係の経済性を追求して、競争よりも協調による戦略的同盟関係が重視される傾向（戸田〔2017〕）をインターネットが促進させた。

　社会や制度といったより広い環境への対応戦略では、環境へのマイナスの側面を減らす義務とともに、ボルヴィック社の「1L for 10L」プロジェクトのような CRM（Cause Related Marketing）、Porter and Kramer〔2011〕が提唱する CSV（Creating Shared Value）のように、企業による利益も両立させた社会的問題解決への積極的共同参画といった動向が生まれつつあり（詳しくは青木〔2014〕を参照）、インターネット技術がコスト削減においてその動向を支えている。

　戦術的なマネジメントにおいて、Product に関しては、既述のように、売り手と買い手の情報格差が縮小しているなかで、プロシューマーを取り込んだ製品開発をはじめとして、製品開発のアイデアの情報源は、SNS を駆使した顧客との対話のなかに求めざるをえなくなってきている。

　Price に関しては、価格比較サイトの登場などによって消費者の価格感度は高くなり、小売業間の価格競争が激しくなって製造業者への低価格化の圧力が高まっているが、インターネットによる直販の拡大により、製造業者における価格統制の必要性は低下しているといえる。また、ソーシャル・ゲームやアプリケーションソフトといったコンテンツやプログラムは、デジタルデータ化することによりその複製にかかるコストはゼロに近い。そのため、それらを無料で提供し、それを使い続ける過程で有料化したり、他の収入源とリンクさせたりするという、フリー・ビジネスが登場してきた（Anderson〔2009〕）。

　Place に関しては、製造業者のインターネットによる直販の増加が既存の中間業者を不要にするという「脱中間業論」が90年代に叫ばれたが、現実にはそうはなっていない。むしろ、既存のリアルな流通チャネルとインター

ネット直販チャネルの食い違いを是正し、統合的に利用可能にさせ、一貫した顧客体験を提供しようとするオムニチャネル（omnichannel）の構築が試みられている。また、中間業者においては、インフォメディアリー（infomediary）と呼ばれる、特定業種や特定品目ごとにポータルサイトを構築し、売手と買手をマッチングさせ、成立した売買の手数料を得るという、情報提供機能に特化した新しいビジネスモデルも登場している。さらに、インターネット上のショッピングサイトでは、リアルの店舗のように売れ筋商品を絞り込んだ品揃えではなく、基本的に無制限に売れ筋ではない商品やサービスを取り揃えることができ、こうした販売可能性の低い商品が続く長いしっぽのような商品群の合計が全体に対して無視できない割合を占める状態を実現できるようになった。Anderson〔2006〕は、これを「ロングテール（long tail）」と呼んだ。

　最後に Promotion に関しては、消費者行動のどの段階を目指してコミュニケーション活動を行うのかという関心の下に、インターネット登場後の消費者行動プロセスの変化に注目が集まった。この点に関し電通は、それまでの AIDMA モデル（Attention：注目→ Interest：関心→ Desire：欲求→ Memory：記憶→ Action：行動）に代わって、AISAS モデル（Attention：注目→ Interest：関心→ Search：検索→ Action：行動→ Share：共有）、SIPS モデル（Sympathize：共感→ Identify：確認→ Participate：参加→ Share and spread：共有・拡散）などを発表した。AISAS モデルでは、購買前の検索と購買後の共有という2つのSが追加され、SIPS モデルは購買を目的にした行動プロセスではないが、確認、共有・拡散という同様の2つのプロセスが追加されている。こうした行動プロセスの変化において、井上重信〔2017〕は、そこに情報拡散ループ、購買ループ、そして関係性ループという3つの情報の流れが形成されているとし、情報拡散ループを中心に、他の2つのループがリンクされているという点を指摘した（p.38）。インターネット時代の Promotion 活動では、いかに情報拡散ループに SNS などによって情報を提供し拡散させるか、そこから購買ループにつなげる感動や共感をどう演出するか、さらに顧客との関係性を強化するためにいかに継続的コミュニケーションをとるか、といった問題の解決が探求されている。

5．サービス・ドミナント・ロジックの展開

　2004 年に、前述の 1 節から 3 節の動向を総括するようなかたちで方法論的主張が提示された。それがサービス・ドミナント・ロジック（service dominant logic：以下 SD ロジックと略す）であり、Vargo and Lusch〔2004〕によって、それまでの有形財を基本的な交換単位とするグッズ・ドミナント・ロジック（goods dominant logic：GD ロジックと略す）に代わる、新しいマーケティングの基本的視点として発表された。彼らは、マーケティング思想の発展過程を、① 1800-1920 年代：古典派そして新古典派経済学の時代、② 1900-1950 年代：初期／形成期マーケティングの時代、③ 1950-1980 年代：マーケティング・マネジメントの時代、④ 1980-2000 年代：社会的そして経済的過程としてのマーケティングの時代の 4 つに分けたうえで、④の時代に、4P 論に基づかず、①の時代からの影響である経済学パラダイムの影響から分岐した多くの新しい準拠枠が、関連諸学科からの影響の下に登場してきたと指摘する。彼らが指摘するその準拠枠とは、関係性マーケティング、品質管理、市場志向、サプライチェーン・バリューチェーン・マネジメント、資源管理、ネットワークの領域だという（p.3）。この主張は、まさに 1 節で述べた基本的動向に対応する。ただし、SD ロジックは、理論ではなく、サービスを中心に据えて交換と価値創造という事象をとらえる考え方、物を見る際の焦点を転換させるレンズであるとされ、前述の新たな準拠枠を示す諸動向に共通の諸前提を示すことが試みられた。ここで、中心となるサービスについては「他者あるいは自身の便益のために、行為、プロセス、成果を通じて専門化されたコンピタンス（知識や技能）を適用すること」（p.3）というプロセスを強調した定義が一貫して採用され、結果としてのサービスの集合体である複数形の「サービスィーズ」と区別して、単数形の「サービス」が用いられることとなった。その具体的な内容は、2004 年当初 8 つの基本的諸前提（foundational premises：以下 FP と略す）として示された後、2016 年までに数度の追加・修正が加えられ、11 の基本的前提に拡張された。その変遷を示

230

	2004[1]	2006[2]
FP1	専門化されたスキルとナレッジの応用が巷間の基本単位（unit）である。	変更なし
FP 2	間接的な交換は交換の基本的単位を見えなくする。	変更なし
FP 3	グッズはサービス供給のための伝達手段である。	変更なし
FP 4	ナレッジは競争優位の基本的源泉である。	変更なし
FP 5	すべての経済はサービスィーズ（services）経済である。	変更なし
FP 6	顧客は常に共同生産者である。	顧客は常に価値の共創者である。
FP 7	企業は価値提案しかできない。	変更なし
FP 8	サービス中心の考え方は顧客志向的であり、関係的である。	変更なし
FP 9		組織は細かく専門家されたコンピタンスを市場で求められる複雑なサービスィーズ（services）に統合したり変換したりするために存在している。
FP 10		
FP 11		

1) Vargo, S. L. and R. F. Lusch〔2004〕"Evolving to a New Dominant Logic for Marketing", *Journal of Marketing*, No.68（January）pp.1-17.
2) Vargo, S. L. and R. F. Lusch〔2006〕"Service-Dominant Logic: What It Is, What It Is Not, What It might be", in R. F. Lusch and S. L. Vargo（eds.）*The Service-Dominant Logic of Marketing, Dialog, Debate, and Directions*, ME Shape, pp.43-56.

出所：Lusch and Vargo〔2011〕、訳、pp.267-268。

図表 15-2　SD ロジックの基本的前提の変遷

2008[3]	2014[4]	2016[5]
サービスが交換の基本的基盤（basis）である。	（公理1）	変更なし
間接的な交換は交換の基本的基盤を見えなくする。		変更なし
変更なし		変更なし
オペラント資源は競争優位の基本的な源泉である。		オペラント資源は戦略的ベネフィットの基本的な源泉である。
すべての経済は、サービス（service）経済である。		変更なし
変更なし	（公理2）	価値は受益者を含む複数のアクターによって常に共創される。
企業は、価値を提供することはできず、価値提案しかできない。		アクターは価値を提供することはできず、価値提案の創造と提案に参加することしかできない。
すべての社会的アクターと経済的アクターが資源統合者である。		サービス中心の考え方は、元来、受益者志向的でかつ関係的である。
価値は受益者によって常に独自にかつ現象学的判断される。	（公理3）	変更なし
	（公理4）	変更なし
	（公理5）	価値共創はアクターが創造した制度と制度配列を通じて調整される。

3) Vargo, S. L. and R. F. Lusch〔2008〕"Service-Dominant Logic: Continuing Evolution", *Journal of the Academy of Marketing Science*, 36(1), pp.1-10.

4) Lusch, R. F. and S. L. Vargo〔2014〕*The Service-Dominant Logic: Perspectives, Possibilities*, Cambridge University Press, pp.53-82.

5) Vargo, S. L. and R. F. Lusch〔2016〕"Institutions and Axioms: An Extension and Update of Service-Dominant Logic", *Journal of the Academy of Marketing Science*, 44(1), pp.5-23.

第Ⅳ部

第15講

したのが図表 15-2 である。

　最終的に示された 11 の FP のうちでも、その中心となる主張が、5 つの公理にまとめられており、そこから帰結される焦点の変化は、①サービスの定義と公理 1 から、交換される客体は知識であり、それは有形財と無形財に共通の前提であるということ、②公理 2 と公理 3 から、すべての社会的および経済的アクターの行為まで含むネットワークを考慮するということ、③公理 4 から、交換のプロセスは、交換価値の実現で終わるのではなく、受益者が独自に感じる使用価値の実現までであるということ、④公理 5 から、使用価値の実現は制度によって調整された文脈価値であるということ、の 4 点であるといえる。

　①と②と④は研究対象の空間的拡大であり、そこでは通常の経済的交換以上の社会的やり取りとしての交換まで行為が拡大され、さらに、ミクロレベルから始まって、メソレベル、さらにマクロレベルでの創発的な構造の形成が説明されており（Lusch and Vargo〔2014〕、訳、pp.200-202）、この構造の形成ということを説明するために、公理 5 の制度研究への言及が追加されたと考えれば、この主張は、2 節で述べた関係性マーケティング研究と制度研究の連結によるミクロ - マクロ・リンクという基本的動向に対応しているといえる。

　③は、研究対象の時間的拡大であり、そこでは最終的到達点が、きわめて具体的な受益者によって判断される文脈価値が想定されているが、それは時空的な制限の下での具体的な事象のさまざまな側面を克明に描くという作業になり、一般化を目指す理論的研究にはなじまない。この具体的事象への関心は、Grönroos〔2007〕では特に強く、SD ロジックと共有する点が多くあるものの、SD ロジックの実務的示唆の乏しさを批判し、独自のサービス・ロジックを提唱した。そこでは、「真実の瞬間」（訳、p.70）という、より具体的な状況を強調した具体的マネジメントが提唱されている。もちろん、具体的な目の前の事象を克明に描くことは、具体的な実践を導くうえで貢献は大きい。しかし、具体的な状況を目の前にして、その多様な諸側面の洪水に押し流されないためには、どうしても選択的見地が必要になる。それは、具体

的な事象にかかわる理論を既存の諸理論からどのように選び、それらをどのように合成するかという、アートの作業になる。理論的成果は、このアートの作業の材料となるのであり、SD ロジックが目指そうとしている市場理論の構築は、具体的な歴史研究や実践のケース的記述と混同されることなく、進められるべきである。しかし、SD ロジックの現在の状況は、方法の提言というよりは、マーケティング研究の焦点として視点転換すべき研究対象を列挙したにすぎず、その対象相互の因果連関を示す理論的方法の提言にまでは至っていない。それゆえ、SD ロジックはまさにレンズとしての理論構築のスタートを示したにすぎず、本格的な理論的成果を生み出すために解決するべき理論的問題は山積みといえる。それらの多くは、社会科学や文化科学が登場して以来、探求され続けてきた問題であり、簡単に答えが出るとはいえない。それでも方法論的議論に本格的に参加し、理論的研究、歴史的研究、そして実践的マネジメント研究を区別したうえでその関係を明らかにし、知識の交換という状況をどのように描くのか、経済的交換と社会的交換をどうつなげるのか、ミクロ－マクロ・リンクを実現するために制度研究をどのように組み込むのかという諸問題を明確にし、その解決を探求するなかからこそ、自生的秩序の出現、より普遍的なタイプ的事象を説明する、マーケティング独自の理論的成果が生み出されていくと考える。

6．マーケティング＝マーケティング・コミュニケーション

　隣接諸科学からの影響において、経済学的研究プログラムでは、消費者の不確実性を減ずるための知識に関する情報の経済学などの展開もあって、不確実性を減じるうえでの情報の役割の研究とともに、それに基づいたルールの創出としての制度的工夫が探求されており、知識の問題に焦点が当てられていることがわかる。また、行動科学的研究プログラムにおいても、情報処理モデル登場以来、消費者の知識の研究に研究の焦点がシフトしてきている。売り手と買い手の間の売買の成立が、経済学が追究する一般均衡なのか、心

理学的に均衡から逸脱し差別化を追求した結果の部分均衡にすぎないのかという点での解釈の相違は存在するものの、両プログラムにおいて知識の問題が中心的になってきているのである。そして、あらゆるマーケティング活動が消費者を購買に結びつけるための活動であるとするならば、売り手と買い手の間における知識の共有を目指したコミュニケーションの問題は、マーケティング研究全体においての根本的問題なのであり、マーケティング＝マーケティング・コミュニケーションと考えることができる。さらに、4節で述べたように、ICTの発展はこの動向を加速化させている。こう考えると、既述の（第14講）広告研究におけるIMCの主張の重要性は、この観点からも解釈できる。すなわち、IMCは、コミュニケーションにおける情報あるいは知識という観点からのマーケティング研究全体の再構成の問題を示唆しているとも考えられるのである。

　もっとも、マーケティング＝マーケティング・コミュニケーションという考え方は、IMCにおいて初めて示されたわけではない。すでに60年代からこうした見解は出現しており、Delozier〔1976〕では、明確かつ詳細にこの見解が表明されている。前述のように、この立場に立ってただ統合を唱えただけであるなら、IMCの主張はなんら新しいものではないといえる。

　すでに述べたように、IMCの主張はコミュニケーションの統合の必要性はわかっていたもののそれを実現できない当時のアメリカの広告業界の状況を前にして発せられたのであり、その統合を阻んでいる問題状況の指摘とそれを実現させるための提言のなかにこそ新しさがあったといえる。すなわち、その新しさとは、①コミュニケーションの統合を可能にするために、広告関連企業および広告主との企業間関係、そしてそれぞれ自身の組織内関係を問い直すという問題、②消費者との安定した関係性を築くためのデータベースを構築したうえで、より個別的なコミュニケーションの実現という問題、の2つが取り上げられた点にある。そこでは、B to B関係形成→IMCの実現→B to C関係の形成という問題状況が構成されているのであり、そこに80年代以降の関係性マーケティング研究からの影響を見て取れる。

　とくに、②の問題において広告を考えることは、これまでの広告研究とは

違った研究動向を生み出していくと思われる。まず第1に、広告の目的にお
いて、顧客の説得以上にその維持にウェイトが移動する。短期的な新規顧客
獲得よりも、既存の顧客を長期的に囲い込むための広告活動が問題となるの
であり、そのためには反復的で双方向的なコミュニケーションに焦点が当て
られることとなる。本来一方通行的であった広告活動も、それに対する顧客
の反応をすくい上げる工夫が必要となる。第2に、関係性を築くというのは、
本来個別的なことであり、個々のきめの細かいコミュニケーション対応が必
要となる。これは、コンピューターの発達とインターネットの普及が実現し
たからこそ可能となったことであり、こうした情報機器を駆使したデータ
ベースの作成を基に、個々の顧客がどのような情報へいかに接触しているか
という点を明らかにする、コンタクト・マネジメントという分析が要となる
（Schultz, et al.〔1993〕、訳、pp.76-77）。こうした分析をより個別に行う研究は
まさに90年代以降に登場してきたのであり、IMC研究の内容は、多くの点
で、いわゆるデータベース・マーケティング研究と一致して進展していると
いえる。第3に、広告内容に関して、製品の機能に関する説得的・説明的内
容よりも、より感覚的・情緒的な内容の効果が重視されていくだろう。消費
者との安定した関係性を築くためには、消費者が単なる聞き手である以上に、
企業とのコミュニケーションに積極的に参加し、提言するようになることが
必要である。そのためには、消費者が独自の意味了解や意味構成を行えるた
めに、あいまい性と多義性を含んだ情緒的ストーリーやエピソードといった
内容が重要となるのであり（和田〔1997〕pp.140-143）、その記号的内容の分
析といった研究が関連してくるだろう。第4に、「コミュニケーションは本
来情報の送り手と受け手の間で共通なもの（commonness）を創造する過程で
あって、そのプロセスと共通経験を重視しなければならない」（武井〔1988〕
p.51）のであるなら、メッセージを理解するコードや共有する知識構造の分
析は不可欠となるだろう。消費者行動研究における知識研究の動向と一致し
て、人間の知識構造の研究は、マーケティング・コミュニケーション研究の
基礎理論を提供することになるだろう。ただし、既存の消費者行動研究や解
釈学的研究におけるような、主観的知識構造を直に消費者から聞くというア

プローチとは違って、科学哲学者 K. R. Popper が提唱するように、主観的知識状況に至らせた、身体外的に存在する知識環境から消費者の知識状況を推測していくという、より客観的なアプローチでの研究の展開が望まれる。こうした基礎理論的展開とともに、マーケティング研究全体のコミュニケーション理論的再構成が実現し、新たな理論的方向性を生み出す可能性は十分にあるのであり、Promotion 研究の位置づけもそのとき大きく変わることになるだろう。

マーケティング研究のパイオニアである A. W. Shaw が、その著作においてマーケティング活動の核心を需要創造活動におけるアイデアの伝達に置いていた点を思い起こせば、知識あるいは情報に焦点を置いた現在の研究動向は、まさにマーケティングの核心的問題を中心にマーケティング研究が動きつつある状況と解釈できるのであり、こうした動向における広告研究の深化は、単にマーケティング研究の一分野という位置づけを超えて、マーケティング独自の一般理論の創出につながっていくと期待される[1]。

〈参考文献〉

Anderson, C.〔2006〕*The Long Tail: Why the Futur of Business is Selling Less More*, Hyperion.（篠森ゆりこ訳〔2009〕『ロングテール』ハヤカワ新書）

─────〔2009〕*Free: The Future of Radical Price*, Hyperion.（小林弘人監修・高橋則明訳〔2009〕『FREE──無料からお金を生み出す新戦略』NHK 出版）

青木茂樹〔2014〕「CSR 研究の諸問題」KMS 研究会監修・堀越比呂志編著『戦略的マーケティングの構図──マーケティング研究における諸問題』同文舘出版。

Delozier, M. W.〔1976〕*Marketing Communications Process*, McGrow-Hill.

Grönroos, C.〔2007〕*Service Management and Marketing: Customer Management in Service Competition*, 3rd ed., John Wiley & Sons.（近藤宏一監訳・蒲生智哉訳〔2013〕『北欧型サービス志向のマネジメント──競争を生き抜くマーケティングの新潮流』ミネルヴァ書房）

Hanson, W.〔2000〕*Plinciples of Internet Marketing*, South-Western College Publishing.（上原征彦監訳／長谷川真美訳〔2001〕『インターネット・マーケティングの原理と戦略』

---

[1] 5 節で指摘された理論的諸問題を解決し、K. R. Popper の「世界 3」という知識論を組み入れて、マーケティング独自の一般理論を開発する構想について、興味のある方は堀越〔2022〕を参照されたい。

日本経済新聞社）

堀越比呂志〔2022〕「「文化研究」と「マーケティング研究」──独自のマーケティング理論開発を目指して」『商経論叢』（神奈川大学経済学会）57-3 号、pp.37-67。

井上重信〔2017〕「インターネット時代の消費者行動の変化と諸類型」KMS 研究会監修／堀越比呂志・松尾洋治編著『マーケティング理論の焦点──企業・消費者・交換』第 2 章、中央経済社。

井上哲弘〔2007〕「インターネット・マーケティングの展開可能性」日本マーケティング・サイエンス学会・井上哲弘編著『Web マーケティングの科学──リサーチとネットワーク』第 1 章、千倉書房。

Kahneman, D. and A. Tversky〔1979〕"Prospect Theory: An Analysis of Decision under Risk", *Econometrica*, 47, pp.263-291.

Lusch, R. F. and S. L. Vargo〔2014〕*Service Dominant logic: Premises, Perspectives, Possibilities*, Cambridge University Press.（井上崇道監訳／庄司真人・田口尚史訳〔2016〕『サービス・ドミナント・ロジックの発想と応用』同文館出版）

Porter, M. E. and M. R. Kramer〔2011〕"Creating Shared Value", *Harvard Business Review*, 89 (1), pp.80-87.（DIAMOND ハーバード・ビジネス・レビュー翻訳部訳〔2011〕「共通価値の戦略」『DIAMOND ハーバード・ビジネス・レビュー』6 月号、pp.8-13）

Schultz, D. E., S. I. Tannenbaum and R. F. Lauterborn〔1993〕*New Marketing Paradigm: Integrated Marketing Communications*, NTC Business Books.（電通 IMC プロジェクトチーム監修／有賀勝訳〔1994〕『広告革命──米国に吹き荒れる IMC 旋風』電通）

武井寿〔1988〕『現代マーケティング・コミュニケーション』白桃書房。

Thaler, R. H.〔1985〕"Mental Accounting and Consumer Choice", *Marketing Science*, 4, pp.199-214.

戸田裕美子〔2017〕「交換・制度進化・マーケティング」KMS 研究会監修：堀越比呂志・松尾洋治編著『マーケティング理論の焦点──企業・消費者・交換』第 8 章、中央経済社。

Vargo, S. L. and R. F. Lusch〔2004〕"Evolving to a New Dominant Logic for Marketing", *Journal of Marketing*, 68, No.1, pp.1-17.

和田充夫〔1997〕「現代マーケティングと広告マネジメント」『新価値創造の広告コミュニケーション』ダイヤモンド社、第 3 章。

コラム　第Ⅳ部の時代の日本

　70年代後半の日本の輸出ラッシュはその後も続き、80年代になると、日本製の鉄鋼、自動車とともに、レーガン政権下のハイテク景気による半導体需要の高まりから、日本の半導体がアメリカ市場を席捲した。1980年12月には、自動車の生産台数は1100万台を超え、アメリカを抜いて世界のトップになった。アメリカ政府は日本を激しく非難しだし、日米の貿易摩擦は激化した。その結果、アメリカ政府は、ドル高防止のために円高基調の為替調整を目指して、先進5か国に対して為替市場への介入を要求し、それが合意された。1985年9月のプラザ合意である。

　それ以後も、日本はアメリカの内需拡大要求に応じ、国内の設備投資刺激策と低金利政策とともに、金融の自由化を実施した。その結果、海外企業の日本進出による都内のオフィス需要が高まって都心3区の地価が急騰し、その後、東京23区から地方都市へと地価の上昇が広がった。さらに、日本における土地神話と相まって土地を担保にした投資活動が増加し、1986年11月から1991年2月にかけて、いわゆる平成バブル景気が到来した。しかし、このバブル景気は、89年から始まった地価抑制のための急速な金利引き締めと不動産に対する融資規制によって、あっという間に崩壊し、このバブル崩壊後の日本は、当初「失われた10年」と呼ばれた経済低迷期を迎えることとなる。しかし、1995年の阪神淡路大震災から始まり、2000年代から多くの自然災害が度重なって2011年には東日本大震災が起こり、遂にその経済低迷期は失われた30年を超えようとしている。

　以上のように、まずは80年代に日本企業は大躍進を遂げ、世界から注目を浴びるようになる。1979年にはE. F. Vogelの『ジャパン・アズ・ナンバーワン』、1981年にはR. T. Paskal and A. G. Athosの『ジャパニーズ・マネジメント』などが出版され、素晴らしい日本から何が学べるか、という議論の火

付け役となった。日本的経営への注目は、1958年のJ. C. Abegglenの『日本の経営』以来登場していたが、70年代までのその議論の中心は、いわゆる日本的経営の「三種の神器」といわれた、企業別労働組合、終身雇用、年功序列型賃金制という労働慣行や集団主義という特殊性の指摘にあった。そこでは、これが戦後の経済発展に効果を発揮したと主張されることにより、「変わり者だが素晴らしい」という見解が外国から提起されたのである。しかし、80年代に再び高まった日本的経営への注目では、トヨタ式生産方式への注目による、多品種少量生産の一般化可能性が議論の中心となった。それとともに、日本的マーケティングの再検討の動きも始まり、生産と連結した適応的マーケティング・システムの研究が高まる。また、日本独自のチャネル行動であった系列化が、新制度派経済学の登場とともに見直され、中間組織としてのその効率性が指摘されるようになっていった。

　以上の80年代の日本企業の躍進に代わって、90年代の日本企業はバブル崩壊後、度重なる災害のなか、意気消沈していく。それでも、90年代以降の景気低迷のなかから何とか抜け出そうとして、逆に景気回復期になっていたアメリカのマーケティング研究を追いかけながら、試行錯誤が始まる。そこでは、アメリカで80年代に高まった関係性構築の重要性の認識と、アメリカに後れを取っていたマーケティングへのITC活用の導入が進んでいった。しかし、前者は、「おもてなし」精神が根付いている日本の企業にとっては日本の強みなのであり、ますますの産業のサービス化とともに復活のポイントになっていくと思われる。

事項索引

【あ行】

アブダクション　192
アメリカ・マーケティング協会　18
アメリカ経済学会　11, 18
アライアンス運動　7
意識　189
異質市場　61, 62
異常科学　166
イノベーション普及理論　74
意味論的ジャングル　108
インターネット　180
　　──・マーケティング　225
　　──調査　226
インディビデュアル　225
インフォメディアリー　228
ウィスコンシン大学　11, 13
失われた10年　238
上澄吸収価格　141
エージェンシー理論　189
エコロジカル・マーケティング　133
延期の原理　82
オイル・ショック　100, 152, 154
黄金の20年代　23
オートメーション　97
オピニオンリーダー　73
オペレーションズ・リサーチ　70
オムニチャネル　228
卸売業　24, 89

【か行】

解釈学　166, 167, 190, 191
　　──的研究プログラム　221, 223
階層的組織　178
概念化の時代　23
開発プロセス要因　202

開閉選択　142
開放的流通　142
快楽的消費研究　191
価格
　　──決定　140
　　──設定　206
　　──弾力性　154
　　──調整　206
　　──の決定要素　206
　　──変更　206
科学
　　──革命　164
　　──史　165
　　──的管理法　14, 28
　　──的研究プログラムの方法論　166
　　──的実在論　162
　　──哲学　160-162, 164, 165
学際主義　60, 65, 67, 70, 196
確証　165
過程的合理性　65, 66
環境
　　──経済学　133
　　──社会学　133
　　──主義　76, 84
　　──不確実性　203
関係性　157, 177, 186, 187, 189, 204, 211,
　　213, 215, 222, 234, 235
　　──構築　239
　　──マーケティング　176, 179, 181
　　──ループ　228
関係の経済性　227
感情　191, 213
完全競争　9
完全合理性　207
完全情報　207

管理行為　6
管理論的アプローチ　84
企業家的接近　69, 70
企業間関係　211, 213
企業管理　50, 71
企業の成長ベクトル　116
企業別労働組合　239
企業勃興　33
帰結　129, 130
記号論　192
技術　55, 57, 58
　　——革新競争　47-49
機能主義　60, 66
帰納主義　64, 67, 196
帰納的統計的方法　11
機能分類　24
気まぐれ市場　152
逆選択　211
客観性論争　163, 166
競争戦略　72, 118, 212
協調的関係　177-179, 181
共約不可能性　164, 166
均衡状態　9
口コミ　74
グッズ・ドミナント・ロジック（GD ロジック）　229
グラスノスチ　156
グリーン・マーケティング　133
グレンジ運動　7
グローバル化　100, 123
軍事ケインズ主義　40, 42
経営
　　——学　14, 49, 118, 221
　　——資源　116, 212
　　——戦略論　115, 211, 221
　　——倫理　128
経験主義　164, 167
経済学
　　——的アプローチ　58
　　——的研究プログラム　197, 221, 233
　　——的行動主義　65
　　——理論　140
経済危機緊急対策　96

経済人　9
傾斜生産方式　96
ケイパビリティ　212
系列化　34
ケース・メソッド　12
ケース（事例）研究　27, 224
欠陥製品　85
厳格責任　86
研究開発　38
研究史　193
研究プログラム　190
検証　165
　　——可能性　60
コア・コンピタンス　212
高圧的　25
　　——マーケティング　3
行為ルール　187, 194
公害　85
交換　104, 108, 187
高関与　214
公共政策　136
広狭選択　142
広告　21, 25, 28, 73, 87, 145
　　——効果階層モデル　91
　　——効果測定　91, 145, 146, 213
　　——のマクロ的な帰結　27
　　——のマクロ的な経済効果　92
　　——のマクロ的な研究　146
　　——媒体意思決定　145
　　——表現意思決定　145, 146
　　——への態度　214
　　——目的および予算決定　145
　　——論　26
構造—機能主義　60
行動科学　60
　　——的研究プログラム　64, 66, 67, 70, 73, 76, 196, 221, 233
高度経済成長期　97, 152
購買ループ　228
小売業　24, 88
国際経営論　123
国際プロダクト・ライフ・サイクル論　123

国際貿易　76, 77
国際マーケティング論　72, 76, 122, 123
コスト・リーダーシップ戦略　118
古典的経験主義　163
古典派経済学　8, 9
コピー・ライティング　91
コミュニケーション　234
　——・ミックス　145
コングロマリット　44, 45
コンシューマリズム　85-87, 106, 132
コンタクト・マネジメント　235

【さ行】

サービス　157
　——・ドミナント・ロジック（SD ロジック）　229
　——・マーケティング　175, 176, 225
差別化戦略　118
差別的価格設定　206
産業革命　5, 33
産業財市場　122
産業財マーケティング　174
三種の神器　152
参照価格　207
参入障壁　146
飼育された市場　178
事業部制　116
シグナル　211
刺激—反応パラダイム　120
資源ベース　212
資源優位理論　178, 213
市場
　——細分化　72
　——占有率　141
　——調査　27, 28, 87-89
　——取引　103, 107, 108
　——の失敗　211
　——の長期的見通し　47, 48
　——問題　3, 8, 9
　——理論　233
システムズ・アプローチ　70
システム論　66, 76, 83
自然科学　167

実在論論争　163, 166
実質的合理性　65, 66
実証　197
　——主義論争　163, 167
実践史　193
実践的問題　55
『ジャーナル・オブ・ヘルス・ケアー・マーケティング』　136
『ジャーナル・オブ・マーケティング』　18
『ジャーナル・オブ・マクロマーケティング』　128
社会
　——運動マーケティング　105, 134
　——科学　167
　——的アイデアのマーケティング　105, 128, 134
　——的活動　105
　——的交換理論　109
　——的コミュニケーション　136
　——的指標　133
　——的責任　87, 105, 106, 109, 128, 132
　——変動研究　136
ジャスト・イン・タイム（JIT）　152
集計水準　129
集合意識　189
集合的行為　187, 194, 222, 223
終身雇用　239
集中戦略　118
自由放任主義　9, 10
需要刺激　5, 6
純粋競争　9
商業経営論　29, 88
状況的決定論　65
状況的事実　224
状況的要因　195
消費経験論　191
消費者
　——運動　86
　——行動学会　119
　——行動研究　72-74, 76, 119, 211, 213
　——志向　48-50, 71

244

——情報処理理論　120, 209
——の権利　86
消費心理学　73
商品別流通研究　24
情報拡散ループ　228
情報過負荷　120
情報処理パラダイム　120
情報の完全性　9
情報の経済学　208, 210, 211
情報の非対称性　211
初期独占　33
食品薬事局（FDA）　87
助成的機能　24
所有権理論　189
新カント派　164, 166
新需要理論　210, 211
新制度派経済学　177, 189
新製品
——開発　44, 114, 202
——価格　206
——の価格決定　140
——の成功要因　114
——のための研究開発投資　45
浸透価格　141
心理会計　221
心理学主義　65, 67, 196
心理学的広告研究　72
スイフト社　89
数学的モデル　71
数量化　70, 71, 90
ステークホルダー　215
生活者　85
政商　33
製造物責任訴訟　86
成長戦略　212
制度　187, 189, 194, 197, 204, 211
——研究　223
——的アプローチ　82, 187
——の経済学　211
——派経済学　12
——論的マクロ研究　25
製品
——開発　71

——計画論　27, 87
——差別化　146, 210
——政策　21
——ミックス　206
——ライフ・サイクル・マネジメント
　72
——ライフサイクル（PLC）　115
セールスマンシップ研究　88
セールスマンシップ論　27-29, 87
世界広告クラブ連盟　18
設備投資ブーム　44
説明的スケッチ　76
宣言的知識　209
全国広告論教職者協会　18
全国産業復興法　40
全国市場の形成　2
全国的広告　26
全国マーケティング・広告論教職者協会
　18
全国マーケティング教職者協会　18
全社的レベルの管理　49
選択的流通　142
戦略的管理　47, 49, 50, 71, 115
戦略同盟　179
相対主義　164, 166
ソーシャル・マーケティング　105, 107,
　128, 132, 135
ソシエタル・マーケティング　100, 107
組織購買行動論　174
組織された行動システム（O. B. S.）　55,
　60
組織戦略　203
組織体の購買行動　122
組織要因　202
損失回避　207

【た行】
第 1 次企業合併運動　2
第 1 次マーケティング方法論論争　162
第 2 次企業合併運動　3
第 2 次マーケティング方法論論争　162
第 3 次企業合併運動　38
第 3 の波　180

大規模製造業者　20, 21
大恐慌　3
大衆消費市場　152
大衆消費社会　3, 23
態度　119, 209
多角化　116
竹馬経済　96
多国籍化　77
多国籍企業　122
　　　──論　123
多属性態度モデル　119
多段階アプローチ　141
多頻度小口配送　226
探索　61
地域別価格設定　206
チェーン・ストア　2, 10
チェーンの時代　23
知覚リスク理論　74
知識　233, 234
　　　──環境　236
　　　──研究　235
　　　──構造　235
チャネル　21, 28, 87
　　　──管理　143
　　　──研究　141
　　　──・システム論　143
　　　──選択　26, 142
　　　──・パワー　143
　　　──論　27
中間商人　20-22
中間組織　211, 239
　　　──論　178
長期的関係　174
朝鮮戦争　42, 96
長短選択　142
追体験　192
通常科学　165, 166
通信販売　2, 10
低関与　214
定義委員会　102
データベース　234, 235
適応的マーケティング・システム（FMS）
　153

デジタル　225
手続き的知識　209
デマーケティング　106
ドイツ西南学派　167
ドイツ歴史学派　10-13, 167, 168, 196
投機の原理　82
道具主義　14
統計的技法　71, 90, 197
統合型マーケティング・コミュニケーショ
　ン（IMC）　214
統合の時代　23
統合理論　54, 55, 57, 59
東西冷戦　39, 41, 100
投資・消費景気　96
投資ブーム　38
トップ・マネジメント視察団　97
トヨタ方式　152
トラスト　9
トランスベクション　61
取引　61, 187
　　　──費用分析　177, 178
　　　──費用理論　189
ドル・ショック　100, 152, 154

【な行】
ナショナル金銭登録会社　26
南北戦争　2, 6-9
日本的マーケティング　153, 239
日本の流通システム　33
ニューディール政策　40, 41
ニュールック戦略　41
認識論　164
認知不協和理論　74
ネットワーク　225
年功序列型賃金制　239
農業経済学者　7
農産物取引所　20

【は行】
パートナーシップ　178, 179, 203
ハーバード大学　11-13
パーリン記念講座　53
排他的流通　142

パクス・アメリカーナ　100
パズル解き　165
発見の時代　23
発展の時代　23
パブリシティ　145
パブリック・リレーション　145
パラダイム　165
パワー・コンフリクト論　83, 144, 177
反証　165
　　──主義　197, 224
反トラスト法　87
販売員　21, 25, 27, 28, 87, 145
販売管理論　27-29, 87
販売促進　145
非営利組織　105
　　──のマーケティング　134, 136
非価格競争　206
非価格要素　140
比較マーケティング　83
東日本大震災　238
ビジネス調査局　12
批判的合理主義　165
百貨店　2, 10
ヒューリスティックス　209
フィランソロフィー　134
プール　9
フォード財団　70
不確実性の経済学　210, 211
双子の赤字　156
復興金融公庫　96
物財マーケティング　175, 176
物象化　163, 168
物的供給機能　24
物流　84, 226
プライベート・ブランド　204
プラグマティズム　10, 13, 14, 196
プラザ合意　238
ブランディング　72
ブランド
　　──・エクイティ　204
　　──・コミュニケーション　215
　　──・ロイヤルティ　74, 204
　　──研究　204

　　──知識　205
フリー・ビジネス　227
フルライン戦略　153
フレーミング効果　207
フレキシブル生産システム（FMS）　152
プロシューマー　227
プロスペクト理論　207, 210, 221
プロダクト・ポートフォリオ・マネジメ
　　ント（PPM）　116, 212
プロモーション・ミックス　145
文化的ルール　191
分析哲学　164
分配　7
分類取り揃え　61
平成バブル景気　238
ベトナム戦争　100
ベルリンの壁崩壊　156
ペレストロイカ　156
変換機能　24, 61
貿易実務　76
貿易摩擦　238
包括的取引　174
法制定　211
方法二元論　166-168, 191
ポートフォリオ分析　72
ポジショニング　72, 227
ポスト経験論　164, 165, 197
ポツダム宣言　96

【ま行】
マーケティング
　　──・サイエンス協会　59
　　──・サイエンス論争　51-53, 60, 67,
　　70, 160
　　──・システム　81-83
　　──・ミックス　63, 71, 91
　　──・リサーチ　52
　　──概念拡張論争　107, 131, 160
　　──概念の拡張　103
　　──管理論　28, 29, 87
　　──研究の対象　186
　　──原理　23
　　──史学会　168, 193

——の定義　　104, 110, 181
　　——方法論論争　　160, 161
　　——理論　　55-57, 59
マーチャンダイジング　　3, 27
マクロ　　7, 8, 103, 128-131, 186, 187, 222
　　——的機能分類　　102
　　——的研究　　19
　　——的マーケティング研究　　22
　　——マーケティング・セミナー　　128
マネジリアル・マーケティング　　29, 48-
　　50, 62, 63, 85, 88
マルクス経済学　　168
満足—不満足　　133
ミクロ　　7, 8, 103, 128-131, 186
　　——‐マクロ・リンク　　222, 232,
　　233
　　——的機能分類　　102
　　——的研究　　20, 21
無形性　　175, 176
無駄排除運動　　23
メカニカル・オートメーション　　38, 44,
　　45
メセナ　　134
持ち株会社方式　　9
モチベーション・リサーチ　　74
モラル・ハザード　　211

【や行】

洋風化　　34
世論研究　　136
4P　　3, 70, 105

【ら行】
リーマンショック　　157
リーン生産方式　　152
理解　　192
理念　　6, 49
リマーケティング　　106
流通　　7, 19
理論科学　　224
理論的関心　　195, 196
理論負荷性　　163-165
歴史
　　——科学　　224
　　——的研究　　190, 192, 193
　　——的研究プログラム　　221, 223
レファレンス・ポイント（参照点）
　　207
連邦取引委員会（FTC）　　87
労度関係調整法　　40
ロジスティクス　　83, 84
ロングテール　　228
論理経験主義　　161, 165
論理実証主義　　59, 76, 165

【わ行】
割引　　206

欧文・略語索引

AIDA　91
AIDCA　91
AIDMA　91, 228
AISAS　228
AMA　18, 53, 83, 162, 176, 181, 182, 193, 222
AMS　153
B to B EC　225
B to C EC　226
BTO　226
CRM　227
CSV　227
CTO　226
DAGMAR　91, 92, 146
distribution　7, 19
EC　225
EDI　225
FDA　87
FMS　152, 153
FP　229, 230, 232
FTC　87
GD ロジック　229
Howard = Sheth モデル　75, 119, 208
ICT　157, 224, 234
IMC　214, 215, 222, 234, 235
IMP　174

IT　180, 224
IT 景気　157
JIT　152
marketing　6-8, 19, 181, 182
MESPRO　146
New Prod　114
NIRA
O. B. S.　60-63, 67
PIMS　117
PL 訴訟　86
place　70, 141, 142, 211, 222, 227
PLC　115-117, 123
PPM　116, 117
PR　215
price　70, 140, 206, 227
product　70, 202, 222, 227
promotion　70, 145, 213, 222, 228, 236
SAPPHO　114
Say の法則　9
SCM　226
SD ロジック　229, 232, 233
SNS　226, 228
S-O-R　75, 119, 120, 209
SP　215
S-R　120

人名索引（alphabet 順）

【A】

Aaker, D. A.　132, 145, 146, 204, 205
青木茂樹　227
青木幸弘　121
Abegglen, J. C.　239
Abrason, A. G.　56
Adams, E. F.　7,
Adams, H. C.　11
Adams, H. F.　26, 72
Agnew, H. E.　27
Akerlof, G.　210
秋元英一　40, 41
Alchian, A. A.　189
Alderson, W.　53, 55-64, 66, 70, 71, 76, 82, 196
Alexander, R. S.　89
Alexis, M.　120
Anderson, C.　227, 228
Anderson, E.　178
Anderson. P. F.　162
Andreasen, A. R.　75
Ansoff, H. I.　116, 212
Arndt, J.　177, 178
Aspinwall, L.　142
Athos, A. G.　238
Atkinson, E.　7, 8, 19

【B】

Bagozzi, R. P.　109
Baker, J. C.　77
Barger, H.　193
Barksdale, H. C.　64
Barney, J. B.　212
Bartels, R.　6, 19, 23, 25, 56-58, 69, 72, 73, 76, 82, 84, 91, 108, 122, 130

Bass, F. M.　71, 119, 120, 145, 146
Bateson, J.　175, 176
Bauer, R. A.　74
Baumol, W. J.　59
Beckman, T. N.　24, 81, 88
Beem, E. R.　132
Beier, F. J.　143
Belk, R. W.　163, 192
Berg, T. L.　143, 144
Bernstein, R. J.　167
Berry, L.　175, 176
Bertalanffy, L. von　83
Bettman, J. R.　120, 209
Blair, E.　64
Blankertz, D. F.　56
Blau, P. M.　109, 143
Bliss, P.　71
Boden, N. H.　72
Bonoma, T. V.　122
Borch, F. J.　48
Borden, N. H.　27, 91, 92
Borsodi, R.　25
Boulding, K.　82
Bourne, F. S.　74
Brentano, L.　11
Brewster, A. J.　27
Breyer, R. F.　24, 25, 82
Brisco, N. A.　29
Brown, G. H.　56, 69, 74
Brown, J. R.　144
Brown, J. W.　143
Brown, L. O.　52, 53
Brown, P. L.　88
Brown, S. P.　175, 214
Bucklin, L. P.　82

Burnett, J. J.   129
Bush, G. H. W.   156
Bush, G. W.   156
Bush, R. F.   162
Buskirk, R. H.   85
Butler, R. S.   22, 25, 141, 142
Buzzell, R. D.   59, 71
Buzzotta,V. R.   147
Bybee, H. M.   108

[C]

Cafferata, P.   214
Calantone, R. J.   202
Calder, B. J.   163
Calkins, E. E.   26
Campbell, R. H.   146
Capon, N.   147
Carman, J. M.   108
Carnap, R.   165
Casher, J. D.   71
Cassady, R. Jr.   56
Cateora, P. R.   77
Chandler, A. D. Jr.   116, 212
Cherington, P. T.   24, 27
Churchman, C. W.   56
Clark, F. E.   23, 24
Clark, J. B.   11
Clewett, R. M.   56
Clinton, B.   180
Clinton, W. J.   156
Coase, R. H.   177, 189
Colley, R. H.   91, 146
Collins, V. D.   77
Comish, N. H.   24
Commons, J. R.   12
Converse, P. D.   7, 8, 20, 23, 24, 51-53, 142, 193
Coolsen, F. G.   7, 19
Cooper, R. G.   114, 162
Copeland, M. T.   142
Corey, E. R.   89
Cox, R.   53, 55-59
Cravens, D. W.   147

Cundiff, E. W.   88
Cunningham, R. M.   74
Czepiel, J.   175

[D]

Davidson, W. R.   88
Davis, K. R.   88
Day, G. S.   115, 132
Day, R. L.   71, 133
Dean, J.   56, 75, 115, 140
Delozier, M. W.   234
Demsetz, H.   189
Descartes, R.   164
Deshpande, R.   162
DeVoe, M.   88, 91
Dewey, J.   13, 14
Dholakia, N.   130, 163
Dichter, E.   74
Dilthey, W.   167
Doody, A. F.   193
Duddy, E. A.   82
Duncan, C. S.   24, 89, 142
Duncan, D. J.   88, 142
Dunlap, D.   181
Dwyer, F. R.   178

[E]

Eiglier, P.   175
Eisenhower, D. D.   41, 43
Ekeh, P. P.   109
El-Ansary, A. I.   135, 144
Elder, R. F.   24, 174
Ely, R. T.   11, 12
Engel, J. F.   75, 76
Enis, B. M.   109
Etgar, M.   144

[F]

Falkner, R. P.   11
Fama, E. F.   189
Farley, J. U.   108
Farmer, R. N.   123
Farquhar, A. B.   7, 19, 21

Farquhar, H. 7, 19, 21
Fayerweather, J. 77, 123
Feldman, L. P. 108
Feldstein, M. 42, 44
Ferber, R. 108
Festinger, L. 74
Feyerabend, P. K. 166
Firat, A. F. 130, 163
Fishbein, M. 119, 120
Fisk, G. M. 19, 130, 131, 133
Fisk, R. P. 175
Fogg, C. P. 147
Fornell, C. 132, 133
Fox, K. F. A. 105, 135
Frederick, J. G. 28
Frederick, J. H. 24, 174
French, J. R. P. 144
Fullerton, R. A. 163
古川一郎 207
古屋美貞 18

【G】
Gadamer, H. G. 167, 192
Gaedeke, R. M. 136
Gale, H. 26, 72
Gardner, B. B. 204
Gay, E. F. 11, 12, 14
George, W. 175
Gettell, R. G. 56
Gill, L. E. 143
Glawson, J. 56
Gorbachev, M. S. 156
Gorman, R. H. 144
呉世煌 87
Green, P. E. 59, 71
Grether, E. T. 56
Grönroos, C. 175, 176, 232
Gupta, A. K. 203

【H】
Haase, A. E. 27
Hagerty, J. 12
萩原伸次郎 40, 41

Håkansson, H. 174, 175, 178
Halbert, M. H. 59
Hall, S. R. 26, 27
Hamburger, P. L. 133
Hammond, M. B. 12
Hanson, N. R. 165
Hanson, W. 225
春田素夫 42
橋本勲 19, 25, 26, 28, 90
Hass, R. M. 114
Hawkins, E. R. 56
Hayward, W. S. 28
Heidegger, M. 167
Herman, S. H. 27
Herrold, L. D. 27
Heskett, J. L. 84, 144
Hess, H. W. 26
Hess, J. M. 77
Hibbard, B. H. 12, 24
Hildebrand, B. 11, 168, 191
Hirschheim, R. 163
Hirschman, E. C. 163, 191, 192
Holbrook, M. B. 163, 191
Holden, R. 26
Hollander, S. C. 193
Hollingworth, H. L. 26, 72
Holloway, R. J. 74, 87
Homans, G. C. 109
堀越比呂志 6, 21, 23, 51, 62, 103, 129, 160, 182, 190
堀内圭子 191
Hotchkiss, G. B. 18, 27
堀田一善 20, 57
Howard, J. A. 70, 119, 175, 208
Hoyt, C. W. 28
Hudson, L. A. 163
Hulbert, J. 147
Hunt, H. K. 133
Hunt, S. D. 64, 66, 108, 129, 130, 144, 160-163, 178, 179, 203, 213
Hutchinson, K. D. 56-58
Hymer, S. M. 123

【I】

池尾恭一　204, 210
井上重信　228
井上哲弘　227

【J】

James, E. J.　11
James, W.　13, 14
Jastrow, I.　12
Jenkins, R. L.　130
Jensen, M. C.　189
Joachimsthaler, E.　205
Johnson, E. M.　175
Johnson, E. J.　209
Johnson, E. R.　11
Johson, J. F.　11
Jones, D. G. B.　11, 14
Jones, E. D.　12, 19
Jones, F. M.　88

【K】

Kahneman, D.　207, 208, 221
亀井昭宏　215
Kant, I.　164
Kasarjian, H. H.　73
Kassarjian, H. H.　108
Kastor, E. H.　26
Katona, G.　73
Katz, E.　73, 74
川上智子　114, 202
Keller, K. L.　205
Kelley, E. J.　70, 107, 133
Kelley, W. T.　132
Kennedy, J. F.　41-43, 86
Kernan, J. B.　84
Kinberg, Y. A.　141
Kindleberger, C. P.　123
Kinley, D.　12
岸志津江　214
Kleinschmidt, E. J.　114
Kleppner, O.　27, 91
Knauth, O.　56
Knies, K.　10

Knies, K.　10, 168, 190
小林規威　123
小林保彦　215
koha 小原博　194
Kotler, P.　64, 71, 103-110, 115, 118, 128, 131, 132, 134-136
Kramer, M. R.　227
Kramer, O. E. Jr.　135
Kramer, R. L.　77
Krishnan, V.　202
Kuhn, T. S.　23, 165-167
Kumcu, E.　163, 194

【L】

Lakatos, I.　166
Lancaster, K. J.　210
Langeard, E.　175
Latsis, S. J.　65
Lavidge, R. J.　87, 108, 133
Lazarsfeld, P. F.　73, 74
Lazer, W.　70, 71, 106, 107-109, 131-135
Leavitt, H. J.　108
Lévi-Strauss, C.　109
Levitt, T.　115, 123, 181
Levy, S. J.　72, 103, 104, 106, 107, 204
Lewis, E. S.　91
Lilienthal, D. E.　123
List, F.　10
Litman, S.　19
Little, J. D. C.　146
Livesay, H. C.　193
Lock, J.　164
Lodish, L. M.　146, 147
Lonsdale, R. T.　146
Lovelock, C. H.　136, 175
Luck, D. J.　104, 107, 108
Lundy, R. D.　56
Lusch, R. F.　144, 181, 229-231
Lyon, L. S.　28

【M】

Mach, E.　165
Macklin, T.　24

Maidique, M. A.　114
Mallen, B. E.　83, 143, 144
Malthus, T. R.　9
Marks, N. E.　84
Marshall, G. C. Jr.　39
Marshall, M. V.　91
Mathews, H. L.　147
Mauss, M.　109
Mayar, M.　92
Maynard, H. H.　23, 81
Mayo-Smith, R.　11
McCammon, B.　82
McCarthy, E. J.　70-72, 145
McGarry, E. D.　56
McGregor, C. M.　88
McKenna, R.　181
Mckiterick, J. B.　72
McVey, P.　142, 143
Meckling, W. H.　189
Mehren, G. L.　56
Merton, R. K.　143
南知恵子　175, 176
Mindak, W. A.　108
Miracle, G. E.　142
Mitchell, A. A.　214
光澤滋朗　21, 28,
三浦俊彦　209
宮澤健一　211
Monieson, D. D.　11, 14, 163, 168
Montgomery, A.　10
Montgomery, D. B.　147
Montoya-Weiss, M. M.　202
Morgan, R. M.　178, 179, 203
Moriarity, W. D.　27
森下二次也　47
Myers, J. G.　145

【N】
Nader, R.　86, 132
Nagle, T. T.　208
Nevin, J. R.　144
Nichels, W. G.　109
Nicosia, F. M.　75

Northrop, F. S. C.　54
Nystrom, H.　141
Nystrom, P. H.　24, 29, 88, 89

【O】
大羽宏一　86
大石芳裕　123
Olson, J. C.　162, 214
O'Shaughnessy, J.　163
Oxenfeldt, A. R.　59, 141
Ozanne, J. L.　163

【P】
Packard, V. O.　92
Palmer, H. H.　27
Parlin, C. C.　89
Parsons, L. J.　145
Parsons, T.　60, 143
Parvatiyar, A.　179
Paskal, R. T.　238
Patten, S. N.　11
Patterson, J. H.　26
Payne, A.　176
Payne, J. W.　209
Peirce, C. S.　13, 14
Penney, J.　10
Penrose, A.　123, 212
Peppers, D.　181
Percy, C.　27
Perlmutter, H.　123
Pessemier, E. A.　71, 114
Peter, J. P.　162
Peters, W. S.　56
Peterson, R. A.　214
Phillips, C. F.　24, 88
Popper, K. R.　165, 166, 195, 196, 236
Porter, G.　193
Porter, M. E.　118, 212, 227

【R】
Ramond, C.　59, 146
Rao, A. G.　145
Rao, V. R.　207

Raven, B. H.　　144
Reagan, R. W.　　156, 238
Reed, V. D.　　24, 174
Reve, T.　　177
Revzan, D. A.　　82
Ricardo, D.　　9
Richart, G. D.　　88
Ridgeway, V. F.　　83, 143, 144
Roberto, E. L.　　136
Robinson, P. J.　　122, 174
Robinson, R. D.　　123
Rogers, E.　　74
Rogers, M.　　181
Rokus, J. W.　　147
Roosevelt, F. D.　　39, 40
Roscher, W.　　10
Roscher, W. G. F.　　10, 168
Rosenberg, L. J.　　144
Rosenbcrg, M. J.　　119
Rothe, J. T.　　85
Rothschild, M. L.　　135
Rothwell, R.　　114
Rowell, G. P.　　25
Rubenstein, A. H.　　114
Russel, B.　　165
Ryan, M. J.　　162
Ryans, J. K.　　77

[S]

Sandage, C. H.　　27, 91
Savitt, R.　　192
Schleiermacher, F. E. D.　　167
Schlick, M.　　165
Schmoller, G.　　11, 168, 191
Schultz, D. E.　　214, 235
Schuman, A.　　72
Scott, W. D.　　18, 26, 72
Seehafer, G. F.　　91
Seligman, E. R. A.　　11
Shapiro, B.　　136
Shapiro, S. J.　　59, 193
Shaw, A. W.　　12, 14, 19-26, 28, 102, 141, 236

Sheldon, G. H.　　27
Sheth, J. N.　　74-76, 83, 87, 119, 122, 175, 208
Shimp, T. A.　　214
嶋口充輝　　180
清水聰　　207
白髭武　　44
Shostack, L.　　175
Siegel, H.　　162
Simon, H. A.　　65
Slater, C. C.　　128
Sloan, A. P. Jr.　　41
Smelser, N. J.　　143
Smith, A.　　9
Smith, W.　　72
Snehota, I. J.　　175
Sombart, W.　　168
Sommers, M. S.　　84
Sparling, S. E.　　7, 12
Stainton, R.　　58
Stanton, W. J.　　108
Starch, D.　　27
Stayman, D. M.　　214
Stern, L. L.　　108
Stern, L. W.　　83, 143, 144, 177
Stevens, W. D.　　87
Stewart, J. Q.　　56
Stigler, G. J.　　210
Still, R. R.　　88
Strong, E. K.
鈴木直次　　42

[T]

高嶋克義　　177
武井寿　　235
田中洋　　206
Taussig, F. W.　　11, 12
Taylor, F. W.　　14, 28
Taylor, H. C.　　12
Taylor, R. M.　　84
Thaler, R. H.　　221
戸田裕美子　　14, 227
Toffler, A.　　180

Tosdal, H. R.　28
Truman, H. S.　39
Tucker, W. T.　71, 109
Tversky, A.　207, 208, 210, 221
Tybout, A. M.　163, 214

【U】
Uhl, K. P.　64
Ulrich, K. T.　202
薄井和夫　28, 128, 130, 193

【V】
Vaile, R. S.　27, 53, 55-57
Vanderblue, H. B.　24
Vargo, S. L.　229-231
Vaughan, F. L.　27
Vernon, R.　123
Vertinsky, I.　108
Vogel, E. F.　238

【W】
和田充夫　235
Wagner, A. H. G.　11, 168
Wanamaker, J.　10
Webster, F. E. Jr.　88, 122, 174, 178
Weinberg, C. B.　136

Weld, L. D. H.　18-24, 89, 102
Wells, D. A.　7, 8, 19
Wells, L. T. Jr.　124
Wernerfelt, B.　212
White, P.　28, 81
Whyte, W. H. Jr.　74
Williamson, O. E.　177, 189
Winch, P.　167
Wind, Y.　122, 174, 202
Windelband, W.　167
Winer, L.　147
Wingate, J. W.　88
Wittgenstein, L.　165, 167
Woodside, A. G.　122
Woolworth, F.　10

【Y】
Yeltsin, B. N.　156
Young, F. A.

【Z】
Zaltman, G.　71, 108, 122, 134
Zikmund, W. G.　108
Zinkhan, G. M.　163
Zirger, B. J.　114

堀越 比呂志（ほりこし　ひろし）
慶應義塾大学名誉教授
1977年慶應義塾大学商学部卒、79年同大学院商学研究科修士課程修了、84年同博士課程単位取得退学。2000年博士（商学）。1986年青山学院大学経営学部専任講師、90年同助教授、99年慶應義塾大学商学部助教授、2001年教授。2020年退職、名誉教授。この間、2005～2008年マーケティング史研究会（現・学会）世話人、2006～2009年および2013～2016年日本商業学会理事、2016～2018年日本ポパー哲学研究会代表、2012～日経広告研究所論文審査委員会委員長など歴任。
専門は、マーケティング学説史・方法論。
主な業績に、『文化を競争力とするマーケティング』（共著、中央経済社、2020年）、『マーケティング理論の焦点』（共編著、中央経済社、2017年）、『戦略的マーケティングの構図』（編著、同文舘出版、2014年）、『マーケティング研究の展開（シリーズ歴史から学ぶマーケティング　第1巻）』（編著、同文舘出版、2010年）、『マーケティング・メタリサーチ』（単著、千倉書房、2005年）ほか多数。

アメリカ・マーケティング研究史15講
——対象と方法の変遷

2022年9月24日　初版第1刷発行

著　者————堀越比呂志
発行者————依田俊之
発行所————慶應義塾大学出版会株式会社
　　　　　　〒108-8346　東京都港区三田2-19-30
　　　　　　ＴＥＬ〔編集部〕03-3451-0931
　　　　　　　　〔営業部〕03-3451-3584〈ご注文〉
　　　　　　　　〔　〃　〕03-3451-6926
　　　　　　ＦＡＸ〔営業部〕03-3451-3122
　　　　　　振替 00190-8-155497
　　　　　　https://www.keio-up.co.jp/
装　丁————後藤トシノブ
組　版————株式会社ステラ
印刷・製本——中央精版印刷株式会社
カバー印刷——株式会社太平印刷社